Sarah Freethy

LE PORCELAINIER DE DACHAU

Traduit de l'anglais (Grande-Bretagne) par Agnès Jaubert

Hauteville

Hauteville est un label des éditions Bragelonne

Titre original : *The Porcelain Maker*

Directeur : Antoine Béon
Directrice de la publication : Claire Renault Deslandes
Directrice éditoriale : Julia Leloup
Directeur artistique : Fabrice Borio

ISBN : 978-2-38122-817-4

Bragelonne – Hauteville
60-62, rue d'Hauteville – 75010 Paris

E-mail : info@editions-hauteville.fr
Site Internet : www.editions-hauteville.fr

À Maman Bean et à ma chère Mouse

LIVRE PREMIER

Dans une haute vitrine, sur une étagère de verre, trône un lapin en porcelaine brillante. L'éclat de son pelage reflète la lumière fluorescente. Plus vrai que nature, dodu, adorable, on peut presque imaginer le prendre sur ses genoux pour le caresser. Cependant, il dégage une certaine tension. Ses oreilles délicatement sculptées sont aplaties en arrière, ses yeux d'un blanc laiteux écarquillés d'effroi. Une proie devenue animal de compagnie.

Sur son ventre, là où devrait se trouver sa fourrure soyeuse, la figurine, totalement lisse, cache la marque du fabricant. Le mot « Allach » y est gravé, dans une écriture gothique qui évoque les caves à bière allemandes, les forêts de sapins, les chalets des Alpes. Au-dessus, deux traits noirs au pinceau, deux éclairs jumeaux : ϟϟ

Chapitre premier

Donar, Cincinnati
Août 1993

Sur le parking devant la salle des ventes aux enchères *Forsythe*, l'asphalte, fendu çà et là par des touffes de cardamine hirsute, collait aux semelles. La lumière d'un soleil blafard enveloppait d'un voile les immeubles bas. Des nuages orageux s'amassaient dans le ciel, l'atmosphère était électrique.

Terne et discrète, la banlieue de Donar s'étendait loin du centre de Cincinnati et de la rivière Ohio, véritable cœur battant de la ville. Un tripot et une chapelle baptiste, en apparence déserts, encadraient la salle des ventes quelconque, recouverte d'un toit d'aluminium bon marché, devant laquelle étaient garés une demi-douzaine de voitures et de pick-up.

À l'intérieur de la coque en métal du bâtiment, la climatisation vrombissait continuellement sans apporter aucune fraîcheur. La pièce principale était encombrée : sur un mur, une série de gravures et de peintures jouxtait un présentoir d'armes à feu et une haute vitrine aux trois quarts vide. Face à un petit pupitre avaient été installées des rangées de chaises pliantes, la plupart inoccupées. Le lino bleu au sol dégageait une odeur rance de moisi qui flottait dans la salle.

À 10 heures, une femme à la silhouette trapue entra d'un pas vif, serrant une liasse de feuilles et un maillet en bois contre elle. Son visage était encadré de cheveux gris et raides. Les épaulettes rembourrées de sa veste lui donnaient une allure de footballeur américain.

Nullement découragée par les six personnes présentes qui, avachies sur leurs sièges, avaient l'air de s'ennuyer ferme, elle semblait se réjouir de la tâche qui l'attendait.

— Bonjour ! J'espère que tout le monde va bien, lança-t-elle d'un ton guilleret. Donc, je vais vous demander de consulter le catalogue de la vente, puis nous pourrons débuter.

Même si rares étaient ceux qui comptaient dépenser leur argent, certains prirent ostensiblement les pages agrafées qui avaient été déposées à leur intention.

La commissaire-priseuse commença à énumérer méthodiquement les lots de la liste du matin : des appareils électroménagers, des machines agricoles, du matériel de bureau high-tech et des meubles abîmés. À certains moments, son boniment rapide et chantant était à peine compréhensible, mais tous dans la salle paraissaient la comprendre. Sous les néons, des mouches bleues tournoyaient lentement dans l'air, et le tonnerre grondait au loin, menaçant. Un silence oppressant s'installa.

La torpeur générale fut rompue par le bruit lancinant de la porte d'entrée qui s'ouvrait. Une femme apparut, laissant s'engouffrer une vague de chaleur moite. La cinquantaine élégante, elle était grande et mince, avec une allure d'étrangère.

Sans se presser, elle s'avança vers la dernière rangée de chaises vides, au fond de la salle, tout en desserrant le foulard de soie noué à son cou. Elle s'assit et ramena ses cheveux sur une de ses épaules. Puis elle prit le programme de la vente sur le siège voisin et sembla l'étudier, ses yeux cachés derrière des lunettes de soleil ovales, à large monture noire.

La commissaire-priseuse lança les enchères sur un fusil à plomb, créant une brève effervescence. Il fut attribué à un homme qui, en nage, tirait son tee-shirt noir sur son ventre rebondi. Puis, en un enchaînement rapide, un jet-ski et un bateau à moteur ne trouvèrent aucun preneur, même à leur prix de départ, déjà trop élevé pour un public aux maigres revenus. Sentant que la vente touchait à son terme, les spectateurs commençaient à s'agiter sur leurs chaises.

— Bien. Passons à notre dernier lot de la journée.

Elle exhiba la photo en noir et blanc, granuleuse, du lapin de porcelaine, kitsch, banal, assis sur ses pattes arrière.

— Qui entame les enchères pour cet adorable lapin à 20 dollars ?

Le silence régna dans la pièce. Peu nombreux étaient ceux, ici, qui avaient de l'argent à dépenser pour de tels bibelots. Puis, discrètement, la femme du dernier rang brandit la feuille de vente. La commissaire-priseuse accepta son offre avec un léger hochement du menton.

— Merci, madame.

Toutes les têtes se tournèrent vers l'acheteuse. Visiblement, l'intérêt de cette inconnue pour un objet si étrange était source de curiosité.

— Ai-je 21 dollars ? Non ? Une fois pour 20… deux fois…

Le maillet s'abattit.

— Adjugé. Nous avons ensuite un petit agneau. Celui-ci me semble parfait pour toi, Roger !

Elle adressa un clin d'œil taquin à un éleveur de moutons au visage rubicond, assis au premier rang. Il se mit à rire et balaya la blague d'un revers de main.

— Je vais démarrer à 15 dollars pour cette merveille.

La femme leva de nouveau son papier.

— Nous sommes à 15. Est-ce que nous avons 20 ? Non ?

Une nouvelle fois, elle frappa le pupitre de son marteau.

— Eh bien, vous voilà avec une jolie paire.

Un roulement de tonnerre plus fort et beaucoup plus proche fut soudain suivi par le tambourinement régulier de la pluie sur le toit de métal. La commissaire-priseuse haussa la voix pour couvrir le bruit et poursuivit la vente.

Au cours des quinze minutes suivantes, la femme brune remporta huit figurines de porcelaine supplémentaires : un Viking, une bergère souriante, un candélabre ouvragé et un ours menaçant, dressé sur ses pattes postérieures, un officier porte-drapeau, un lévrier à la langue pendante, une laitière, et un étalon cabré. Les objets, de diverses proportions, étaient tous délicatement sculptés, avec une minutie dans les détails les faisant paraître plus vrais que nature.

Quand, pour la dernière fois, elle abattit son maillet, la commissaire-priseuse regarda la femme avec une curiosité non dissimulée. L'inconnue avait fini par retirer ses lunettes de soleil et rassemblait ses possessions lorsque, se sentant observée, elle se tourna vers elle avec un sourire crispé, fugace, qui n'exprimait ni joie ni triomphe. Juste de la détermination.

Un quart d'heure plus tard, Clara Holz rangeait ses lunettes de soleil dans son sac à main avant de s'asseoir sur une chaise, à l'extérieur du bureau où elle devait payer les figurines en porcelaine qui reposaient dans la boîte sur ses genoux. Elle luttait contre le sentiment de vide qui l'envahissait toujours après un vol long-courrier. Elle s'imaginait déjà se glissant dans des draps propres et frais, à l'hôtel de l'aéroport. Mais cela devrait attendre. Pour le moment, elle devait régler ses achats et tenir une promesse qu'elle s'était faite.

Dans le bureau des ventes, l'homme au tee-shirt noir était en train de régler son fusil à plomb. La commissaire-priseuse mit ses dollars dans le tiroir-caisse et lui tendit l'arme.

— Voilà, Nathan. Mon bon souvenir à ta mère.

Il prit le fusil et sortit en portant la main à sa casquette pour saluer Clara au passage. La femme fit alors signe à cette dernière d'avancer.

— Entrez, asseyez-vous. J'en ai pour une minute. Le temps de rédiger votre facture.

La pièce croulait sous les dossiers : la moindre surface était encombrée de piles de papiers qui menaçaient de tomber. Des étagères tapissaient tout un mur, chargées de registres, de classeurs, l'inventaire des bibelots vendus et achetés au fil des générations. Clara observa la femme qui pianotait sur la calculatrice. Elle n'était plus toute jeune.

— Huit articles, ce qui nous fait un total de 128 dollars. Êtes-vous une collectionneuse ? Parce que, d'ici quelques semaines, nous attendons un lot de vases en porcelaine très élégants que je serais heureuse de vous mettre de côté…

— Non, je ne suis pas une collectionneuse.

L'intonation britannique était indéniable. La commissaire-priseuse plaqua une main sur sa poitrine.

— J'adore votre accent. D'où venez-vous ?

— De Londres, en Angleterre. Vous y êtes déjà allée ?

— Oh là ! non !

Comme si l'idée lui avait paru absolument incongrue, la femme secoua la tête. Clara ouvrit son sac et en sortit une enveloppe de chèques de voyage. Elle en signa un qu'elle poussa sur la table.

— Merci.

La commissaire-priseuse lui tendit la main.

— Je suis Peggy Forsythe, à propos. Vous êtes sûre de ne pas vouloir voir autre chose pendant que vous êtes ici ? Des bijoux peut-être ? De marque, bien entendu…

— Non, merci.

Clara s'agita sur sa chaise.

— Mais je me demandais… pourrais-je solliciter votre aide pour une autre question ?

— Je vous en prie, très chère, que voulez-vous savoir ?

— Accepteriez-vous de me communiquer les coordonnées de la personne qui a mis en vente ces figurines ?

— Oh ! Eh bien, je suis navrée de vous décevoir, mais je ne pense pas que ce soit possible. Cela me semble contraire à l'éthique. Les gens du coin tiennent tout particulièrement à protéger leur vie privée, vous comprenez ?

Pour une raison quelconque, Clara s'était imaginé que, le moment venu, cette partie de l'opération serait sans complication. Elle avait répété la conversation mentalement, mais n'avait pas anticipé la suite. Elle sentit une bouffée de chaleur monter dans sa poitrine.

— C'est juste que... je viens de vraiment très loin...

Elle s'interrompit, la gorge sèche, incapable de continuer. Des larmes involontaires lui montaient aux yeux. La violence de cette émotion subite la prenait au dépourvu. La commissaire lui prit la main par-dessus la table.

— Tout va bien, ma chère ? Puis-je aller vous chercher un verre d'eau ?

— Je suis sincèrement désolée. Vous devez me trouver idiote. Je suis un peu fatiguée, c'est tout. Je suis arrivée de Londres par avion hier soir avec l'intention formelle d'acheter ces objets.

— Vous avez parcouru tout ce chemin, depuis l'Angleterre, pour quelques bibelots ?

L'expression soupçonneuse qui passa sur le visage de Peggy Forsythe n'échappa pas à Clara.

— Ce n'est pas qu'ils aient une valeur spéciale, mais j'aurais vivement souhaité pouvoir rencontrer la personne qui les a vendus. Cela fait quelque temps déjà que je cherchais la figurine du Viking.

— Comment en avez-vous entendu parler ?

Clara était trop épuisée pour essayer de déguiser la vérité.

— J'ai une petite base de collectionneurs dans plusieurs pays. Ils surveillent les porcelaines de cette manufacture, et cette pièce en particulier. Ils m'ont tout simplement prévenue dès qu'ils ont su qu'elle était à vendre.

Elle se pencha en avant, une soudaine intensité dans la voix.

— Madame Forsythe, puis-je être franche ?

— Appelez-moi Peggy, répondit la commissaire, les yeux agrandis par la curiosité.

— Merci, Peggy. J'ai vraiment besoin de vous pour identifier l'ancien propriétaire du Viking, reprit-elle en la fixant avec insistance. J'ai bon espoir qu'il pourrait m'aider à retrouver mon père.

Chapitre 2

Weimar
Été 1925

Quand, à la nuit tombée, Max Ehrlich rentra chez lui, les pavés étaient encore tièdes de la chaleur du soleil couchant. À la lumière des réverbères d'Asbachstraße, sa longue silhouette mince projetait une ombre mouvante sur le trottoir.

Un groupe de ses collègues étudiants du Bauhaus traversait la large pelouse du Parc sur l'Ilm, les couleurs vives de leurs vêtements se détachant en des touches éclatantes d'orange, d'ocre et de pourpre sur la toile sombre du crépuscule. Max les salua de la main. Il était conscient que sa veste de smoking formelle, plus appropriée à des ambiances guindées, semblait terriblement conventionnelle comparée à leurs tenues. Un instant, il s'inquiéta : la fête avait-elle commencé sans lui ? Mais, à 21 heures à peine, il était trop tôt pour que les réjouissances soient lancées pour de bon.

Il monta en courant les larges marches de son immeuble à la façade en stuc et poussa la porte massive. Dans le vestibule frais, dallé, deux jeunes femmes coiffées à la garçonne, absorbées dans une conversation, agitaient leurs têtes rapprochées. Appuyé contre la porte de son appartement, un jeune homme à l'air indolent les regardait intensément. Il portait un bleu de travail sur lequel étaient peintes des vagues déferlantes.

— Bonsoir, Richard.

L'intéressé bondit, repoussa d'une main une touffe d'épais cheveux blonds et scruta le costume de Max d'un air dégoûté.

— Tu vas vraiment porter ça ?

— Ne t'inquiète pas. Je vais me changer. Comment se déroulent les préparatifs ?

— Tout est sous contrôle, répondit Richard, les yeux brillants, en faisant signe à Max de le suivre. Viens, il faut que tu voies le mural.

— J'espère que tu as traité l'endroit avec respect ?

— Presque autant qu'il le mérite. Et puis, tu es sur le point de déménager, ne fais pas tant de manières. La fête n'a déjà que trop tardé, tu le sais.

Soudain sérieux, il se tourna vers son ami.

— Comment ça s'est passé avec tes parents ?

Après un soupir, Max répondit :

— Heureusement, ils ont décidé de reprendre le train pour Vienne ce soir.

— Et ?

— Et… Ils sont d'accord. Je peux déménager à Dessau avec vous, bande de dépravés !

Richard le prit par l'épaule.

— C'est pour ça que tu as l'air si lugubre, mon vieux ? Allez, viens, ça se fête !

Dans l'appartement où régnait un vacarme assourdissant, ils furent emportés par un tourbillon d'activité. Le poste de radio Bredow grésillait, son volume à fond. Les accords enlevés d'une clarinette se mêlaient à un concert de jeunes voix surexcitées qui résonnaient dans l'enfilade des pièces à très hauts plafonds.

Le salon avait été vidé de ses meubles. Plusieurs étudiants roulaient un lourd tapis de laine, découvrant le parquet ciré, tandis que d'autres, juchés sur des échelles, épinglaient au plafond des bandes de soie de parachute aux couleurs des perroquets, créant ainsi l'illusion de plusieurs pièces en une.

Dans l'étroite cuisine américaine d'où montait une odeur âcre de fumée et d'alcool, les conversations animées allaient bon train. Une blonde élancée, son miroir de poche à la main, s'appliquait un trait de khôl. Sa compagne rousse, le visage rouge et luisant, débitait un flot continu de paroles, tout en remuant une préparation de vin chaud dans une grande marmite devant elle. La blonde croisa le regard de Max et, devant la ferveur de son amie, haussa ses sourcils dessinés au crayon d'un air entendu.

Brisant le charme, Richard tendit à Max une bouteille de bière.

—Allez ! Il faut que tu viennes voir ça.

Au bout de la pièce, une haute porte-fenêtre ouvrait sur un jardin classique. L'air tiède de la nuit agitait les doubles-rideaux de soie et les écartait, dévoilant les bords sombres d'une fresque qui couvrait tout un mur. Max s'approcha pour l'examiner.

Deux silhouettes féminines géantes, une de chaque côté du seuil, donnaient l'impression de garder la sortie sur le jardin. Elles emplissaient l'espace, du sol au plafond, fermement campées sur leurs jambes robustes, leurs bras musclés levés au-dessus de leurs têtes paraissant soutenir tout le poids du bâtiment. Elles semblaient avoir été forgées dans de l'argile brute : des cuisses et des seins comme des blocs gris ardoise, la fente de leur sexe sombre et boueuse, leurs visages sans relief et impitoyables. Les coups de pinceau épais de l'artiste avaient capté leur énergie cinétique, les rendant plus vraies que nature, et Max se sentit étrangement déstabilisé par leur apparence. Elles ne ressemblaient en rien aux formes classiques de l'architecture grecque, qui soulevaient leurs lourds fardeaux avec grâce. Ces deux femmes évoquaient plutôt des Amazones, s'élevant de la terre dans toute leur force brutale, presque primitive.

—Qu'en penses-tu ?

Max perçut le mélange d'excitation et de répulsion dans le ton de Richard. Il leva les yeux vers les visages impassibles et se mit à rire.

—Je n'arrive pas à décider si elles sont belles ou terrifiantes.

—Dans ce cas, il faut que tu rencontres leur créatrice.

Richard tourna les talons et franchit les portes. Le jardin municipal, labyrinthe de massifs et de haies taillés, était ceint d'un haut mur. Un sentier menait à une terrasse où des chaises et des tables avaient été installées pour les fêtards en quête d'un répit dans la chaleur estivale. Il était illuminé par une rangée de lampions qui ressemblaient à de gros fruits juteux. Éclairés de l'intérieur, ils brillaient comme le soleil à travers du verre teinté. Chacun représentait un visage naïf, un masque aux yeux vides, à la bouche ouverte, avec pour thème les quatre éléments : la terre, l'air, le feu et l'eau.

Ce chapelet de perles lumineuses s'interrompait au-dessus de la terrasse où une jeune femme, perchée au sommet d'un escabeau de bois, peignait un visage sur la dernière lanterne : des yeux en demi-lune surmontant des joues rouges fendues d'un sourire. Ses cheveux bruns, coupés en un carré court, étaient retenus par un foulard de soie, et elle était drapée dans une robe informe, couleur tabac. Richard s'arrêta au pied de l'escabeau, alluma deux cigarettes et lui en donna une. La peintre l'accepta sans un mot et poursuivit son travail.

Pendant quelques instants, Max attendit qu'elle remarque sa présence. Puis il prit l'initiative de briser le silence.

— Richard me dit que vous êtes la personne que je dois remercier d'avoir peint la fresque.

Devant son mutisme, il insista :

— Je ne suis pas sûr que mon propriétaire apprécie toute cette peau dénudée, mais…

Il montra d'un geste les visages radieux, oscillant dans la brise nocturne.

— Ces lampions sont ravissants.

L'artiste se tourna vers lui, ses grands yeux gris exprimant le dédain.

— Et utiles, j'espère ? À moins que vous ne vouliez voir vos idiots d'invités se casser une cheville.

Elle commença à descendre les marches de l'escabeau en essuyant la peinture de son pinceau sur un chiffon qu'elle sortit de sa poche.

— Quant à la fresque, je trouve une peau dénudée tout aussi ravissante, mais... peut-être n'est-ce pas votre cas ?

Elle le jaugea froidement du regard, puis pivota vers Richard.

— Est-il toujours aussi prude ?

Il s'apprêtait à protester qu'elle avait mal compris quand il remarqua le sourire de Richard. Devant son embarras flagrant, les yeux de la jeune femme pétillaient d'une allégresse contenue. Incapable de poursuivre sa comédie, elle éclata de rire. Le visage solennel de Max se fendit alors d'un sourire qui creusa des fossettes dans ses joues.

Richard en profita pour faire les présentations :

— Bettina Vogel, je te présente Max Ehrlich, notre hôte. Futur architecte prodige de l'école du Bauhaus.

Feignant une attitude formelle, Max s'inclina légèrement.

— Ravi de vous rencontrer.

— Ainsi, monsieur Ehrlich, vous n'approuvez pas mes golems ?

Elle fronça les sourcils d'un air faussement vexé.

— Grands dieux, qu'est-ce que c'est qu'un golem ? demanda Richard.

— Notre cher Richard ! Toujours aussi rustre, le rabroua-t-elle. La légende raconte qu'un rabbin a sculpté un personnage dans l'argile, un golem, et lui a donné vie afin qu'il puisse protéger ses fidèles de la persécution.

Max contempla Bettina, intrigué.

— C'est une vieille légende tchèque. Je ne pense pas avoir jamais rencontré un goy allemand qui connaisse le golem.

Avec un haussement d'épaules, elle répondit :

— Le professeur Adler en a parlé lors d'une conférence sur le folklore, et je n'ai pas oublié. Richard m'a dit que vous vouliez une fresque sur les éléments. J'ai donc pensé que quelque chose de terreux semblait approprié.

— Absolument. Mais je crains que les golems soient toujours masculins.

Bettina émit un reniflement de mépris.

— Qui en décide ?

— Eh bien, le Talmud, tout d'abord.

— Balivernes ! Les caryatides sont des femmes, alors pourquoi pas les golems ?

Max haussa les épaules.

— Une certaine force brute est requise, j'imagine.

— Mais pourquoi devrait-il nécessairement en être ainsi ? Vous ne devriez pas juste accepter ce fait sans le remettre un tant soit peu en question.

Max se tourna vers son ami qui, appuyé contre l'escabeau, observait l'échange avec un sourire ironique.

— Richard, un peu de soutien ?

— Alors là, mon vieux, ne compte pas sur moi pour m'en mêler. Bonne chance !

Les joues rouges, Bettina insista :

— Je trouve ça insupportable que nous soyons toujours représentées en statues serviles, soutenant des plaques de marbre comme des plateaux à thé. Pourquoi les hommes s'obstinent-ils à garder les femmes à genoux ?

Devant sa colère soudaine, Max éclata de rire. Puis, levant les mains en un geste de défense, il reprit :

— Je vous en prie, ce n'est pas la peine de le prendre personnellement.

— Eh bien, si.

— Mais pourquoi ? Je ne parle pas de vous. Il ne s'agit pas vraiment d'un autoportrait, si ?

— Est-ce qu'il n'y a pas toujours un peu de l'artiste dans son œuvre, d'une certaine manière ?

Elle inhala une longue bouffée de tabac et écrasa sa cigarette sur le chiffon taché de peinture. Une poignée d'étincelles se dispersa sur le sol.

— Les hommes ont toujours l'impression d'avoir le monopole de la force, mais elle se présente sous plusieurs formes. La puissance d'une femme est plurielle, elle réside notamment dans sa capacité à s'adapter, à faire preuve de souplesse, comme l'argile. En ce qui me concerne, un homme rigide ne m'intéresse absolument pas.

Elle cracha sa riposte, ses yeux lançant les éclairs d'une fureur inattendue.

— Pourrions-nous reprendre ce débat lors d'une conférence, par exemple ? les interrompit Richard. Je refuse de boire des verres avec l'un ou l'autre d'entre vous avant que vous vous soyez changés.

Il se détourna pour s'éloigner en direction de la fête.

—Allez, Max !

Max essaya de croiser le regard de Bettina dans l'espoir de l'apaiser, mais elle l'ignora. La mâchoire crispée, elle rangeait ses tubes de peinture. De l'intérieur du bâtiment, des voix de nouveaux arrivants dominaient la musique, attirant son attention. Après un moment d'hésitation, il la laissa et traversa le jardin de plus en plus sombre, sentant l'excitation le gagner à la perspective de la nuit qui l'attendait.

Max ne revit Bettina qu'aux premières heures de l'aube. Dans son appartement, envahi de corps transpirants, de verres sales, de fumée de cigarette, régnait une cacophonie indescriptible. Les invités hurlaient pour couvrir le son du gramophone et de la radio. D'autres se déversaient dans le jardin public, avides d'échapper à la fumée, à la chaleur, au bruit. Quelques braillards chantaient, des couples cherchaient les coins les plus obscurs du parc pour s'embrasser sans complexe.

Dans la cuisine, Richard régnait sur sa cour, débattant de la place perpétuelle de la politique dans l'art avec quelques jeunes étudiants passionnés, totalement indifférent face à leur apparence incongrue. S'accordant au thème de la soirée, « les éléments », l'un était habillé en molécule aquatique en papier mâché, un autre avait littéralement des pieds d'argile. Richard portait toujours son bleu de travail peint à la main, mais Max avait troqué son costume classique pour sa version de « l'air ». Lignes impeccables et simplicité totale : une chemise bien coupée et un pantalon Oxford large, dans un sergé bleu ciel. Si les autres trouvaient leur libération dans le chaos, Max aspirait à la perfection par la discipline.

Il allait et venait dans le salon, remplissait les verres, distribuait des cigarettes. Puis il prit le contrôle du gramophone, et un air de Gershwin s'éleva. Il attira la blonde glaciale aux sourcils arqués au milieu de la pièce, entrelaça ses longs doigts aux siens et plaça une main légère au creux de ses reins.

Un vacarme retentit à l'extérieur : des cris, une salve d'applaudissements, des martèlements de pas. Curieux, les invités se dirigèrent vers la porte-fenêtre gardée par les golems, impatients de voir la nouvelle diversion annoncée par ce bruit dans la nuit. Max fut entraîné dans leur sillage.

Une foule s'était rassemblée autour d'un feu de joie allumé à la hâte, nourri par des bûches subtilisées au hangar à bois. Six jeunes hommes l'encerclaient, leurs torses nus ambrés par le reflet des flammes. Max reconnut certains d'entre eux qui, comme lui, étaient d'anciens étudiants du charismatique professeur Itten. Si ce dernier avait quitté le Bauhaus un an auparavant, son influence était toujours bien présente.

Le feu projetait des escarbilles vers le ciel. Max s'avança dans sa direction et il l'avait presque atteint quand, devant lui, une jeune femme surgit de l'obscurité, auréolée de lumière. Elle portait une robe fourreau en soie rouge qui frôlait le sol et une cape noire transparente, rehaussée de cercles de feu peints à la main. Il la reconnut immédiatement.

Bettina se tenait devant lui, le visage éclairé d'un sourire triomphant. Elle ouvrait grand les bras, comme une nageuse sur le point de plonger. Se délectant de l'énergie presque animale de la foule autour d'elle, elle frissonna. Elle passa une main sous sa cape et fit glisser les étroites bretelles de sa robe. Le vêtement s'étala au sol en corolle, dévoilant son sublime corps nu. Un cri rauque parcourut la foule en extase, les pouls s'accélérèrent au rythme des pieds qui martelaient le sol.

Baignée par la clarté des flammes, elle s'était métamorphosée en une sorte de grande prêtresse. La brise nocturne, caressant sa peau qui luisait comme de la porcelaine blanche, lui donnait la chair de poule. À sa vue, Max sentit un frisson le traverser, une flèche d'un désir subit, tempéré par la crainte de la voir tomber.

Soudain, du fin fond du bâtiment, des coups violents l'arrachèrent à sa rêverie. Quelqu'un cognait à la porte. Autour du feu, une dizaine de têtes se tournèrent vers l'immeuble. Les cognements reprirent avec une brutalité accrue. Un seul mot se propagea à travers la foule : la police.

Perdue dans l'ivresse de sa propre audace, Bettina semblait totalement indifférente à l'irruption des forces de l'ordre. Bousculant les gens, Max fendit l'assistance pour la rejoindre. Au passage, il se pencha pour ramasser sa robe. L'attrapant par son épaule nue, il la fit tournoyer à bout de bras pour la pousser violemment dans la nuit et la soustraire à la lumière.

— Que faites-vous, bon sang ? cria-t-elle.

Derrière eux, à l'intérieur, il entendit des ordres hurlés et un bruit de verre brisé.

— Il faut qu'on vous fasse partir d'ici, la police est là.

— *Scheiße!* Y a-t-il une sortie par ici ?

— Oui, mais il serait sans doute préférable que vous vous rhabilliez, d'abord, dit-il en lui tendant le vêtement de soie.

Elle trébucha dans le noir et repassa sa robe à grand-peine. Il l'entraîna alors dans l'obscurité. Arrivé au pied du haut mur qui entourait le jardin, il mit un genou à terre. Avec un rire incrédule, elle ironisa :

— Vous tentez de sauver mon honneur en me demandant en mariage ?

— J'essaie de sauver votre peau.

Il lui offrit ses mains en coupe. Avec un sourire, elle enleva ses chaussures et posa les pieds dans ses paumes. Il la hissa, et elle escalada le mur, vers la sécurité. Puis, après s'être essuyé les mains et les genoux, Max jeta un coup d'œil à travers les branches qui protégeaient sa cachette. Six policiers étaient en train de rassembler les invités pour les pousser à l'intérieur. La clameur du gramophone et de la radio se tut, remplacée soudain par un silence menaçant.

Un instant, il évalua ce qui l'attendait : les accusations, les excuses, la certitude d'une amende, et la nécessité de nettoyer les dégâts causés par la fête. Puis, après une courte hésitation, il se tourna vers le mur et sauta. Agrippant la pierre angulaire, il se hissa par-dessus et retomba dans la rue, le souffle court. Appuyée contre le mur, Bettina enfilait ses chaussures. Elle pencha la tête de côté, en équilibre sur une jambe.

— Je ne peux m'empêcher de remarquer que vous avez abandonné vos invités dans une fâcheuse posture.

— On dirait bien, répondit-il avec un sourire.

Le soleil levant commençait à caresser le sommet des arbres du parc sur l'Ilm. Quelque part, un merle solitaire chantait. Max consulta sa montre. Il était 4 h 14 du matin.

— *Fräulein* Vogel, me permettez-vous de vous raccompagner ?

— Ne croyez-vous pas que vous devriez rester et braver la tempête ?

— Probablement. Mais, à la réflexion, je crois qu'il serait plus agréable de flâner dans le parc. Vous venez ?

Il lui offrit son bras, mais elle lui prit la main et s'élança en courant, l'entraînant avec elle. Ivres de liberté, ils se ruèrent à l'abri des frondaisons. Redoutant le cri indiquant qu'ils avaient été repérés, ils jetaient des coups d'œil en arrière, mais personne ne les suivait.

Une fois arrivés dans un bosquet de bouleaux argentés, ils ralentirent pour reprendre leur respiration. Tout en se faufilant à travers les troncs, Max observait sa complice. Avec ses membres longilignes, elle avait la grâce d'une liane. Ses grands yeux gris étaient surmontés de sourcils courbes et d'une frange nette. Un léger sourire flottait sur ses lèvres entrouvertes, maquillées d'un rouge foncé.

Ensemble, ils avançaient dans un silence paisible. Ils débouchèrent dans une prairie d'herbes hautes que prolongeait une pelouse soigneusement entretenue où s'élevait un cottage blanc. De proportions harmonieuses, avec des murs à treillis, il était coiffé d'un toit d'ardoises grises. Ils diminuèrent l'allure. Le bas de la robe rouge de Bettina, trempé par la rosée de l'aube, virait au bordeaux. L'air frisquet la fit frissonner.

— Je suppose que je devrais vous remercier de m'avoir sauvée.

— Je me sentais plus qu'un peu responsable. C'était ma fête, après tout. J'ai pensé que vos parents n'apprécieraient sans doute pas de voir leur fille arrêtée pour s'être exhibée nue en public.

—Je pense avoir atteint les limites de leur désapprobation, dit-elle avec un sourire sardonique. Ma mère considère déjà que mes études d'art au Bauhaus font de moi une femme déchue.

—Et votre père ?

—C'est une idée qui lui aurait fait horreur. Mais il est mort il y a quelques années.

Il se rembrunit.

—Je suis désolé.

Dans le bosquet de bouleaux, les premiers rayons filtraient à travers les feuilles. Ils ralentirent pour s'asseoir dans une flaque de soleil, leurs hanches et leurs mains se frôlant presque. L'air était rempli de pollen : une poudre dorée pleuvait des branches d'arbres, accrochant la lumière. Prenant appui sur ses coudes, Max s'allongea et, d'un geste, montra la jolie maison blanche, de l'autre côté de la pelouse.

—Vous voyez ce petit pavillon ? Il appartenait à Goethe. Quelque chose dans ce type de simplicité m'enchante : comme une phrase musicale figée dans le temps. Je ne veux dessiner que des constructions basées sur l'élégance et sur le strict nécessaire. Rien d'autre.

—C'est un programme plutôt respectable pour un architecte, dit-elle en souriant.

—Et vous ?

—Vous allez me croire terriblement naïve, mais j'espère que mon art changera le monde. Ou, tout au moins, qu'il y laissera sa marque. Autrement, à quoi bon ?

Le pollen retomba sur eux en poussière neigeuse. Bettina se pencha vers lui pour brosser les fines particules d'or de son visage. Elle plongea ses grands yeux gris dans ceux de Max, d'une intensité telle qu'ils en étaient presque noirs. Au contact de ses doigts, il ferma brièvement les paupières puis, un long moment, la regarda d'un air grave. Ses joues se creusant de fossettes, il déclara avec un sourire éblouissant :

—C'est un bon point de départ.

Chapitre 3

Cincinnati
Août 1993

Assise à l'arrière du taxi qui fonçait à travers les rues détrempées du centre de Cincinnati, Clara regardait les immeubles défiler. Au moins, dans la ville, certaines constructions se rapprochaient des bâtiments historiques à plusieurs étages d'Angleterre. Pourtant, son sentiment de vide lié au mal du pays revint. À chaque ornière, ballottée par les cahots qui projetaient des vagues d'eau sur le trottoir, elle sentait sa fatigue et sa sensation de nausée s'intensifier. Essayant de couvrir le bruit de la radio, le chauffeur lui cria :

— À quel numéro allez-vous sur Sycamore Street ?

Clara sortit le papier que Peggy Forsythe lui avait glissé dans la main.

— Maison de retraite *Au Bon Temps*.

Elle sentit ses yeux l'observer dans le rétroviseur mais, n'ayant nulle envie de faire la conversation, l'ignora. Il l'avait déjà questionnée sur les origines de son accent, de son nom, des écueils qu'elle craignait désormais de devoir contourner chaque fois qu'elle ouvrirait la bouche.

— Vous avez de la famille *over-the-Rhine* ? demanda-t-il.

— Pardon ?

— C'est comme ça que les Européens ont appelé cette partie de la ville quand ils s'y sont installés. J'ai supposé, avec votre nom…

Elle le coupa net.

— Non. Pas que je sache.

Serrant les dents pour lutter contre une nouvelle vague d'épuisement, elle agrippa la boîte contenant ses porcelaines. L'écœurante odeur sucrée du désodorisant accroché au rétroviseur était insupportable. Elle ferma les yeux et baissa sa vitre pour inspirer profondément. Quelques minutes plus tard, elle prit conscience d'un parfum différent qui flottait dans l'air, à l'extérieur : musqué, salé et aussi familier que l'enfance. Il lui emplit les poumons d'une nostalgie qu'elle fut incapable de définir. Elle se retourna et croisa les yeux du conducteur qui lui souriait dans le rétroviseur.

— C'est l'usine de pâte à modeler Play-Doh.

C'était ça. Elle était tellement contente d'avoir identifié ce dont il s'agissait qu'elle sentit sa fatigue s'évanouir.

— Ça me fait le même effet chaque fois que je passe par ici, poursuivait le chauffeur. C'est une odeur unique.

— Je savais que je la connaissais. Elle est très significative.

À la radio, une fille chantait d'une voix douce et joyeuse qu'elle aimait le sourire de quelqu'un. Entre la chanson et l'inébranlable dynamisme de cet endroit qui respirait un optimisme candide, Clara sentit son humeur s'améliorer.

Le taxi ralentit, et le chauffeur s'arrêta à un croisement animé. La maison de retraite occupait la moitié d'un édifice, derrière une barrière cassée, fermée d'une chaîne. Les quatre étages de briques noires étaient flanqués d'escaliers de secours. Abritées sous un auvent, quelques personnes âgées, voûtées, assises à des tables de béton, jouaient aux dominos, regardant le monde de leurs yeux usés, à travers des lunettes qui les faisaient ressembler à des chouettes.

Clara paya le chauffeur et se précipita sur le trottoir mouillé, pour se réfugier dans le bâtiment sombre. Elle traversa un vestibule aseptisé et entra dans un long couloir au plafond bas, fait de dalles de polystyrène, éclairé de néons clignotants, bordé de portes fermées.

À l'exception du murmure d'une télévision derrière l'une d'elles, arborant le mot « direction », il y avait peu de signes de vie. Clara frappa, d'abord doucement, puis de nouveau, avec plus de force. Une femme vint ouvrir et la dévisagea. Elles devaient avoir à peu près le même âge, mais curieusement, elle lui semblait beaucoup plus vieille.

— Je suis vraiment désolée de vous déranger. Je cherche Mlle Williams.

— Vous l'avez trouvée. C'est vous qui, selon Peggy, avez acheté toutes mes figurines ?

— Oui, c'est moi.

La femme recula et l'invita à entrer. Le décor de la pièce, remplie de meubles hétéroclites, évoquait à la fois un cabinet de médecin et un salon. Dans un coin, une télévision était placée sur un support, en hauteur. Derrière les vitres de deux armoires fermées par des cadenas étaient rangés les médicaments délivrés uniquement sur ordonnance. Mlle Williams lui fit signe de prendre place dans un vieux fauteuil et s'assit lentement dans un canapé élimé, à côté d'un petit chien de race indéterminée, qu'elle souleva et installa sur ses avant-bras adipeux.

— Je ne pensais pas réussir à les vendre. Elles ne me plaisaient pas.

À moi non plus, songea Clara. Elle sourit.

— J'espère que vous ne m'en voudrez pas de ma question, mais comment sont-elles arrivées en votre possession ?

— Elles m'ont été données par l'un de nos résidents. M. Ezra Adler, au deuxième étage.

— Et M. Adler est-il chez lui aujourd'hui ? demanda Clara, tâchant de contrôler sa voix.

— Mon Dieu, non ! Il est mort. Ça fait un mois maintenant. Pneumonie.

Clara sentit son excitation retomber. Épuisée, elle s'affala dans son siège.

— Je suis désolée. Vous le connaissiez ? Peggy ne me l'avait pas dit.

Elle secoua la tête.

— Je ne le connaissais pas, mais j'espérais qu'il pourrait m'aider.

Elle se frotta les tempes, essayant de chasser la fatigue. Elle redoutait la perspective d'avoir traversé l'Atlantique pour se retrouver dans une impasse.

— L'une des figurines représente un Viking. Ma mère en possédait une exactement pareille. La seule autre que je connaisse. Avant de mourir, elle m'a révélé que mon père l'avait fabriquée. J'avais imaginé, peut-être naïvement, que la personne qui possédait la même pourrait me dire qui il était.

Mlle Williams la regarda d'un air soupçonneux.

— Tout ce que je sais, c'est qu'avant la guerre M. Adler était un genre de sculpteur en Europe. Il a émigré dans les années 1950 et il a trouvé un travail de modéliste pour pâte à modeler. Il vivait ici depuis une dizaine d'années, depuis qu'il avait pris sa retraite de Rainbow Crafts.

Elle scruta Clara, sourcils froncés.

— Mais vous n'avez pas le même accent que lui. Vous êtes originaire de Pologne, vous aussi ?

Clara secoua la tête, et Mlle Williams haussa les épaules.

— Je suis presque sûre qu'il a dit que c'était de là qu'il venait. Il m'invitait à boire le café quand je lui montais son courrier ou des nouveaux médicaments. Il le faisait si fort ! Il avait l'habitude de se moquer de moi quand j'ajoutais mes sucrettes de régime. Il disait que j'étais déjà suffisamment douce.

Elle lâcha un petit rire dont la chaleur soudaine surprit Clara. Son ton dur commença à s'adoucir.

— Ça, il va me manquer ! C'était un homme bien.

Un peu hésitante, Clara insista.

— Puis-je vous demander ce qu'est devenu le reste de ses affaires ?

— Elles sont toujours ici. Rien de valeur, si vous voulez savoir. J'ai un nouveau locataire qui doit emménager cette semaine. Alors j'ai tout emballé pour les emporter à Emmaüs. Mais mes jambes ne sont plus ce qu'elles étaient. Le Seigneur a décidé de me mettre à l'épreuve avec des ulcères. Même si je n'arrive pas à comprendre pourquoi.

— Me permettriez-vous d'y jeter un coup d'œil moi-même, au cas où quelque chose vous aurait échappé ?

Mlle Williams la regarda attentivement. Elle semblait essayer de déterminer si sa visiteuse valait la peine de lui consacrer du temps et des efforts.

— Mais je vous en prie, ne vous levez pas. Je peux aller voir toute seule, reprit cette dernière. Je ne veux surtout pas vous déranger.

Avec un soupir à fendre l'âme, Mlle Williams décrocha un large trousseau de sa ceinture et l'agita, avant de détacher une petite clé en laiton qu'elle lui donna.

— C'est au deuxième étage, le numéro vingt-trois, lui indiqua-t-elle. Je viendrais bien avec vous, mais mes pauvres jambes... Et puis, ma série va commencer.

— Cela ne me prendra que quelques minutes. Au cas où je pourrais annoncer sa mort à quelqu'un. Il doit avoir un parent...

Mlle Williams avait déjà allumé la télévision, posé ses pieds sur un tabouret et augmenté le volume.

— Vous seriez surprise. Ce n'est pas le cas pour tout le monde. La plupart des gens, ici, ont été oubliés. Ils meurent seuls.

Quelques minutes plus tard, Clara sortit de l'étroite cabine d'un ascenseur qui craquait de partout et se mit en quête de la chambre d'Ezra Adler. Les sons d'une dizaine de télévisions différentes, aux volumes poussés à fond, résonnaient sur les surfaces dures. Les rires préenregistrés se mêlaient aux coups de revolver, tandis que les hurlements d'un public de talk-show entrecoupaient la rhétorique de charlatan d'un évangéliste.

Elle longea porte après porte, toutes ouvertes. Leurs occupants, un par chambre, étaient assis dans leurs fauteuils inclinables ou sur les couvertures en polyester de leurs lits impeccablement faits. La plupart étaient assoupis ou regardaient l'écran. Mais certains avaient les yeux perdus dans le vague, la bouche entrebâillée.

La dernière porte était la seule complètement fermée. Clara inséra la clé dans la serrure et la fit tourner aisément. Elle entra et fut immédiatement submergée par la chaleur étouffante. La climatisation était éteinte. Une épaisse couche de poussière recouvrait chaque centimètre carré de la pièce. Le mobilier était sommaire : une petite table, deux chaises de bois, un lit simple, soigneusement fait avec une couverture fine et des draps anciens, et, devant la fenêtre, un unique fauteuil au dossier en acajou. Des cartons sur le sol témoignaient du travail de Mlle Williams : des tasses, des bols, des casseroles étaient empilés, enveloppés dans du papier journal, jouxtant une bouilloire vieillissante et une modeste *Kaffeepresse*, une cafetière à piston Sur un guéridon, un tas de prospectus jaunissants montraient des enfants ravis jouant avec des personnages aux couleurs vives, remarquablement conçus. Clara sourit. En son temps, Ezra Adler avait visiblement été un sacré sculpteur de pâte à modeler.

Elle inspecta le contenu des cartons. En vain. Ils ne révélaient aucune indication de liens familiaux ou de racines européennes, rien n'évoquant une vie avant l'Amérique. Puis, installée sur le matelas dur, elle étudia les reliques de la seule personne qui aurait peut-être pu lui donner la réponse qui lui échappait depuis trois ans. Qui était son père ? Tout ce qui restait d'Ezra Adler se trouvait entre ces murs. Il était impénétrable, inaccessible à jamais.

Les minutes s'égrenant, elle regarda les particules de poussière dansant dans l'air moite de la chambre. Quand, enfin, elle se leva pour quitter les lieux, elle fut prise d'une inertie subite. Elle traversa la pièce pour entrer dans le cabinet de toilette attenant, tourna le robinet et s'aspergea le visage. Alors qu'elle cherchait une serviette, ses yeux se posèrent sur une photo encadrée, sur un mur, à côté de la porte. Le cliché aux tons sépia, d'une autre époque, représentait un atelier d'artiste, inondé de lumière. Des sculptures, des urnes, des statues encombraient les tables. Au premier plan, trois hommes et une femme posaient, raides, à côté d'un plan de travail envahi de figurines d'argile à divers stades de leur création. Deux des hommes portaient d'amples blouses blanches couvertes de poussière et de taches ; le troisième, un costume trois pièces et des lunettes à monture métallique.

Au centre du groupe se tenait une ravissante jeune femme, les yeux scintillants, ses lèvres en cœur esquissant un sourire en coin. Elle portait une jupe et une veste de tailleur aux épaules larges, à la taille cintrée. Un chapeau d'une élégance exquise était juché sur sa chevelure brillante.

Clara l'examina avec une curiosité détachée quand, soudain, la silhouette inconnue commença à prendre forme sous ses yeux. Dans un éclair de lucidité, elle s'aperçut que la femme du cliché était sa propre mère.

Sur toutes les photos de Bettina jeune, Clara retrouvait la même femme : chic, imposante, assurée. Pourtant, cette version de sa mère était une énigme. Une version qui n'existait qu'en noir et blanc. Cette femme aussi sublime que fascinante ne ressemblait en rien à la fragile poupée de porcelaine avec qui elle avait grandi. La mère qu'elle avait connue était une coquille vide. Brisée en mille morceaux, recollés, mais tenant tout juste debout.

Les mains tremblantes, Clara décrocha la photo puis retourna le vieux cadre de bois. Il était fixé par deux languettes rouillées. Elle les repoussa, enleva la protection et sépara l'image de sa plaque de verre, afin de lire les mots écrits d'une élégante écriture en pattes de mouche : *Dans l'atelier de Dachau-Allach avec Max, Bettina et Holger, 1941.*

Chapitre 4

Berlin
Automne 1932

Dans la pénombre du matin de novembre, une brume épaisse flottait sur Berlin. Au son du crissement des tramways, cols relevés, yeux baissés, les gens se hâtaient entre les immeubles. Dans les parcs, sur les avenues, les arbres perdaient leurs feuilles, imprégnant l'air de l'odeur suave de leur décomposition. Allongé dans son lit, dans le grenier de l'étroite maison, Max était nu. Encore assoupi, son corps longiligne, tout en angles, avec ses coudes rougis, contorsionné dans les draps enroulés autour de ses membres inertes comme des filins sur un chantier naval, le faisait ressembler à une esquisse de Schiele.

Pelotonnée sur une chaise au pied du matelas, Bettina était en train de dessiner sa silhouette familière. Les doigts tachés par le fusain, elle immortalisait la courbe de ses épaules charpentées et la grâce de ses longues mains. Il montrait tant de réserve, tant de maîtrise quand il était éveillé, qu'elle se sentait poussée à saisir son alter ego endormi, langoureux, totalement abandonné.

Plongée dans son art, elle ne remarqua pas qu'il commençait à s'agiter. Il n'était pas rare pour lui de se réveiller et de découvrir qu'il avait été choisi pour le rôle de la muse, tout particulièrement au cours de ces derniers mois. Ses yeux d'un brun profond, encore somnolents, la regardèrent depuis le confort de leur couche aux draps froissés. Quand le monde menaçait de les écraser, Bettina avait pour habitude de s'absorber dans le travail. Leur départ à la hâte de Dessau et leur installation à Berlin avaient déclenché chez elle un élan de productivité qu'il observait avec admiration. Max l'enviait. C'était son métier d'architecte, et son application, qui lui avaient permis de développer son talent. Celui de Bettina, en revanche, était un puits de créativité sans fond.

Avec un bâillement, il repoussa une touffe de cheveux bruns. Un sourire dessina des fossettes au creux de ses joues.

— Bet… reviens au lit.

Sa voix ensommeillée était grave, aussi tentante que les draps chauds.

Elle leva les yeux et déclina l'invitation d'un geste de la main, se concentrant sur l'angle de son bras. Pourtant, le charme était rompu. Non sans réticence, elle posa son fusain, lui sourit à son tour et s'étira, les jambes raides. Quand elle dessinait, elle oubliait son corps et n'avait pas prêté attention à l'engourdissement qui l'avait envahie. Tout en les frottant pour faire circuler le sang, elle se mit à rire de cet étrange inconfort et boitilla en direction du petit poêle.

— Je vieillis.

Elle prit la cafetière, leur servit deux tasses de café qu'elle apporta au lit. Max glissa la main sous son kimono en soie pour effleurer la surface tiède de sa peau de pêche, mais elle la coinça entre ses cuisses.

— Il faut que je me prépare. J'ai encore tellement à faire d'ici ce soir. Je dois retrouver Richard à la galerie dans une heure et je vais être en retard.

Mais, en dépit de sa voix pressante, elle ne fit pas mine de bouger. Max ne continua pas son exploration de ses doigts, mais ne les retira pas non plus. Sa main resta en place, appliquant une pression qui n'était pas encore assez ferme pour garantir qu'elle le repousse, mais sûrement suffisante pour lui faire perdre le fil de ses pensées. Elle s'alanguit, ses yeux s'assombrirent, sa respiration se fit lente et profonde.

—Allez, dis-moi ce que tu dois faire, lui chuchota-t-il dans la nuque.

—Alors ne me distrais pas !

—Je ne te distrais pas, je t'aide.

Elle se mit à rire.

—Eh bien, je dois m'assurer qu'ils ont accroché les nouvelles toiles à droite en entrant. Tu imagines s'ils les reléguaient au fond ? En plus, la lumière est horrible.

Il respira son odeur.

—Je dois consulter de nouveau la liste des invités parce que Vassily m'a envoyé un message comme quoi il avait invité un de ses amis, un poète anglais, célèbre apparemment. C'est bien beau tout ça, mais pour rien au monde je ne veux d'un vernissage envahi de vieux croûtons. Que dirait-on ?

Pendant qu'elle parlait, les mains de Max, ses doigts de maquettiste, assez habiles pour créer un monde à partir du néant, continuaient à appliquer leur douce et inlassable pression. Jusqu'à ce qu'elle oublie tout ce qu'elle avait à faire pour se laisser engloutir par son désir, jusqu'à ce que tout s'efface.

Une heure plus tard, Bettina se leva et s'habilla. Les effets des caresses de Max persistaient sur sa peau. Elle se hâta à travers l'appartement, rassemblant ce dont elle avait besoin. Sachant pertinemment que cela rendait Max fou, elle avait l'habitude d'éparpiller ses affaires sur chaque surface libre, et même ses gentilles réprimandes ne pouvaient venir à bout de cette vilaine manie. Elle n'eut pas de mal à trouver un premier bas, mais dut chercher le deuxième un moment, jusqu'à ce qu'elle aperçoive son reflet derrière un coussin. Elle l'enfila, fit rouler le voile fin sur son genou, le fixa à son porte-jarretelles, puis lissa sa jupe.

Sous la verrière, Max travaillait à son modèle d'*Autobahn*. Elle craignait qu'il ne s'abîme la vue. La lumière de novembre était si pâle. À Dessau, ils avaient un atelier tout blanc, avec une large baie vitrée.

Et, malgré l'ivresse d'habiter Berlin, elle regrettait parfois cette simplicité. Certes, la capitale vibrait d'une énergie qui nourrissait sa créativité, mais cette stimulation avait un prix.

— Tu as tout ce qu'il te faut ? demanda-t-il.

Il était tellement concentré sur sa tâche qu'il ne leva pas les yeux. Mais pas un instant elle ne douta de sa sollicitude.

— Quasiment. Tu n'as pas vu mon carton à dessin ?

D'un geste, il montra le canapé.

— Tu l'as laissé là-dessous en rentrant, hier soir.

— Ah oui ! Que tu es malin de t'en souvenir !

Elle s'agenouilla sur le plancher et tira le portefeuille : deux panneaux faits de planches de pin et liés ensemble. Elle avait glissé le dessin qu'elle avait commencé ce matin parmi les autres, chacun étant à un stade différent du cycle de peinture abstraite sur lequel elle travaillait.

Elle prit son béret bordeaux, en feutre souple, et s'avança vers un petit miroir à côté du lit. Elle l'ajusta en le penchant juste ce qu'il fallait et se mordit légèrement les lèvres pour leur donner des couleurs.

— Tu ferais bien d'y aller, sinon Richard va te sonner les cloches.

— Il est de plus en plus tyrannique. Mais je ne peux pas me plaindre. Contrairement à moi, il repère d'instinct les meilleurs endroits où présenter mon travail.

— C'est ton plus grand admirateur. Après moi, bien sûr.

Elle s'approcha de lui et, enlaçant ses épaules d'un bras, posa son menton au creux de son cou.

— Comment avance l'*Autobahn* ?

— Lentement.

— J'envie ta minutie.

— Tu n'en manques pourtant pas, répliqua-t-il en souriant.

— Non, mais je n'ai ni ta concentration ni ton sang-froid. Mon cerveau est trop confus, et je n'arrive pas à le brider.

Il l'attira sur ses genoux.

—Ton esprit n'était pas destiné à être dompté. Alors ne perds pas ton temps à essayer.

Il la serra étroitement contre lui, sachant cependant que leurs minutes étaient comptées.

—À quelle heure arrive ta famille?

—Ils ne viennent pas ici, heureusement! Tu imagines? Il est préférable pour le bien de tous que nous poursuivions ce simulacre. Je leur ai donné rendez-vous à la galerie.

Blottie dans la sécurité de son étreinte, elle ne faisait pas mine de vouloir partir. Il nicha son visage dans son cou et huma le chaud parfum de sa peau. Puis il lui souleva le menton pour plonger son regard dans le sien.

—Écoute, ne sois pas nerveuse. Vassily ne t'aurait pas poussée s'il n'avait pas la conviction que tu en es capable. Tu as quelque chose à dire, et le monde est prêt à l'entendre.

—Tu le penses vraiment?

—Je l'ai toujours su.

—Honnêtement, je n'ai aucune idée de comment je vais pouvoir maintenir un sourire toute la soirée.

—Mon petit doigt me dit que Richard et sa fiole de potion magique devraient pouvoir t'aider à surmonter cet obstacle, mon amour.

Elle haussa ses sourcils parfaitement dessinés.

—C'est un simple stimulant. Tout le monde en prend.

—Eh bien, tout le monde devient ennuyeux à mourir, alors. Surtout Richard. Tu dois le reconnaître: Berlin l'a changé.

—Je suis d'accord, mais je lui suis très reconnaissante d'avoir été ici pour montrer la voie.

Avec un grognement, elle se leva et s'extirpa de ses bras.

—Et maintenant, souhaite-moi bonne chance et dis-moi au revoir.

Elle était sur le seuil de la chambre quand il lui envoya un baiser qu'elle attrapa au vol. En souriant, elle dévala l'étroit escalier.

En dépit de sa nervosité, lorsque, quelques heures plus tard, l'exposition ouvrit ses portes, l'artiste se sentait dans son élément. Max l'observait depuis l'autre extrémité de la pièce : les yeux brillants, elle faisait de grands gestes, comme pour essayer de remplir l'espace et d'égaler l'ampleur de l'événement. Richard se tenait à côté d'elle, en sentinelle, plein de fierté paternelle, bien qu'il eût à peine un an de plus qu'elle.

La galerie se situait au premier étage d'une usine de téléphones désaffectée. Ses larges fenêtres avaient initialement été conçues pour inonder d'un flot de lumière les ouvriers penchés sur leur labeur, mais c'était tout aussi utile pour mettre en valeur les artistes et leurs œuvres.

Dans leurs cadres de bois volontairement neutres, quinze tableaux étaient accrochés aux murs blanchis à la chaux. La symphonie des formes et des couleurs, la texture de leur surface, tout invitait au toucher. Tout le monde s'accordait à dire que ces peintures marquaient un début prometteur. Surtout pour une personne aussi jeune. Surtout pour une femme. Pourtant, à la nuit tombée, la foule, avide de voir et de se faire voir, ne prêtait plus guère attention à l'art. En dépit du crachin persistant, les spectateurs bavards et enthousiastes s'étaient rassemblés pour le vernissage. Une odeur animale montait des corps chauds, agglutinés, dans leurs jupes et leurs costumes de laine mouillée.

Le tableau préféré de Max était accroché au mur principal. De soixante-dix centimètres de largeur, il était presque entièrement recouvert d'un bleu de Prusse aussi sombre qu'une nuit de novembre, aussi profond que la Spree. Il était parsemé de touches de jaune acidulé, de rouge paprika et d'un rose pâle, couleur chair, qui semblaient émerger du bleu. Il le savait, cette toile représentait l'artiste elle-même. Elle lui évoquait les nuits d'été de Dessau quand, fuyant la chaleur étouffante de l'atelier, ils allaient nager nus dans le lac.

Il se dirigea vers Bettina et le groupe qui l'entourait. Mais il resta en retrait. Fidèle au rôle de doyen qu'il avait adopté parce qu'il était arrivé à Berlin un an avant eux, Richard faisait du prosélytisme.

— J'ai prévenu Betti qu'il pouvait y avoir des détracteurs, proclama-t-il. Même si, jusqu'ici, nous semblons avoir échappé à leur vigilance.

— L'idée même qu'un zélé fanatique puisse décréter que mon travail est un exemple de décadence bourgeoise du Bauhaus ? renchérit-elle en riant. Bien sûr, je ne le nie pas. Mais c'est hors de propos.

Les joues légèrement empourprées, Bettina était un peu ivre du mélange de champagne et d'attention, qui lui montait à la tête. Peut-être d'autre chose encore ? Max n'aurait pas été surpris que Richard lui ait prescrit un tonique plus fort pour calmer ses nerfs. Il s'approcha d'elle, lui prit la main et sentit le frisson qu'elle s'appliquait à dissimuler.

— Max ! Permets-moi de te présenter Libertas. Elle publie la lithographie que je t'ai montrée. Celle avec la ravissante typographie ?

Une jeune femme aux pommettes saillantes et à la mâchoire joliment dessinée lui serra la main.

— Enchantée de faire votre connaissance.

Elle portait un smoking ajusté et le regarda intensément de ses yeux aux paupières alourdies. Puis elle se retourna vers Bettina.

— Betti chérie, je sais qu'ils peuvent sembler ridicules, mais n'ignore pas ces gens avec autant de désinvolture. Ils sont ignorants, vicieux, et ils se posent en éternelles victimes. C'est un mélange dangereux et explosif.

Richard approuva de la tête avec conviction.

— Ils sont partout maintenant. Vous n'êtes pas ici depuis assez longtemps, tous les deux, pour prendre la mesure des changements. Ça fait peur.

Rouge de frustration, Max rétorqua :

— Les nazis nous ont forcés à quitter Dessau, Richard. Ils ont cessé de financer l'université. Il n'y a pas qu'à Berlin qu'ils posent un problème.

— Eh bien, tu vas t'apercevoir que la taille de la ville a quand même tendance à amplifier leurs actions.

Bettina pressa la main de Max. Elle sentait quand Richard et ses airs de monsieur-je-sais-tout commençaient à l'exaspérer.

— J'ai bien peur que l'artiste en résidence doive faire un petit tour de salle. Max, tu veux bien m'accompagner ? Excuse-nous, Libertas.

Bettina l'entraîna et lui chuchota :

— Il a de bonnes intentions.

— Ça ne lui coûte rien. Il a la citoyenneté allemande, lui. Il me traite comme son cousin de province, alors qu'il n'a pas la moindre idée de ce qui se passe en dehors de Berlin. Les temps ne sont pas propices aux étrangers et encore moins aux Juifs. Mais qu'est-ce que j'en sais ? Pas autant que Richard, évidemment.

Bettina l'interrompit d'un baiser. Même après sept ans, ils avaient le pouvoir d'adoucir ses tirades. Elle le regarda avec ferveur.

— Tu as raison. C'est encore un gamin qui joue le communiste désabusé. Mais tu sais qu'il tient beaucoup à nous deux.

L'effet apaisant de sa caresse, de sa voix, son bon sens, le ramenèrent à la raison.

— Tout le monde t'aime, Betti. Vise un peu le succès que rencontre cette exposition, grâce à toi.

Rayonnante, elle savourait son approbation. Elle ne manquait pas de confiance en elle, mais une seule parole d'encouragement de sa part ou de son professeur, Kandinsky, comptait toujours beaucoup plus à ses yeux qu'un torrent de flatteries émanant de qui que ce soit d'autre.

— En tout cas, je remercie le ciel que la grève ait pris fin. Avec cette pluie, personne ne serait venu s'il avait fallu prendre son vélo.

Max glissa son bras sous le sien.

— Viens, allons chercher un autre verre pour trinquer à ton succès. Je veux rencontrer le poète fétiche de Vassily.

Il commença à l'entraîner à travers la foule. Mais elle s'arrêta, se raidissant soudain. À l'entrée de la galerie s'avançait une femme d'un certain âge, complètement décharnée, affichant plusieurs décennies de plus que les invités qui grouillaient dans la pièce. Les épaules voûtées, elle portait ostensiblement des vêtements de deuil. Elle tenait le bras d'un homme beaucoup plus jeune, plein d'une sollicitude exagérée, qui faisait en sorte que sa lente progression ne soit pas gênée par la multitude. C'était un bel homme, aux épais cheveux auburn bien lissés. Toutefois, avec sa chemise brune empesée, sa cravate et son pantalon noirs, il se démarquait de la bohème berlinoise.

—Maman ! Albrecht ! s'écria Bettina.

Seul Max perçut la tension dans sa voix. Elle s'empressa de traverser la salle en direction de la femme en noir qui regardait autour d'elle avec dédain.

—Comment allez-vous, maman ? Comment s'est passé votre voyage ?

Son compagnon répondit :

—Affreusement long, comme on pouvait s'y attendre. La circulation des trains est tout juste retournée à la normale. Nous n'aurions pas dû venir.

Max les observait, fasciné par leurs similarités et leurs différences. La mère, austère, morne, présageait ce à quoi Bettina pourrait ressembler quand elle serait âgée, drainée de toute sa lumière intérieure. Son frère, Albrecht, était sa version masculine. Mais ses traits taillés à la serpe contrastaient avec le visage tout en courbes douces de la jeune femme. Il devinait chez lui le même caractère emporté que chez sa sœur. Pourtant, contrairement à celui de Bettina, le sien était glacial, à peine voilé.

—Albrecht, Mutti, je vous présente mon ami Max. Il est architecte. Il vient de gagner un prix extrêmement prestigieux pour dessiner une nouvelle *Autobahn*.

—*Frau* Vogel…, dit Max en lui tendant la main, en un salut formel.

Sans prononcer une parole, la mère de Bettina la serra mollement. Quand il fit de même avec son frère, ce dernier se contenta de l'ignorer et regarda autour de lui avec un rictus dédaigneux.

—N'avais-tu pas dit qu'il s'agissait d'une galerie d'art ?

—C'est le cas, intervint Max. Il s'agit d'une ancienne usine qui, aujourd'hui, fait partie de l'École d'art. Le professeur Kandinsky a fait en sorte que Bettina puisse exposer son travail ici… c'est un grand honneur, mais amplement mérité. Vous devriez venir voir ses œuvres.

Il les précéda parmi les invités qui observaient le couple incongru avec une curiosité non dissimulée, puis s'arrêta devant la toile la plus proche, la peinture récente d'une forme inclinée, suggérée par la courbe d'un arc de cercle et un enchevêtrement de lignes brisées. Gonflé de fierté, il se tourna vers eux mais fut coupé dans son élan en voyant leurs visages empreints de ce qui ressemblait à un amer mélange de perplexité et de dégoût.

Albrecht se tourna vers sa sœur.

— Qu'est-ce que c'est censé représenter ? Je croyais que tu apprenais l'art de la céramique. Où sont les pots, les assiettes ?

— C'était le cas…

Après une hésitation, elle rassembla son courage et poursuivit :

— Mais je suis passée à autre chose. J'ai eu beaucoup de chance, Albrecht. Peu de femmes sont encouragées à se consacrer uniquement à la peinture. Mais le professeur Kandinsky pense que j'ai du talent.

Frau Vogel, qui contemplait le tableau d'un air confus, ouvrit ses lèvres minces et, pour la première fois, parla.

— Oh, Bettina ! dit-elle en secouant la tête. Que t'est-il arrivé ? Les choses que tu dessinais avant étaient si… réelles. Comme si on pouvait tendre la main et les cueillir.

Les joues rouges de honte, Bettina s'efforça de sourire. Mais, devant la panique qui brillait dans ses yeux, Max sentit son cœur se serrer.

— C'est ainsi que je travaille maintenant, maman. Le but est de capter l'essence d'une chose. Pas d'en faire une reproduction exacte. Nous avons la photo pour cela.

Albrecht l'écoutait avec un sourire méprisant.

— Pourquoi tiens-tu toujours tellement à te singulariser ?

Il pivota vers sa mère et, d'une voix forte, cracha :

— Je vous avais dit que nous n'aurions pas dû venir. Elle va à contre-courant, comme toujours. Elle essaie de choquer les gens pour le principe.

Une certaine tension se dégageait du petit groupe. Sans entendre les détails de leur dialogue, la teneur en était facilement perceptible par les visiteurs à proximité. Le malaise se propagea, et Max aperçut Richard et sa clique qui se dirigeaient vers eux. Son ami traversa la pièce avec un ample geste de bienvenue.

—Albrecht, *Frau* Vogel. Quel plaisir de vous revoir ! Vous devez être épuisés ?

Richard prit les mains d'Albrecht dans les siennes puis, galant, s'inclina devant sa mère.

—Comme c'est aimable à vous d'être venus. Puis-je vous proposer quelque chose à boire ?

Albrecht répondit d'un ton bourru :

—Je vais prendre une bière.

—Bien sûr. Laisse-moi voir ce que nous pouvons te trouver.

Il se fraya un chemin dans la foule des gens élégants. Nombre d'entre eux regardaient les deux provinciaux comme des spécimens sous un microscope.

—Raconte-moi, comment vont les choses à Allach ?

—Comme toujours.

—Et tu n'as pas vu mon rebelle de frère récemment ?

—Non. Nous ne fréquentons plus les mêmes milieux. Je n'ai pas beaucoup d'affinités avec les bolcheviks, ces derniers temps.

—Manifestement, commenta Richard en regardant fixement l'uniforme à chemise brune d'Albrecht. Tu ne m'avais pas dit que ton frère avait rejoint le parti national-socialiste des travailleurs allemands, Betti.

—Je l'ignorais, répondit-elle en baissant les yeux.

Albrecht lui lança un regard courroucé.

—Tu le saurais si tu venais aider à la ferme, au lieu d'arpenter Berlin en dilapidant mon argent.

Bettina le dévisagea avec anxiété.

—Que t'est-il arrivé, Albrecht ? Tu as toujours été mon unique défenseur !

—Et vois où ça m'a mené. J'étais prêt à te soutenir quand tu disais que tu apprenais l'art de la céramique. Les gens ont besoin d'assiettes.

Mais personne n'a besoin de ça ! conclut-il en englobant les peintures d'un geste de la main.

— Tu ne crois pas que les ouvriers ont besoin d'art comme tout le monde ? intervint Richard.

— Ils ont surtout besoin de remplir leur estomac de nourriture et leurs poches de pfennigs.

Libertas, qui écoutait la conversation, émit un reniflement de dédain.

— C'est l'erreur que font les gens comme vous. Il n'y a pas que la nourriture et l'argent, dans la vie. L'art lui donne son sens, la création concrétise l'idée. Si l'esthétisme signifie si peu à vos yeux, pourquoi perdre votre temps à parader en uniforme ?

Richard lui lança un regard de mise en garde.

— Libertas…

— Il est inutile d'essayer de raisonner avec eux, Richard. Ils sont tous délibérément ignares et vulgaires.

Le visage d'Albrecht devint livide. La jeune femme le toisa avec un sourire triomphant. Il s'avança vers elle, le poing levé, les veines et les tendons de son cou gonflés, raidis par la tension. Familières de son tempérament emporté, Bettina et *Frau* Vogel réagirent promptement. Elles l'agrippèrent chacune par un poignet pour le retenir et, ensemble, l'entraînèrent à travers la foule, dans l'escalier, et sortirent dans la nuit. Richard et Max les suivirent, échangeant des regards inquiets.

— J'ai déjà vécu ça, marmonna Richard dans sa barbe. Laisse-moi le gérer.

À l'extérieur, vibrant de rage, Albrecht faisait les cent pas sur le trottoir.

— Ce sont des femmes comme ça, si on peut même les qualifier de « femmes », qui ont mis ce pays à genoux. Odieuse putain !

Il foudroya Bettina du regard et lui enfonça un doigt furieux dans la poitrine.

— Ce sont tes amis. Des pervers, des communistes, des étrangers et de sales Juifs !

Il jeta un regard noir à Max. Richard essaya de le calmer, mais il le repoussa.

—Je ne parle pas à un traître. Tu ne vaux guère mieux que ton frère.

Blême, le souffle court, Bettina tremblait. Max passa un bras protecteur autour d'elle. *Frau* Vogel s'approcha de son fils et lui chuchota quelques phrases à l'oreille. Elle le supplia de partir, de la raccompagner à l'hôtel, près de la gare, où ils avaient pris une chambre pour la nuit, de quitter ce repaire de dépravés. Freiné par les paroles maternelles, il se tourna vers sa sœur.

—Tu me dégoûtes. Tu ne verras plus un sou de mon argent.

—Elle n'en a pas besoin. Le «sale Juif» prendra soin d'elle.

Albrecht leur cracha aux pieds.

—*Entartete Kunst.* Allez au diable, vous et votre art dégénéré!

Sur ces mots, il partit en trombe dans la nuit. Lentement, courbée contre la pluie, *Frau* Vogel lui emboîta le pas sans un adieu pour sa fille. Muette, Bettina les regarda s'éloigner.

Tout le reste de la soirée, le cri de bataille de Richard fut: «*Entschuldigung!* Excusez-nous.» Il était préférable de se faire pardonner en usant de son charme plutôt qu'en suppliant. Un bras protecteur autour des épaules de Bettina, qui s'agrippait en même temps à la main de Max, il traversa le sol hexagonal dallé en noir et blanc, pour se faufiler jusqu'au bar encombré d'invités. Lorsqu'ils furent tous installés dans un box aux banquettes à haut dossier, devant une table couverte d'une nappe blanche empesée, il pressa une liasse de marks dans la main du serveur et commanda du champagne. La bouteille arriva sans tarder, glacée. Bettina leva son verre et, renversant la tête en arrière en un geste gracieux, vida sa coupe d'un trait.

—Comment ça va? demanda Richard.

—Je me déclare une femme libre.

—Je bois à ça.

— Et puis, j'ai décidé que Max et toi étiez dorénavant ma seule famille, celle que j'ai choisie.

— Magnifique ! *Prost?*

— *Prost!*

Ils levèrent tous les trois leurs verres. La cacophonie du bar leur offrit un instant de répit.

À l'intérieur comme à l'extérieur, les lumières éblouissantes scintillaient comme si, dans son mirage de néons, Berlin n'avait plus rien à voir avec la ville aux rues grises de la journée. Les jeunes et jolies femmes dansaient avec de beaux garçons et noyaient toute notion du lendemain dans l'ivresse de l'alcool pour ne vivre que l'instant.

À un moment donné, après avoir quitté la galerie, ils avaient perdu le reste de leur groupe. D'abord Vassily, puis Libertas, puis leurs amis et finalement les pique-assiettes. Un à un, ils s'étaient évanouis dans la nuit, laissant seul leur trio, dont le silence pensif contrastait avec le vacarme ambiant.

Max regardait Bettina qui avait posé sa tête sur l'épaule de Richard. En dépit de leurs différences, ce dernier restait leur plus proche ami. Berlin avait beau être aux antipodes de Munich, de Weimar, de Dessau, il s'y sentait, apparemment, comme un poisson dans l'eau. Chacun d'entre eux avait eu son moment dans la vie, mais Berlin était l'endroit où Richard s'était enfin trouvé, où il pouvait aisément rassasier les ambitions de son tempérament vif-argent.

Max lui était reconnaissant de sa présence protectrice. Depuis qu'il avait rencontré Bettina à l'École des beaux-arts de Munich où, déjà, perçait son prodigieux talent, il jouait un rôle essentiel dans sa vie. Peter, son frère aîné, avait promis à Albrecht que le jeune Richard la prendrait sous son aile jusqu'à ce qu'elle prenne son envol. Max savait aussi qu'il avait toujours aimé sa protégée, d'un amour paresseux, ce qui ne le dérangeait nullement. Personne au monde ne se souciant autant de son bien-être, elle avait besoin d'eux deux.

— Alors, qu'est-ce qu'on fait ? On continue ?

Richard était déterminé à faire de la soirée de Bettina un triomphe.

— Oui, cocktails américains sur le Kurfürstendamm ! lança-t-elle.

— Tes désirs sont des ordres.

Il se leva et tapota sa poche pour s'assurer qu'il avait la petite fiole de verre contenant le précieux carburant dont il avait besoin pour continuer.

— Je reviens !

Un flot constant de danseurs tournoyait sur le dallage noir et miel. Max bâillait, presque fatigué d'avance à la pensée des heures qui s'annonçaient. Bettina le regarda et, lui prenant la main, chuchota d'un ton de conspirateur :

— Si tu veux rentrer, tu as ma bénédiction.

— Vraiment ?

— Oui. Si je suis avec Richard, je suis sûre que nous ferons des rencontres intéressantes. Ce soir, j'ai envie de m'étourdir, mais j'aimerais que quelqu'un garde un œil sur moi, quand même.

— Ce qu'il fait toujours, je le lui accorde.

Max survola du regard la foule de la salle animée comme une ruche. Toutes les jolies abeilles récoltant leur pollen.

— Et si on s'en allait, loin d'ici ?

Il avait parlé si bas qu'il fallut à Bettina un instant pour assimiler ses paroles. Elle fronça les sourcils.

— Mais pas ce soir ! s'empressa-t-il de préciser. Tu dois rester, t'amuser, tu le mérites sincèrement. Je veux dire, quittons Berlin. Juste toi et moi.

Elle le dévisagea, perplexe. Il poursuivit, de plus en plus enthousiaste alors que l'idée prenait forme dans son esprit.

— Nous pourrions aller à Paris. Ou à Londres. Ou à New York. N'importe où. Vassily parle de s'en aller, et Richard blague parfois sur un possible départ pour Moscou, même si je sais qu'il n'en pense pas un mot.

— Mais pourquoi ?

— Parce que nous le pouvons. Rien ne nous retient ici… Et je n'aime pas la façon dont les choses sont en train d'évoluer. Je sais que tu ressens la même appréhension.

Devant le silence de Bettina, il demanda, hésitant :

— Ça ne te dirait pas ?

— Passer le reste de ma vie avec toi, c'est ce que je veux le plus au monde. Mais de là à partir… Alors que nous commençons à faire de réelles avancées ? Et ton *Autobahn* ? Elle pourrait vraiment bâtir ta réputation.

— Mais je ne peux même pas faire de toi une honnête femme.

Il ajouta, feignant l'horreur :

— Imagine un peu. La fille d'une bonne famille bien allemande comme toi, gâchée au profit d'un Juif autrichien, comme moi.

— Ce n'est pas drôle, Max. Je t'épouserais sur-le-champ, si je le pouvais.

— Je sais, la rassura-t-il.

— Mais nous sommes chez nous, ici. Si nous partons tous, que restera-t-il ? La situation est vouée à changer bientôt, j'en suis sûre. Le vent va tourner. Chaque génération se figure qu'elle affronte une période de crise terrible, unique en son genre.

— C'est sans doute le cas, dans certains cas.

— Je traverserais des océans pour toi. Mais attendons un peu. Commençons par nous établir dans nos métiers respectifs, afin de ne plus avoir à compter sur l'argent de la famille. Ensuite, nous pourrons nous enfuir, tous les deux.

— Ça me plaît bien, comme programme.

Elle posa sa tête sur son épaule et, ensemble, ils regardèrent l'essaim de noctambules. Toutes les abeilles ouvrières, insouciantes, affairées à leur labeur incessant. Unies dans leur mouvement perpétuel, volant de fleurs en bourgeons, tournoyant les unes autour des autres, fabriquant du miel, passant à autre chose.

Chapitre 5

Cincinnati
Août 1993

Il était presque 18 heures quand Clara regagna sa chambre d'hôtel, à l'aéroport. Bien qu'épuisée, elle n'était pas pressée. Elle avait encore plus d'une journée à tuer avant de prendre un vol de correspondance à destination de Chicago et commencer le long voyage pour rentrer chez elle.

Elle ferma la porte derrière elle, tira la chaîne de sécurité et plaça la boîte contenant les figurines de porcelaine sur un bureau, dans un coin de la pièce. Le reste de la pièce était plongé dans l'obscurité, les stores à moitié baissés. Le décor désuet, dans des tons fanés de gris et de pêche, révélait que personne n'avait prêté attention à l'esthétique de l'endroit depuis bien des années. Cependant, la chambre possédait tout ce dont elle avait besoin. Elle se réjouissait presque du manque de « touches personnelles ». Où qu'elle soit dans le monde, elle trouvait réconfortant de dormir dans des draps identiques et de se réveiller, la nuit, dans un cadre prévisible.

Fourbue, elle s'avança jusqu'au lit et s'écroula sur sa surface lisse avec reconnaissance. Elle ôta ses talons hauts, les laissa tomber sur le sol, puis se rallongea et regarda le ventilateur au plafond qui brassait l'air, tournant en cercles lents. Elle échafauda mentalement un plan : commander à manger, prendre une douche et dîner, le tout rapidement, pour pouvoir enfin dormir. Elle se sentait toujours aussi engourdie et savait qu'il lui faudrait des heures, voire des jours, pour assimiler tout ce qu'elle avait appris. Jusqu'ici, il lui semblait qu'aucune de ses découvertes ne l'avait aidée à se rapprocher de la vérité.

Elle ferma les yeux et tourna sa joue vers la fraîcheur apaisante du couvre-lit. Elle savait néanmoins qu'elle ne pouvait pas encore se permettre de s'endormir. Se forçant à se redresser, elle souleva le combiné du téléphone posé à côté du lit et pressa la touche service d'étage. Elle commanda un club-sandwich, puis après avoir enlevé son chemisier de soie, se dirigea vers la salle de bains.

Quand sa commande arriva, elle avait pris sa douche et s'était enroulée dans un épais peignoir blanc. Sous une cloche de plastique, dans une serviette en papier, un sandwich graisseux était piqué de cure-dents en bambou. C'était une tour de pain blanc grillé et de bacon à peine cuit, le tout accompagné de quelques tomates et de feuilles de laitue détrempées, qui semblaient avoir été ajoutées à l'ensemble à la dernière minute. Impatiente de combler le creux de son estomac, Clara le dévora en quelques bouchées.

Ses besoins vitaux satisfaits, elle apporta la boîte de figurines sur le lit, se sentant enfin capable d'en examiner le contenu. Elle prit la première pièce, enveloppée dans une vieille page du *Cincinnati Enquirer*, et la déballa pour découvrir l'agneau. Elle étudia l'animal, sous son vernis luisant. Ses membres étaient si longs qu'il ressemblait un peu à un fœtus : un spécimen chirurgical flottant dans le formol. D'un blanc de neige, stérile, il la perturbait.

La deuxième pièce était le lapin. Impossible de dire s'il était allongé sur le flanc ou en train de rendre son dernier souffle. Elle le posa à côté d'elle et ouvrit le troisième paquet. Enfin, sa récompense. Un homme de douze centimètres de hauteur, torse nu, debout sur un socle rocheux. Ses yeux patinés regardaient au loin, aussi déterminés que sa mâchoire carrée. Une image qui lui était très familière, car elle avait inspiré l'œuvre la plus célèbre de sa mère. Et même si elle n'avait jamais vu l'original, Bettina l'ayant peint avant sa naissance, Clara avait le sentiment d'avoir toujours connu ce personnage. Des reproductions du tableau, connu sous le simple nom *Le Viking*, étaient toujours en vente dans les brocantes ou accrochées dans les restaurants désuets d'Allemagne. Et, toute sa vie durant, elle était tombée sur son image dans les lieux les plus incongrus.

Clara se rendit compte que, depuis toutes ces années, elle n'avait jamais pris le temps de le regarder de près. C'était un homme jeune, dans la force de l'âge, aux bras musclés, aux jambes fléchies et au torse penché en avant. Son expression était insondable. Il contemplait la mer, prêt à affronter la tempête qui approchait. En dépit des longs cheveux qui lui balayaient la nuque, son visage était à la fois d'une beauté classique et pourtant parfaitement contemporaine.

Elle ne retourna pas la statuette pour vérifier la marque en forme d'éclairs que les artisans gravaient sur le socle. Elle n'avait pas besoin de se voir confirmer sa présence, ne le souhaitait pas. Le savoir-faire dont résultait chacune de ces pièces était indéniable, mais l'ombre du nazisme altérait son admiration.

Elle posa délicatement la figurine sur la table de chevet puis, après avoir tiré le couvre-lit et le drap, se glissa dans le lit. Elle éteignit la lumière, regarda une dernière fois *Le Viking*, l'effleura du bout des doigts, comme un talisman, avant de plonger dans un sommeil salvateur.

Pendant de longues heures, elle resta profondément endormie, sans qu'aucun rêve ne vienne troubler sa conscience. Finalement, son horloge interne se fit insistante, la forçant à remonter des profondeurs à la surface, dans une brume enfiévrée. Elle était dans l'appartement de Bettina, entourée par les porcelaines de sa collection, un reliquaire de saints laïcs. Sa mère, qui respirait à peine, gisait dans une chapelle ardente. Son lit devint un navire funéraire viking. Elle y mit le feu et le poussa à la mer. Il vogua, dévoré par les flammes, puis sombra avec le corps, avalé par les vagues.

Elle ne se réveilla pas. Le rêve de sa mère mourante refusait de s'estomper. Elle sentait les draps amidonnés lui enchaîner les talons, s'enroulant autour de ses chevilles comme des algues. Flottant dans une nuit d'encre, elle écouta le murmure de ses souvenirs.

Clara tourna la clé dans la serrure et entra dans l'appartement maternel. L'air était lourd de la chaleur d'une fin de journée de printemps.

Les rayons du soleil filtrés par la voûte des platanes, à l'extérieur, baignaient les lieux d'une lumière évoquant celle d'une lampe Tiffany. Elle fut accueillie par l'odeur d'une encaustique à la cire d'abeille se mêlant au parfum iodé de Bettina. Et… à autre chose ? Un léger relent d'ammoniaque. Fronçant le nez, elle alla jusqu'à une haute fenêtre encastrée, dans ce que sa mère appelait « le Salon » et l'ouvrit, laissant la rumeur de la rue emplir la pièce.

Devant la fenêtre se dressait un piano à queue couvert d'une tapisserie viennoise antique destinée à en étouffer le son. Machinalement, Clara la redressa tout en faisant du regard l'inventaire de la pièce. Elle n'était pas venue depuis des mois, mais rien ne semblait avoir bougé. Sa mère aimait vivre dans un immeuble où tous les bruits gênants devaient être légitimement étouffés « pour le bien des voisins ».

— Maman ? appela-t-elle doucement.

Pas de réponse. Elle retira ses chaussures et traversa le couloir en direction de la chambre de sa mère. Pour une raison inexplicable, elle fut saisie d'une inquiétude soudaine. La structure de ce logement lui donnait l'impression de faire partie de son ADN. Mais, dès qu'elle en franchissait le seuil, elle sentait fondre son estime d'elle-même. Inconsciemment, elle redevenait Clara la turbulente, Clara l'effrontée, Clara l'impétueuse.

Debout sur le seuil de la pièce, elle tendit l'oreille quelques minutes. N'entendant rien, elle poussa la porte et jeta un coup d'œil à l'intérieur. Bettina dormait, son corps menu à peine visible sous les lourdes couvertures. Clara entendit sa respiration laborieuse, signe qu'elle était toujours en vie. Depuis des années, sa mère semblait se retirer du monde extérieur. Maintenant, non contente de se confiner dans sa chambre, elle se satisfaisait des limites du large lit bateau en acajou.

Clara recula dans le couloir et referma lentement la porte. Sur la pointe des pieds, elle se dirigea vers la cuisine. Depuis sa dernière visite, les changements y étaient beaucoup plus évidents. Un petit bataillon de personnel médical permettait à Bettina de pouvoir rester chez elle, dans un certain confort. Chaque surface était envahie des preuves de leur présence. À côté de l'évier, un plateau vénitien laqué était couvert de flacons, de cachets et de lingettes. Sur la table s'empilaient des boîtes contenant des gants de silicone et des tabliers de plastique, aussi bleus que la Méditerranée. Les contournant, elle remplit la bouilloire au fond épais et la posa sur la cuisinière ancienne. Elle alluma le gaz et, en attendant que l'eau chauffe, se dirigea vers le téléphone mural. Elle décrocha le combiné et composa son propre numéro. La sonnerie retentit dans le vide. Elle imagina sa maison déserte, son mari… bizarrement absent. Finalement, le répondeur se déclencha.

— Chéri, je suis chez ma mère. Je devrais être rentrée pour le dîner, mais ne m'attends pas. Il y a un steak au réfrigérateur. Je ne… sais pas où tu es ?

Elle marqua une courte pause, laissant la question en suspens, et reprit :

— Mais ne me rappelle pas. Maman dort, et je ne veux pas la réveiller. À ce soir ! Je t'aime.

Perplexe, elle raccrocha. Pourquoi n'avait-il pas répondu ? Son cerveau, distrait, se mit à échafauder des scénarios de plus en plus alarmants jusqu'à ce que le sifflement de la bouilloire la tire de ses réflexions. Elle se précipita pour la retirer du feu et en étouffer le bruit. Puis elle prit une tasse en porcelaine dans l'égouttoir, versa l'eau bouillante sur des feuilles de menthe desséchées et inspira leur arôme végétal. S'assurant de marcher sur l'épais tapis du couloir, la tasse à la main, elle rebroussa chemin en direction de la chambre, poussa la porte et entra à pas feutrés.

La pièce était à moitié plongée dans la pénombre. Avec ses deux hautes fenêtres encadrées d'une soie damassée rose thé, l'endroit avait toujours été aussi sobre qu'élégant, parsemé toutefois de touches d'excentricité. Une chaise capitonnée de velours vert chartreuse, dans un vase en verre mercurisé, des plumes d'autruche et, suspendu sur un mur, un kimono ancien imprimé de pivoines turquoise sur un fond rouge tomate.

Elle s'assit doucement sur le lit et observa Bettina qui dormait encore, en apparence indifférente. Elle avait toujours gardé le contrôle de sa ligne, sa coquetterie restée intacte longtemps après que les autres mères ne s'en soient plus souciées. Aujourd'hui, sa minceur frôlait la maigreur.

Savourant le silence, Clara but sa tisane à petites gorgées tout en examinant la pièce. Encastrées dans le mur, au-dessus du lit, trois vitrines abritaient la collection de porcelaines brillantes, d'un blanc étincelant. Des spots, savamment disposés, les baignaient d'un éclairage subtil. Une vingtaine d'objets y était exposée, tous d'un réalisme surprenant, et riches en détails. Ils lui avaient toujours paru parfaitement incongrus. Ils contrastaient avec les goûts de sa mère et les quelques œuvres de son propre travail qu'elle choisissait d'exposer. Bettina n'avait rien conservé de ses « derniers travaux », comme elle aimait les décrire. Ses tableaux les plus célèbres avaient été vendus ou donnés à divers musées d'Europe. Clara comprenait qu'à une époque ils lui avaient conféré un certain prestige dans le monde de l'art allemand, une célébrité bien éphémère. Ce qui n'était guère étonnant.

D'après les reproductions qui lui étaient familières, le travail était bien exécuté, mais le réalisme romantique était passé de mode.

Avant cela, Bettina avait eu sa période expressionniste. Même si elle n'avait pas été longue, l'énergie de sa peinture rappelait à Clara les plus grands : Kirchner, Kandinsky, Klee. Tous avaient inspiré sa mère. Les couleurs vibrantes, la vitalité des lignes tracées au pinceau, les traits des visages vides, une espèce d'éclat morbide à la lumière des néons et des projecteurs : voilà les œuvres que Bettina avait choisi d'accrocher chez elle. Et c'étaient celles que Clara aimait.

Elle se leva et, sans bruit, s'avança jusqu'au mur où les figurines d'un blanc luisant surveillaient sa mère assoupie. Des lévriers, des grives musiciennes, des laitières, des athlètes, tous fidèlement reproduits, pourtant étrangement blêmes dans leur carapace laquée. Avec précaution, elle souleva la pièce centrale, un homme au torse nu, aux boucles emmêlées, les jambes musclées campées sur un piton rocheux, une peau de bête sur les épaules. D'un doigt, elle effleura son visage aux traits nobles mais impassibles.

— Fais attention.

Elle sursauta et, machinalement, serra la statuette contre sa poitrine de crainte de la lâcher. Bettina, encore somnolente, leva les yeux sur sa fille dont la silhouette se découpait dans la lumière du soleil printanier.

— Je suis désolée, je ne voulais pas te faire peur.

Clara posa la figurine sur la table de chevet et, lentement, Bettina se tourna vers elle, l'effort lui arrachant une grimace.

— Mon Viking.

Elle avança une main à la fine ossature d'oiseau, pour caresser la porcelaine. Avec un petit rire, elle demanda d'une voix rauque :

— Tu te rappelles qui l'a façonné, bien sûr ?

— Non, je ne crois pas.

— Petite sotte ! Tu dois t'en souvenir. Il l'a façonné pour moi.

— Qui, « il » ?

— Mais enfin ! Le père de Clara !

Ces derniers mois, l'esprit de sa mère avait commencé à s'égarer, le flot des souvenirs remontant du passé, plus réels pour elle que le présent.

— Non, répondit Clara d'une voix aussi douce que possible. Karl était marchand d'art, pas artiste.

— Pas Karl ! répondit Bettina d'un air méprisant. Dieu sait que sa seule fibre artistique était son bon goût et son épais portefeuille.

— Alors qui ?

— Le père de Clara. Son vrai père.

Clara n'osait plus bouger. Un poids lui oppressait de nouveau la poitrine. Le tic-tac de la pendule, sur le manteau de la cheminée, sembla soudain assourdissant. Le sang battait à ses tempes au rythme d'un métronome endiablé.

— Je ne comprends pas.

— Ne sois pas si niaise, Heida ! Le porcelainier de Dachau, bien sûr.

Heida, la gouvernante de sa mère, avait aussi été son amie et sa confidente. Une dizaine d'années auparavant, elle avait pris sa retraite dans une pension de famille, à Cologne.

Bettina frissonna.

— Il fait frisquet ici. Tu n'as pas froid ?

Tremblante, Clara se pencha pour remonter le drap sur les épaules de sa mère.

— Merci, ma chère. Tu as toujours été un tel réconfort.

— Maman, c'est moi, Clara.

Bettina releva brusquement la tête.

— Oui.

Elle la reposa sur l'oreiller, en lui jetant un regard anxieux.

— Que fais-tu ici ?

— L'infirmière de jour est malade. Elle m'a téléphoné pour me prévenir. Maman, que voulais-tu dire concernant Karl ?

Bettina détourna le visage.

— Maman, tu m'entends ?

— Qu'est-ce que tu racontes, Clara ?

La tension dans sa voix ne lui échappa pas. Pourtant, elle insista.

— De qui parlais-tu ? Le porcelainier de Dachau ? Qui était-ce ?

— Je ne vois pas ce que tu veux dire.

Bettina essaya de s'asseoir, et Clara vit que l'effort faisait trembler ses bras.

— Maman, y a-t-il quelque chose dont tu voudrais me parler ?

Face au regard perçant de sa fille, Bettina ferma les yeux.

— Pour l'amour du ciel, Clara, n'as-tu donc pas de cœur ? Je ne me sens pas bien.

Elle avait répondu sur un ton catégorique, parfaitement calme.

Clara retint son souffle, attendant que la colère de sa mère s'apaise. Bettina avait un caractère volcanique. Au bout d'un moment, elle tapota la main blanche et osseuse qui serrait le drap.

— Ne t'inquiète pas. Repose-toi. Je vais te faire du thé.

Elle regagna la cuisine dans un état d'hébétude complète. Après avoir de nouveau posé la bouilloire sur la cuisinière, tremblante, elle s'agrippa au plan de travail en marbre. Quand la bouilloire se mit à siffler, elle fut incapable de lâcher son support. Le sifflement s'intensifia en un cri strident, puis un hurlement qui emplit la pièce.

Clara fut réveillée en sursaut par le bruit d'un avion qui volait bas au-dessus de l'hôtel. En nage, empêtrée dans ses draps, elle tourna la tête et chercha des yeux les chiffres, d'un rouge pâle, du radio-réveil. Il était 2 h 30 du matin. Un moment, elle resta allongée, immobile, la peau moite, avant de se résigner : elle ne se rendormirait pas. Trop fatiguée pour lire, trop énervée pour se reposer, elle ne souhaitait pas refaire le voyage dans le mausolée de ses souvenirs. Elle se rappela alors sa règle d'or dans les hôtels des aéroports. Trouver quelqu'un, quelque part, qui accepterait de lui servir un verre.

Elle repoussa ses draps et gagna la salle de bains où elle s'aspergea le visage d'eau, puis sortit de sa petite valise un large pantalon en lin et un pull en cachemire. Après s'être brossé les cheveux, elle prit son sac.

Son corps et son cerveau n'étaient pas en phase. Dans l'ascenseur, elle fut éblouie par la lumière, assourdie par la musique. Appuyée à la rampe, elle regarda son reflet dans le miroir du panneau du fond. Des cernes noirs ombraient ses yeux marqués de fines pattes-d'oie, séquelle indéniable de cinq décennies. Des reflets argentés couvraient ses tempes. Machinalement, elle effleura de la main son menton et son cou, tirant sur la peau autrefois si ferme. Elle savait qu'elle était entrée dans l'anonymat de l'âge, même si cela ne l'affligeait plus comme avant. Elle ne luttait pas contre, mais ne l'acceptait pas non plus.

La porte de l'ascenseur s'ouvrit sur un vestibule dallé de marbre. Une sorte d'arrière-pays sans fenêtres où il était impossible de faire la différence entre le jour et la nuit. Elle avança sur le sol brillant et s'arrêta. Le son d'un piano l'entraîna le long d'un couloir, ses ballerines de satin résonnant dans le silence. Ce couloir débouchait sur un salon aux ampoules tamisées, aux tapis moelleux. Elle s'assit au bar et regarda la baie vitrée qui allait du sol au plafond, fenêtre sur le manège incessant de la vie de l'aéroport. Un monde inondé de lumière, frénétique.

Après avoir commandé un gin-tonic, elle balaya la pièce du regard, s'interrogeant. Y avait-il d'autres clients qui, comme elle, avaient des insomnies, ou seulement des piliers de bar, attirés par le rythme éphémère d'un aéroport ?

La plupart étaient des hommes. Mais, à quelques mètres, se trouvait une femme plus jeune qu'elle de dix ou quinze ans, ses boucles rebondies lui frôlant les épaules. Tout en faisant tourner ses glaçons dans son verre, elle l'observa vaguement, se demandant ce qui l'amenait ici à cette heure indue. L'inconnue croisa son regard et, souriante, leva son verre dans sa direction. Clara esquissa un sourire timide, puis se détourna, gênée d'avoir été surprise en train de la fixer. Elle se demandait si elle ne devrait pas regagner sa chambre pour essayer de dormir quand elle se rendit compte que la femme continuait à l'examiner. Dès que leurs yeux se croisèrent de nouveau, elle se redressa et vint vers elle, son verre à la main.

— Vous permettez que je me joigne à vous ?

Un peu méfiante, Clara répondit :

— Je vous en prie.

— Je ne sais pas pourquoi, mais je ne peux pas résister à une demoiselle en détresse.

Clara leva les mains et s'esclaffa.

— Aucune détresse, dans mon cas !

À la lueur de curiosité qui s'allumait dans son regard, elle comprit que son interlocutrice avait immédiatement remarqué son accent.

— Vous vous sentez seule, alors ? D'un autre côté, qui ne le serait pas, assise dans un aéroport à cette heure matinale ? Je m'appelle Amy, au fait, ajouta-t-elle en tendant son verre.

— Clara, dit-elle en l'imitant.

— Vous venez... d'Angleterre, je devine ?

— Vous devinez juste.

— Eh bien, chère Clara, que vient faire ici une Anglaise de votre classe ?

Clara se mit à rire. Amy était-elle en train de flirter avec elle ?

— Mon corps veut me convaincre que c'est déjà le matin, donc j'essaie de boire pour oublier.

— C'est le meilleur remède.

Sans lui laisser le temps de protester, elle fit signe au barman de les resservir.

— Et vous ?

— J'arrive de Los Angeles. J'ai cette mauvaise habitude de ne jamais vouloir finir la soirée. J'ai toujours envie d'un dernier verre...

— Et vous avez aussi cette mauvaise habitude d'engager la conversation avec des étrangers en transit ?

— Uniquement si elles sont belles et qu'elles semblent perdues.

Et voilà. C'était confirmé.

— Vous êtes en train de me draguer ?

— Si c'était le cas, ça en vaudrait la peine ?

— Je suis très flattée, mais...

Amy laissa échapper un petit rire.

— Juste mon genre, alors ? D'accord, si vous ne voulez pas flirter, dites-moi au moins pourquoi vous avez l'air si triste ?

— Je ne pensais pas que c'était aussi... flagrant.

Clara but une gorgée de son gin. Pouvait-elle partager son sort avec une parfaite inconnue ? Son ex-mari l'avait souvent accusée d'être réservée au point d'être presque indifférente. Mais il y avait quelque chose de libérateur dans le fait d'être si loin de son pays, et la distance rendait en quelque sorte son épanchement légitime. Pourquoi pas ? Quel mal y aurait-il à cela ?

— Je suppose que j'essaie de trouver un sens à ma vie. Je ne sais pas vraiment qui je suis et je crois que je dois le découvrir.

— Et alors ? Qu'est-ce qui vous retient ?

Elle considéra la question. Encore une fois, quel mal y aurait-il à dire la vérité ?

— Je suis venue ici en quête de mon père biologique. Mais je pense être littéralement dans une impasse.

Le regard d'Amy s'illumina.

— Encore mieux. Un mystère. Racontez-moi tout.

— Vous êtes sûre ?

— Oh, certaine ! affirma-t-elle avec un grand sourire.

— Par où commencer ? Je n'ai jamais connu l'homme auquel ma mère était mariée. Il est mort quand j'étais toute petite.

— J'en suis désolée.

Avec un haussement d'épaules, Clara répondit :

— Ne le soyez pas.

Elle avala une longue gorgée de gin.

— C'était un… nazi. Il s'est suicidé juste avant la fin de la guerre.

Amy blêmit, et Clara posa une main sur son poignet.

— Pardon. Je ne voulais pas vous choquer. J'ai peut-être été un peu trop directe.

— Eh bien, c'est moi qui ai demandé, après tout…

— C'est la toute première fois que j'en parle à un inconnu, dit-elle en baissant les yeux sur son cocktail et faisant tourner les glaçons. J'ai toujours eu terriblement honte.

Laissant loin derrière elle le flirt insouciant des premières minutes, Amy compatit :

— Je n'ose même pas imaginer votre embarras.

— Il y a quelques années, j'ai appris qu'il n'était pas mon vrai père. Je ne vous raconte pas mon soulagement.

Plongeant une main dans son sac, elle en tira la feuille de la salle des ventes et une photo de sa mère. À présent qu'elle avait commencé, le besoin de se confier la submergeait.

— Avant de mourir, ma mère m'a avoué que mon vrai père était un artiste, comme elle. Un porcelainier. Il a fabriqué une pièce inspirée par un tableau de ma mère, qui se révèle être extrêmement rare.

Elle poussa la feuille photocopiée vers Amy.

— J'ai fini par en retrouver une, ce qui m'a amenée ici. Son propriétaire était sculpteur. C'est peut-être même lui l'auteur de l'original. Mais… il est mort. Et donc me voilà de retour à la case départ.

Amy se cala contre son dossier.

— Cela fait beaucoup à assimiler.

— Vous devez regretter d'avoir voulu lier connaissance.

— Vous plaisantez ? dit-elle en riant. Je vis pour ce genre d'histoire. C'est pour ça que ça vaut toujours le coup d'essayer d'emballer une inconnue dans un bar d'hôtel à 3 heures du matin.

Clara se sentit rougir.

— Et maintenant, que comptez-vous faire ?

— Je n'en ai aucune idée. Quand j'étais jeune, ma mère a toujours refusé d'aborder le moindre sujet personnel. Elle paraissait si fragile, comme si la moindre confrontation risquait de la briser.

Elle lui tendit le cliché de Bettina dans l'usine de porcelaine.

— Mais quand je regarde des images d'elle dans sa jeunesse, elle paraît si ardente, si pleine de vie que je voudrais savoir ce qui s'est passé.

Amy scruta la photo.

— Elle était très belle.

C'était une évidence, et Clara acquiesça d'un hochement de tête. Amy orienta la photo vers la lumière.

— Où a-t-elle été prise ?

— À Allach, en Allemagne. Juste à côté de Munich. C'est là que ma mère a grandi.

Amy la retourna et lut l'inscription.

— Je lis : « *Dachau-Allach, 1941* ». Dachau, comme le camp de concentration ?

— Peut-être. L'usine de porcelaine d'Allach était certainement sous contrôle des nazis. Les figurines portent toutes comme poinçon le symbole SS. C'est très troublant.

— Je résume : votre mère était mariée à un nazi et fréquentait des porcelainiers nazis…

— Je sais. Mais je peux vous assurer que c'était une antifasciste convaincue. Elle a quitté l'Allemagne pour s'installer en Angleterre, tout de suite après la guerre.

Amy montra les hommes à côté de Bettina.

— Donc, qui sont ces hommes, selon vous ?

Clara eut un haussement d'épaules résigné.

— J'imagine qu'il est tout à fait possible que l'un d'eux soit mon père ou qu'il connaisse son identité. J'aimerais vraiment en apprendre plus, mais je ne sais pas par où commencer.

Chapitre 6

Berlin
Été 1937

Berlin était une véritable fournaise. L'air était lourd, et une chaleur écrasante montait des trottoirs scintillants. Dans les bâtiments, l'atmosphère suffocante mêlait les odeurs viciées des haleines et des corps, de la nourriture trop vite avariée, du lait qui tournait dans les verres.

Dans les rues, la tension couvait. Des inconnus se frôlaient dangereusement. Les piétons, étourdis par la canicule, bifurquaient soudain, comme des abeilles à moitié ivres d'un fruit trop mûr. Max, à bicyclette sur la Wilhelmstraße, esquivait à la fois les gens et les tramways qui manquaient de le renverser. Garder l'équilibre était déjà suffisamment difficile avec les dizaines de rouleaux de dessins d'architecte et de plans qu'il avait attachés à son vélo pour les rapporter chez lui, dans l'espoir de se rendre indispensable. Le poids du papier modifiait son sens de gravité. Mais le panier, à l'avant, était réservé à une cargaison très spéciale. Un cadeau si charmant, si exotique, qu'il était sûr de combler de joie sa destinataire.

Quand il avait aperçu l'étal de bananes sur le bas-côté de l'avenue, il avait été stupéfié par ces merveilles d'un jaune citrine, si gai. Elles étaient si surprenantes qu'il s'était arrêté et avait ri à gorge déployée. D'abord hésitant à dépenser ses précieux pfennigs pour de telles frivolités, il s'était finalement laissé tenter. Une fois son trésor acheté, il l'avait précieusement déposé dans son panier. Il avait parcouru les derniers kilomètres dans la brume de chaleur en leur souriant.

Il avait passé la matinée à esquisser des croquis pour *Herr* Neumann, l'associé principal de son nouveau cabinet d'architectes. D'un certain âge, le maître, qui n'était qu'à quelques années de la retraite, devait lutter pour répondre aux exigences de l'époque. L'innovation et l'inventivité véritables étaient rarement sollicitées, mais il n'avait pas tardé à se reposer sur Max pour ajouter une touche de modernisme à ses dessins gothiques.

Max essayait de ne pas perdre de temps en regrets et récriminations, mais il était difficile de ne pas déplorer quelques revers de fortune. Pendant un temps, Bettina et lui avaient eu l'impression de pouvoir conquérir le monde. Maintenant, le simple fait de survivre était un défi. Au début, tous deux avaient paru destinés à prendre ensemble leur essor, défiant le destin qui en laissait tant d'autres sur le carreau. Ils étaient heureux, ils avaient du succès. Elle en tant qu'expressionniste talentueuse, célébrée, lui en tant qu'architecte montant. Leur avenir était plein de promesses, même si leur présent était parfois compromis. Et si leur union était interdite par la loi, ils balayaient le mariage comme une simple convention.

Puis, au fil des semaines, ces problèmes d'abord anodins se firent de plus en plus pesants. Toutefois, ils étaient ensemble, et leur réputation grandissait. Mais Berlin, lentement, changeait. Partout dans la ville, des monuments étaient détruits pour ouvrir la voie au futur. Dans ce nouveau monde, l'architecture tenait une place centrale, mais pas pour quelqu'un dont le nom appartenait au temps d'avant. Presque imperceptiblement, le titre de *Herr* Ehrlich devint un handicap. Il ne témoignait plus de son statut d'architecte en vogue, mais de sa lignée. La chute se fit progressivement. Une promotion écartée, un contrat non renouvelé, d'anciens amis qui le délaissaient. Lentement mais indéniablement, il se sentit exclu.

Ses rêves ambitieux furent réduits à redessiner des plans pour des usines de banlieue qu'il acceptait avec gratitude.

Il n'était pas seul dans son cas. Bettina avait beau peindre avec plus d'assurance que jamais, son travail était qualifié de « dégénéré ». Les autorités s'en prenaient désormais à l'art. Les œuvres comme les siennes étaient des cibles. En l'espace de quelques mois, leur situation passa de confortable à compromise. Ils se débrouillaient, mais l'argent que les parents de Max envoyaient ne les menait pas loin. Et ils ne tardèrent pas à vendre la radio et le gramophone pour pouvoir joindre les deux bouts.

Pourtant, dans leurs heures les plus sombres, ils étaient là l'un pour l'autre. Max s'était enthousiasmé pour les reportages sur l'Exposition universelle de Paris, jaloux de ses anciens collègues. Mais Bettina s'était moquée de l'attitude qu'ils affectaient : « Ils se battent en duel avec leurs queues, comme des gamins ! »

« Pourquoi les architectes aiment-ils tant construire des objets phalliques ? avait-elle alors demandé. Vous voulez tous déflorer les cieux, comme ces villes de la Renaissance et leurs immenses clochers, dans les collines d'Italie ! »

Quand la douleur de sa lente déchéance se faisait trop violente, elle l'aidait au moins à rire.

Lorsqu'il avait découvert qu'elle était enceinte, il avait ressenti de la joie, ainsi qu'un certain répit. Pendant quelque temps, l'avenir avait paru leur sourire de nouveau. Mais les nausées et la chaleur étouffante commencèrent à avoir des répercussions sur leur quotidien. Elle dormait mal, avait les yeux cernés. Lentement, une liste d'angoisses réelles et imaginaires commença de germer en elle. Et si quelqu'un les dénonçait aux autorités pour vivre en concubinage, une Allemande et un Juif ? Et s'ils se retrouvaient à court d'argent, si elle ne vendait plus jamais son travail, s'il était arrêté ? Il essayait sans relâche de la rassurer, mais il lui arrivait de ne pas trouver les mots pour l'empêcher de sombrer.

Quelques mois auparavant, ils avaient pris un petit appartement mansardé au dernier étage d'une *Mietskaserne* pour faire durer leurs maigres économies. Ces rangées imposantes d'immeubles abritaient des milliers de Berlinois de la classe ouvrière : de minuscules logements empilés sur plusieurs étages, de véritables cages à lapins. Les planchers et les murs laissaient filtrer les bruits : une claque, un soupir, fragments d'une frustration refoulée trop souvent.

Quand, enfin, Max arriva devant leur bâtiment sur Kottbusser, le soleil était encore haut. Il transpirait, les manches de sa chemise trempée étaient relevées jusqu'aux coudes. Faisant rouler sa bicyclette, il passa sous l'arche et la gara dans la cour carrée, derrière la façade. Puis il coinça tous les rouleaux de plans sous un bras. De sa main libre, il prit son précieux fardeau, les fruits intacts qui frôlaient la perfection. Malgré la chaleur, il monta l'étroit escalier à vive allure, impatient de partager son trésor exotique.

De l'autre côté de la rivière, Bettina rentrait chez eux beaucoup plus lentement. Le lourd portefeuille en pin lui cognait la jambe et, dans ses chaussures trop serrées, elle avait les pieds gonflés. Elle avait perdu la matinée à aller présenter ses œuvres dans une galerie en vogue. Le propriétaire lui avait promis de l'inclure dans les quelques peintres qu'il allait exposer. Mais, quand elle était arrivée, il avait changé d'avis.

— J'adore votre travail, mais je ne peux pas prendre le risque d'entacher ma réputation.

Il s'était confondu en excuses, déplorant l'étroitesse d'esprit et le mépris des autorités pour l'expressionisme, que, toutefois, il n'osait pas défier.

— J'ai entendu parler de plusieurs galeries qui ont été obligées de fermer, dont les propriétaires ont été persécutés, voire poursuivis, pour avoir exposé de l'art « dégénéré ». Cela n'a rien de personnel, *Fraülein* Vogel, vous comprenez ?

Elle ne comprenait pas. Les lèvres pincées, elle s'était forcée à sourire et, après une réponse sèche, avait quitté les lieux en trébuchant, à moitié aveuglée par les larmes. Puis elle avait parcouru les rues étroites avec mélancolie, et s'était perdue. Un peu paniquée, elle avait tourné au coin d'une ruelle pour se retrouver au pont Thielen, qui enjambait le large canal Landwehr. Malgré sa surface laiteuse, couverte d'écume, c'était une vision réconfortante. Au moins, elle avait retrouvé ses repères.

Le pont était envahi de promeneurs qui flânaient au soleil. Une foule rassemblée sur les berges regardait nonchalamment les péniches. Se tenant par la main, les gens mangeaient des glaces. Elle se mit en quête d'un endroit ombragé où elle pourrait reposer ses pieds douloureux et retrouver son calme. Une fois assise, elle enleva ses chaussures et examina ses éraflures. Ignorant ses réserves sur la saleté du canal, elle les plongea dans l'eau marron clair. Les parties à vif étaient sensibles mais, au moins, la fraîcheur devrait les empêcher d'enfler encore. Elle avait déjà l'impression de traîner des boulets à ses chevilles.

Au bout de quelques minutes, elle les retira et les laissa sécher sur le sol poussiéreux. Sur le quai opposé, un jeune couple poussait un landau jaune primevère. Elle les regarda passer, dans leurs plus beaux atours. Ils étaient si fiers de leur progéniture. La femme s'appuya un instant sur le bras de son mari et se pencha pour caresser la joue du bébé. Devant son aisance si évidente, Bettina éprouva une pointe d'envie. Depuis qu'elle avait découvert qu'elle était enceinte, au lieu de la joie qu'elle avait imaginée spontanée, elle se sentait souvent oppressée par une angoisse indéfinissable.

Elle toucha son ventre. Il était dur et chaud. Même si cela n'arrivait pas comme ils l'avaient prévu, c'était tout ce qu'ils avaient jamais voulu. Avec une grimace, elle se leva et mit ses chaussures. Qu'importait ses ampoules, elle devait rentrer maintenant. Elle décida de se diriger vers l'est pour prendre un tramway, un luxe qu'elle s'autorisait rarement désormais mais qui était excusable, vu les circonstances. Elle serait à Kottbusser dans une heure.

Les rues grouillaient de travailleurs rentrant chez eux. Quand elle arriva à un croisement animé, elle fut happée par la foule qui y était rassemblée. L'édition du soir de *Der Stürmer* avait été mise sous une vitre pour permettre aux passants de lire les gros titres. Elle essaya de se frayer un chemin entre les gens, mais se retrouva coincée dans un groupe de curieux qui se bousculaient pour la meilleure place. Elle se tourna pour regarder à son tour. Même à quelque distance et sous verre, le gros titre était très clair. « *Une exposition d'art dégénéré ouvre à Munich.* »

Elle s'avança. Elle n'était plus impatiente de passer, mais elle voulait voir mieux. Quelques hommes s'écartèrent, manifestant les vestiges d'une galanterie persistante. Elle finit par arriver devant la vitrine et put lire la une du journal. Sur toute la largeur de la page, une photo s'étalait sous le gros titre. Elle reconnut immédiatement le tableau : *Trois sons* de Kandinsky. Une œuvre qu'elle avait admirée encore et encore à Dessau, subjuguée par ses couleurs vibrantes : le bleu profond, éclatant, le rouge magenta d'une pleine lune, le rouge vermillon aussi franc qu'un tintement de cloche. Elle avait souvent éprouvé l'envie de le revoir. Mais pas dans ces conditions. Cette reproduction était laide, l'image granuleuse, le papier de mauvaise qualité, saturé de l'encre noire de l'impression. Sur la photo, sur le mur au-dessus du tableau, s'étalaient les mots : « *Entartete Kunst* ». Art dégénéré. La dernière chose que son frère lui avait crachée au visage avant de disparaître dans l'obscurité.

La chaleur et la pression des corps commencèrent à la submerger. Croyant s'évanouir, elle eut l'impression de se vider de son sang, vit des étoiles blanches danser devant ses yeux. Quelqu'un donna malencontreusement un coup de pied dans son talon couvert d'ampoules, et elle s'entendit crier. Ses jambes se dérobèrent sous elle. Elle tomba brusquement en avant, dans la vitrine de verre, son abdomen tuméfié, douloureux sous le choc. La foule progressait par vagues, impatiente de voir comment ces artistes bolcheviques étaient tenus responsables. Elle agrippa son ventre arrondi pour le protéger. De son bras tendu, une dame d'un certain âge l'éloigna en invectivant les hommes qui la bousculaient, sans vergogne.

— Laissez-la respirer !

La femme repoussa les gens jusqu'à ce qu'elles se soient réfugiées sur un perron ombragé. Bettina s'y laissa choir avec gratitude, les jambes trop faibles pour se tenir debout. L'inconnue resta avec elle jusqu'à ce que le pire soit passé, que le sang ait cessé de battre à ses tempes. Puis elle l'aida à gagner, en boitant, l'arrêt du tramway qu'elle attendit avec elle. Elle l'aida alors à monter à bord et s'en prit verbalement à un jeune homme jusqu'à ce qu'il lui ait cédé sa place. Quand le tramway démarra, Bettina lui adressa un geste de remerciement puis, les yeux fermés, posa la tête contre la vitre. Discrètement, elle retira ses chaussures. Elle était terrifiée. Elle toucha son ventre avec précaution, palpa l'endroit où l'impact avait eu lieu. Il était endolori. Elle ferma les yeux de nouveau, pleine de honte, d'effroi. Elle essaya de se faire aussi petite que possible, de passer inaperçue, priant pour rentrer chez elle sans encombre.

Quand en arrivant, ses souliers à la main, elle trouva la mansarde vide, elle fut prise de panique. Max pouvait-il avoir été arrêté ? Étaient-ils finalement venus le chercher ?

Elle vit alors, sur la table de la cuisine, le mot qu'il avait laissé pour l'informer qu'il était parti à sa recherche. Au bas de la page, il avait esquissé un dessin naïf : des yeux, des sourcils, un nez. À la place de la bouche, il avait posé une banane à la peau jaune soleil, immaculée. Sous le dessin, il avait écrit : « *Pour te faire sourire…* »

Elle éclata de rire. Puis ses larmes jaillirent. Elle les retenait depuis si longtemps qu'elles ruisselaient sur le papier. Mais sans personne pour en être témoin, comme un orage d'été, elles se tarirent aussi rapidement qu'elles avaient surgi.

Elle poussa un profond soupir et décida de prendre un bain pour se laver de la puanteur de la ville, de la souillure de sa propre peur.

Après avoir réuni son peignoir, une vieille serviette et leur dernier morceau de savon, elle descendit lentement vers la salle de bains commune. En sous-sol, ses murs étaient d'un turquoise mat, la couleur de la mer par temps couvert. Même en période de chaleur estivale, il n'y faisait jamais sec. La pièce était envahie de moisissures qui escaladaient les coins et assombrissaient le plafond comme de la suie. Au-dessus de la baignoire, des rangées de bas pendaient comme des stalactites. Bettina ouvrit le robinet et, dans un gargouillement, l'eau se mit à couler, étouffant le bruit des enfants qui jouaient dans la rue.

Lorsque le niveau de l'eau fut suffisamment haut, elle se déshabilla, enjamba le rebord et tressaillit. Immergée jusqu'aux hanches, la fraîcheur la surprit agréablement, lui donnant la chair de poule. Lentement, elle s'allongea en examinant son corps, la petite proéminence de son ventre comme une île, l'eau clapotant sur sa peau blanche et douce.

Quand, quelques minutes plus tard, elle se réveilla, elle comprit qu'elle s'était assoupie. Elle se redressa suffisamment pour prendre le savon et le passa dans ses cheveux qui formaient un éventail à la surface de l'eau. Elle se rassit, frotta ses pieds aux endroits les moins sensibles, puis ses aisselles et la peau sous ses seins, où la vitrine de verre de *Der Stürmer* avait laissé une zébrure brune.

Elle posa alors son front contre ses genoux, ses cheveux mouillés s'égouttant dans l'eau au même rythme que les bas. Baissant les yeux, elle remarqua comme une fine plume rouge entre ses cuisses, comme les dernières volutes de fumée d'une bougie que l'on vient de souffler. Elle se figea, pétrifiée. Elle savait que, quoi qu'elle fasse, cette éventualité allait devenir réalité, qu'il n'y aurait pas de retour en arrière. Grelottante, elle attendit que la nuit tombe et qu'enfin l'eau soit trop sombre pour faire face à l'inévitable.

Par une belle journée de la fin août, ils quittèrent Berlin. Ensemble, ils prirent le train vers l'est, via Steglitz, puis vers le sud. Le convoi passa entre les immeubles qui se profilaient autour de la voie ferrée. En dépit de la suie qui tourbillonnait dans leur sillage, chaque cour, chaque fenêtre ouverte était envahie de linge qui séchait.

Tandis que Max lisait, Bettina observait les femmes vaquant à leurs tâches. Elle les regardait étendre leurs draps qui ressemblaient à des voiles, des dizaines d'enfants courant à leurs pieds, plongeant sous les toiles. Des mondes défilaient sous ses yeux, la vie continuait, insouciante. Comme il était étrange qu'au milieu de toute cette souffrance rien ne semble plus exceptionnel que la normalité.

Le rythme du train incitait au sommeil. Mais elle avait bien assez dormi. Elle regarda les doigts de sa main droite. Ils semblaient trembler. Elle se demanda si quelqu'un le remarquerait.

— Comment ça va ?

Elle sentit les yeux de Max sur elle et leva la tête. Derrière son sourire de façade, son visage exprimait l'anxiété, même s'il essayait de la dissimuler.

— Je vais bien, dit-elle avec un sourire crispé. Plutôt bien, en tout cas. Ne t'inquiète pas pour moi.

Il se replongea dans sa lecture, et elle se concentra sur sa main. Au coin de l'ongle de son pouce, un petit morceau de peau blanc et dur dépassait. Elle le tritura du bout de son index, exposant la chair d'un rose soutenu. La douleur lui fit monter les larmes aux yeux. Elle en avait un réservoir en elle, désormais. Tellement plein qu'une simple goutte de plus pouvait le faire déborder.

Ne pense pas. N'y pense pas. Elle se força à regarder de nouveau sa main tremblante et, ignorant l'éclair de souffrance fulgurant, tira sur le morceau de peau. Une tache de sang se forma à la surface. *Ne pense pas.*

Le crissement soudain des freins lui fit à nouveau lever la tête. Elle fut surprise de voir que les hauts murs de la ville avaient fait place à des espaces plus grands. Sorti de la capitale, le train parcourait la banlieue, passant du gris et du marron à un vert si vibrant qu'elle sentit ses sens s'aiguiser. Elle s'aperçut que cela faisait des mois qu'elle n'avait pas vu un horizon sans bâtiments et, soulagée, découvrit que le monde pouvait encore la distraire de ses pensées. S'imprégnant du paysage, elle le regarda filer derrière la vitre.

Quand, enfin, le train arriva à Wannsee, ils se levèrent d'un bond, et elle commença à rassembler les paquets qu'ils avaient rangés au-dessus de leurs sièges : une miche de pain de seigle, une livre de speck enveloppée dans du papier sulfurisé et un gâteau aux pommes au parfum sucré. Max les lui prit des mains, les empila contre son torse avant de baisser la vitre pour ouvrir la portière. Il lui tendit une main qu'elle serra pour descendre sur le quai. Malgré les cendres qui flottaient autour d'eux, l'air était clair, pur. On était encore en août, mais là, à la périphérie de la ville, le vent annonçait la fraîcheur de l'automne.

Ils avancèrent en silence vers la sortie et regardèrent autour d'eux, espérant que Richard aurait tenu parole.

— Hé ! Salut les rats des villes !

C'était lui, bronzé, le sourire désinvolte, au volant d'une Adler Trumpf, accompagné d'une jolie blonde qui agitait la main avec enthousiasme.

— Dites bonjour à Imre ! cria-t-il.

Elle est si jeune, pensa Bettina. *Et tellement contente de nous voir qu'elle remue la queue comme un épagneul ravi.* D'une main, elle répondit au salut et, affichant bravement un sourire, coiffa sa capeline pour se protéger du soleil.

Richard avait toujours eu le goût de la vitesse. Aussi, une avenue bordée d'arbres par une belle journée d'été était une invitation qu'il ne pouvait laisser passer. Même si elle détestait l'admettre, Bettina se grisa de la course. Agrippée à la poignée de la portière, elle se préparait aux virages et sentait comme quelque chose se réveiller en elle.

Imre se tourna vers elle, ses cheveux blonds lui fouettant le visage.

— Nous sommes presque arrivés. Nous allons directement au lac. Tu y es déjà allée ?

— Jamais, répondit Bettina en criant pour couvrir le bruit du moteur.

— Tu as apporté un maillot de bain ?

Elle secoua la tête.

— Ça ne fait rien. Tu peux emprunter un des miens. J'en ai un de rechange. Richard a dit que nous faisions la même taille.

Bettina était songeuse. Imre paraissait gentille. *Richard grandit, comme nous tous.* Dans le passé, il avait souvent fait preuve d'un froid pragmatisme par rapport à ses conquêtes de l'été, accordant la même valeur à leurs biens immobiliers qu'à leurs personnalités.

Quand ils atteignirent le bout de la route, il s'arrêta en tournoyant dans un nuage de poussière, un sourire vorace aux lèvres.

— Tout va bien ?

— Oui, dès que mes organes internes se seront remis en place, répliqua Max.

— De la subsistance liquide, ça va te requinquer.

Il sauta de la voiture et sortit une caisse de bières du coffre. Imre prit un panier et des couvertures. Puis, ouvrant la marche, ils les précédèrent vers le lac où une petite jetée en bois s'avançait dans l'eau, depuis la rive.

De temps à autre, une brise légère plissait la surface étale du lac dans laquelle se reflétait l'azur de l'immense ciel limpide. Quelques rares nuages filaient à l'horizon. Imre étala les couvertures sur le ponton, et ils s'installèrent. Elle commença alors à disposer les mets sur des assiettes de porcelaine fine : une salade de pommes de terre, de la choucroute, des saucisses et des tomates cerises. Elle s'affaira autour des deux hommes, s'assurant qu'ils ne manquaient de rien.

Bettina, appuyée contre l'un des piliers, balançait ses jambes au-dessus de l'eau. Les yeux clos, se fermant aux bruits de la conversation, elle offrit son visage à la caresse du soleil, savoura la chaleur sur ses épaules nues. Elle prit une profonde inspiration et soupira. Une ombre lui bloqua brièvement la lumière. Une main en visière sur le front, elle leva la tête.

— Je peux t'apporter quelque chose ?

Imre se tenait au-dessus d'elle, hésitante.

— J'aimerais bien une bière.

Richard en décapsula une qu'elle lui passa avant de s'asseoir à côté d'elle et de la regarder.

— Richard parle tout le temps de toi. Il dit que tu es une peintre remarquable.

— Ah, vraiment ? Je vais te confier un secret. Il ne faut jamais croire un seul mot de ce qu'il raconte.

Elle but une gorgée et observa la jeune femme d'un œil curieux.

— Et toi ?

— Rien d'aussi passionnant. Je suis institutrice de maternelle.

— Ça a l'air tout aussi passionnant. Alors, explique. Comment est-ce qu'une institutrice peut se permettre de passer tout l'été ici ?

Imre eut un petit rire nerveux. Devant ses joues subitement empourprées, Bettina regretta immédiatement son ton taquin.

— Pardon. C'était maladroit de ma part.

— Pas du tout. Mes parents possèdent une maison ici. Je fais ce métier par goût, pas par nécessité, je ne sais pas si tu vois ce que je veux dire ?

— Tout à fait.

Désireuse de se racheter, Bettina lui demanda si sa promesse de lui prêter un maillot tenait toujours. Le visage d'Imre s'éclaira immédiatement, elle se leva d'un bond et lui fit signe de la suivre. Ensemble, elles regagnèrent la voiture. Détournant leurs regards, elles s'accroupirent à côté du véhicule, se déshabillèrent et enfilèrent les costumes de bain. Elles riaient, nerveuses mais complices dans cette aventure commune. Soudain grisée par l'audace, Bettina se tourna vers la jeune femme.

— Et si nous leur faisions une surprise ? Tu es prête ? Alors viens ! On fonce !

Elle s'élança à toute allure sur la poussière et les graviers, ses plantes de pied brûlantes, jusqu'à la jetée. Là, le bois patiné était lisse et doux.

Elle se mit à rire puis, dans un cri, la traversa en trombe et passa devant les deux hommes qui la regardaient, les yeux écarquillés. Arrivée au bout, elle retint son souffle et, les bras croisés sur ses genoux relevés, sauta pour tomber comme une pierre dans un tourbillon de bulles qui lui caressèrent la peau. Sous l'eau, il faisait froid et sombre. Seul le cri d'Imre qui sautait à son tour vint troubler le silence. Bettina remonta vers le soleil et, une fois à la surface, aspira de longues goulées d'air, aveuglée par le scintillement de la lumière sur les vagues.

De la jetée, Max les regardait rire. Elles flottaient, tremblantes, en poussant des cris stridents. Elles secouèrent leurs têtes mouillées, s'aspergeant d'une douche de gouttelettes.

— Vise un peu ça. Elle s'est fait une amie, dit Richard.

Max prit appui sur ses coudes et s'allongea à demi sur la couverture.

— Je suis content. Dieu sait qu'elle a besoin de décompresser.

— Comment tient-elle le coup ?

— Pas bien. À vrai dire, ça a été horrible. Mais je pense qu'être ici lui fera du bien. Nous avions besoin de sortir de la ville.

— Je suis content de pouvoir vous aider.

Richard but une gorgée de bière et reprit :

— Et toi, comment vas-tu ?

— Je suis malade d'inquiétude.

— Pour Betti ? Ne le sois pas. Elle peut prendre soin d'elle-même.

— Elle n'est pas aussi forte que tu le crois.

— Mais peut-être moins fragile que tu le crains.

Ils la regardèrent remonter sur la jetée et les saluer de la main, rayonnante. Elle se retourna, bras écartés, prête à replonger. Max eut soudain un souvenir très net, comme un cliché, du soir où ils s'étaient rencontrés. La vision de Bettina, sur le point de prendre son envol devant le feu, le brûlait comme un fer rouge. Il vida sa bouteille de bière.

— Je dois te demander conseil.

Richard lui lança un coup d'œil intrigué.

—Je t'écoute.

—Je pense que le moment est venu pour Betti et moi de quitter définitivement l'Allemagne. Je sais que tu es déterminé à rester et qu'elle a toujours partagé ton avis. Mais c'est devenu intolérable. Quand nous avons découvert qu'elle était enceinte, il semblait préférable de rester. Plus sûr. Mais maintenant… Tu vois comment ça se passe.

Richard semblait surpris. Il garda un moment le silence, puis demanda :

—Tu as réfléchi à votre destination ? Ce ne sera peut-être pas aussi simple que tu l'imagines.

—Tu ne penses pas que nous devrions partir ?

—Ce n'est pas ça. C'est juste que j'ai peur que vous ayez trop attendu. Il est devenu impossible d'obtenir les papiers adéquats et, selon mes informations, la plupart des pays d'Europe ont totalement rempli leurs quotas. Vous allez devoir patienter un an ou deux, au moins. Ils veulent vous rendre la vie infernale ici, mais veulent faire en sorte que ce soit encore plus difficile de partir.

—Et l'Amérique ?

—D'après ce que je sais, il faut être parrainé par quelqu'un sur place. Et puis, la traversée coûte une fortune. Tu as des économies ?

Max secoua la tête.

—Nous avons très peu d'argent en ce moment. Je gagne une misère. Mes parents nous aident quand ils le peuvent. Ils parlent de quitter l'Autriche, de trouver un acheteur pour leur commerce et leur maison. Mais mon père persiste à soutenir que ça va se calmer.

—Eh bien, si tu peux réunir assez d'argent pour payer la traversée et des papiers valables, je suis d'avis que vous avez une bonne chance. Vous devez juste vous préparer à être patients. L'attente sera longue.

—Je vois, soupira Max en plongeant ses doigts dans ses cheveux.

—Je pensais que tu le savais, dit Richard. Vous aviez tous les deux l'air si déterminés à rester en dépit de tout.

— Nous espérions simplement que les choses s'amélioreraient, que le monde reviendrait à la raison. Je ne voulais pas croire que ça pourrait tourner à un désastre de cette ampleur.

Richard secoua tristement la tête.

— Si tu espères des troupeaux de grands chevaux blancs tambourinant à la porte pour nous prévenir que nous avons franchi le point de non-retour, tu rêves. Nous sommes en train de vivre la longue, interminable agonie de la démocratie. Il semble que les gens soient prêts à avaler n'importe quoi si tu le leur donnes morceau par morceau.

Max laissa échapper un rire sans joie.

— Tu as une bien piètre opinion de l'humanité.

— Oui, j'en ai peur. L'égoïsme de l'homme est un puits sans fond. En tant qu'espèce, nous pouvons entretenir notre colère un certain temps, et puis… nous nous lassons, passons à autre chose et oublions que certains faits nous ont un jour fait réfléchir.

Les deux femmes grimpèrent sur la jetée où elles s'allongèrent pour se sécher au soleil, leurs visages détournés d'eux, leurs têtes aux cheveux lisses et mouillés pressées l'une contre l'autre. Leurs pâles épaules nues ressemblaient à une toile vierge, des gouttes d'eau brillaient sur leur peau. Leurs chuchotements de conspiratrices étaient entrecoupés de rires. Même s'il avait espéré être celui qui lui rendrait le sourire, Max se réjouit de voir Bettina d'humeur plus gaie. La culpabilité l'oppressa soudain. En tant que protecteur, il avait le sentiment d'échouer. D'une chiquenaude, Richard fit sortir une cigarette d'un paquet et la lui offrit. Il secoua la tête, puis demanda :

— Alors qu'est-ce qui te pousse à rester ?

— C'est beaucoup plus facile pour moi. Je n'attire pas l'attention comme toi et je peux lutter de l'intérieur. Il y a quelques poches de résistance.

Il s'interrompit et ramassa un grain de tabac sur sa langue.

— En repensant à votre situation, tu te rappelles Libertas, l'agitatrice ? Elle a des amis qui pourraient aider à accélérer le processus, si tu y mets le prix.

— C'est bien là le problème.

— Certes. Et je crains que Betti ne puisse pas beaucoup contribuer financièrement. Sa peinture ne se vend plus du tout.

— Elle le sait. Et ça lui brise le cœur. Presque autant que d'avoir perdu le bébé.

Richard détourna les yeux. Il n'avait pas de mots assez réconfortants face à leur deuil encore si récent.

— Donc, c'est comme ça, reprit Max. Il n'y a pas de solution.

— Ne perdons pas espoir. Je vais voir ce que je peux faire…

— Merci.

— Ne me remercie pas encore. Je ne peux pas promettre de miracles.

Richard lui pressa le bras. Puis il se redressa, s'étira et interpella les deux femmes :

— On fait la course jusqu'au ponton ?

Il retira sa chemise et ses chaussures, et regarda Max.

— Tu viens ?

— Dans une minute.

En riant, Bettina et Imre prirent une longueur d'avance. Richard s'élança à leur suite en rugissant.

Max resta assis à les regarder tous les trois s'éloigner à la nage. La brise s'était levée, agitant la surface du lac. Il avait la chair de poule. Bettina, arrivée la première, se hissa sur le ponton. Malgré la distance, il entendit son cri de triomphe, porté par le vent.

Il s'était toujours considéré comme l'ancre qui la stabilisait. Mais quelle était l'utilité d'une ancre au beau milieu d'une tempête ? Elle ne servait qu'à vous retenir jusqu'à ce que vous finissiez par vous écraser sur le rivage.

Chapitre 7

Los Angeles
Août 1993

Depuis que son vol avait atterri à l'aéroport de Los Angeles, Clara tuait le temps. Elle avait pris une chambre dans un autre hôtel de chaîne standard, stérile, et y avait laissé ses sacs. Trop fébrile pour s'y poser, elle avait pris un taxi pour Rodeo Drive où elle avait joué à *Pretty Woman*. Elle avait fait du lèche-vitrines tout en buvant un café au *Beverly Wilshire*. Ignorant le fait que la ville n'était pas adaptée pour les piétons, elle avait parcouru des kilomètres à pied. Un autochtone aurait opté pour le confort de son véhicule climatisé mais, après deux longs vols à la suite, elle avait ressenti le besoin de se dégourdir les jambes.

Quand elle s'était lassée des boutiques, elle avait pris un taxi jusqu'à la plage, bien déterminée à plonger ses pieds dans le Pacifique avant de rentrer chez elle. À cinquante ans, c'était son premier voyage à Los Angeles. Pourtant, les lieux lui étaient familiers comme si elle était descendue du taxi pour traverser un écran. La promenade grouillait de touristes, tous bouche bée devant les hommes musclés derrière la clôture grillagée. Des cabanes de maîtres-nageurs, sur pilotis, surplombaient le sable, leurs occupants bronzés, en tenue vermillon. C'était exactement comme elle l'avait imaginé mais, cependant, si insolite, qu'elle se sentait perturbée par le décalage. Comme si elle s'était réveillée et que son rêve continuait.

Toujours vêtue de la tenue qu'elle portait habituellement pour ses voyages en avion – un jean, un tee-shirt de soie ample et un blazer –, elle se sentait à la fois étrangère et invisible. Elle avait retiré ses ballerines pour marcher dans le sable. Le regard perdu sur l'océan, elle avait soudain pris conscience que presque personne ne savait qu'elle était ici. Si elle disparaissait, elle ne manquerait qu'à une poignée de gens. Sa fille, quelques amis proches, en Angleterre. Néanmoins, l'anonymat de ce déracinement lui donnait l'impression d'être une spectatrice dans ce monde. Un fantôme errant, désœuvré, à la dérive.

Désireuse d'échapper à la foule, elle se dirigea vers le haut de la plage. Au loin surgit un grand hôtel qui semblait avoir été parachuté de la Côte d'Azur. Elle y pénétra. Le hall était frais, discret, ombragé, tout en élégance feutrée et en luxe discret. Un endroit où l'argent ne s'étalait pas.

Sur une impulsion, elle décida de prendre une chambre. C'était cher, une dépense inutile étant donné qu'elle avait déjà payé l'hôtel de l'aéroport où ses bagages l'attendaient. Mais elle se déculpabilisa en se disant qu'à ce moment de sa vie elle avait plus d'argent que la plupart des gens. La mort de sa mère puis son divorce, qui s'étaient enchaînés, lui avaient procuré un confort matériel auquel elle croyait encore à peine. En outre, se justifia-t-elle, c'était le genre de folie que l'ancienne Clara n'aurait jamais faite. Et si elle ne savait pas encore qui était la nouvelle Clara, elle était bien déterminée à essayer de le découvrir.

Une fois installée dans sa chambre, elle ouvrit les fenêtres et les persiennes, et sortit sur le balcon pour admirer la vue mer. Sur la promenade, la grande roue tournait. Elle sentit la saveur piquante de l'ozone sur sa langue. Sans tarder, à mesure qu'il plongeait dans l'océan, le soleil offrit un spectacle magique : l'horizon, d'abord d'une beauté brute, se peignit d'une somptueuse palette de tons ocre et orange, flamboyants. Se sentant soudain libérée du poids de son passé, elle craignit un instant de s'envoler. Les hauts palmiers et les minuscules silhouettes sur la plage se découpaient en silhouettes sur le ciel embrasé. Après les avoir contemplés un moment, elle se sentit forcée à se détourner. Avec un frisson, elle rentra et referma la fenêtre sur toute cette étrangeté.

Cela faisait deux jours qu'elle avait examiné la photo de l'atelier de porcelaine avec Amy. Le lendemain matin, la sonnerie de son téléphone l'avait tirée d'un sommeil fragmenté, anxieux. Elle ne se souvenait pas des détails de son rêve, mais elle avait perçu l'ombre de la mort planer sur son lit. La grande faucheuse l'attendait, exactement comme elle l'avait prédit. Elle avait dû fournir un réel effort pour se secouer et décrocher le combiné.

—Allô ?

—C'est Amy, du bar, hier soir ? J'espère que vous n'allez pas me prendre pour une cinglée, une harceleuse, mais j'ai réfléchi à votre problème et je me suis demandé si vous aviez pensé à suivre la piste de Dachau ?

—Je suppose que ça vaut la peine d'essayer. Mais je ne saurais pas par où commencer.

—Eh bien, l'un de mes amis est le conservateur du nouveau Musée de la tolérance de Los Angeles. Ils sont spécialisés dans l'histoire de l'Holocauste. Si vous m'y autorisez, je pourrais l'appeler, lui demander son avis.

Vingt minutes plus tard, elle la rappelait.

—Il est intéressé. Pouvez-vous lui faxer la photo ? Il s'appelle Levi Cooper. Je vais vous donner son numéro.

Sentant le frisson de l'excitation provoquée par un nouvel objectif, Clara s'empressa de s'habiller et se précipita à la réception pour envoyer la photo par fax. Puis elle regagna sa chambre où elle fit les cent pas, impatiente. Le téléphone sonna de nouveau. C'était Amy qui, manifestement, se passionnait pour cette affaire.

—Levi est au musée. Pouvez-vous aller à Los Angeles demain ?

—Je suis censée prendre l'avion pour Londres.

—Alors changez vos billets !

Son enthousiasme était communicatif. Néanmoins, Clara hésitait. Elle eut un petit rire nerveux.

— Allons, Clara, vivez l'instant !

— Mon Dieu, je ne sais pas… D'accord, je vais rester. Pourquoi pas ? Puisque j'ai fait tout ce chemin, après tout.

— Super !

Visiblement, Amy jubilait.

— Donc vous êtes libre pour dîner ce soir.

Ce n'était pas une question. Clara réfléchit.

— Pourquoi pas ? répéta-t-elle.

Elle n'avait pas pris la mesure du sentiment d'ivresse que pouvait lui procurer le fait de dire « oui » à l'inconnu.

Pendant le dîner, Amy avait échafaudé son plan : Clara prendrait l'avion pour Los Angeles, rencontrerait Levi et prendrait note de ce qu'il aurait appris. Elle avait réservé dans un restaurant « approprié », avait-elle précisé.

— Comment puis-je vous remercier ? Sans vous, je serais rentrée chez moi bredouille, sans rien d'autre qu'une boîte de porcelaines.

— Oh, ne vous inquiétez pas. J'adore les mystères, et Levi se prend pour un universitaire mais, dans le fond, c'est juste un prétexte pour justifier sa curiosité.

En l'entendant s'exprimer de façon si déterminée, Clara se sentit reconnaissante. Amy l'avait poussée à agir. Et, même si elle ne savait pas trop où tout cela finirait, aller de l'avant était grisant.

Le temps de prendre sa douche et d'enfiler la robe-chemisier gris tourterelle qu'elle avait achetée sur Rodeo Drive, la nuit était tombée sur Santa Monica. Elle décida de se rendre au restaurant en avance. Elle avait besoin d'air, d'exercice, d'apaiser son sentiment de trépidation.

Sur la jetée, la grande roue était illuminée : l'illusion d'une ville paradisiaque à l'horizon. En d'autres circonstances, elle se serait peut-être amusée ici. Ces dernières années, les occasions de se divertir s'étaient faites rares. Maintenant, elle éprouvait un sentiment nouveau : de l'espoir ? Peut-être. Elle amènerait Lotte, sa fille, à Los Angeles. Elle serait ravie de voir sa mère sous ce nouveau jour, se dépassant comme jamais elle ne l'aurait cru possible. Se retrouvant enfin.

La soirée était chaude. Elle décida donc de marcher. Et même si, cette fois, il ne s'agissait que d'une promenade d'un quart d'heure, elle avait toujours l'impression que faire ce trajet à pied la rendait un peu étrange aux yeux des locaux. Pour sa rencontre avec Levi, Amy leur avait réservé une table au *Schatzi* sur Main Street. Ce qui l'avait mise en joie, car c'était le restaurant d'Arnold Schwarzenegger et qu'il aurait « un goût de la patrie », avait-elle promis. Clara avait ri. Étant donné qu'elle ignorait qui était son père, sa patrie restait à déterminer. « Eh bien, c'est un restau européen. Au moins, il est de ce continent ! », avait plaisanté Amy. Perplexe, elle avait fait remarquer : « Mais je ne comprends pas bien. Schwarzenegger est acteur, pas chef. » Dans un éclat de rire, Amy avait répondu : « Votre première expérience de L.A. »

Le restaurant était en retrait de Main Street, mais elle le trouva sans difficulté. Elle comprenait pourquoi les émigrés d'Europe y affluaient. La largeur des rues rappelait l'esprit de leurs pays, bien qu'en version ersatz, comme un parc à thème ou un décor de cinéma. Le cœur battant la chamade, elle monta une petite volée de marches en briques rouges et se retrouva sous un auvent d'un vert éclatant, pour arriver à l'intérieur du lieu animé. Immédiatement, elle fut assaillie par le cliquetis des couverts et le brouhaha des conversations qui résonnaient sur le sol dallé. Version idéalisée d'un café viennois, l'établissement était rempli de chaises en rotin et de colonnes couvertes de vigne vierge. Mais la clientèle, plus bruyante, était aussi bien plus soignée, la peau des visages tendue et hâlée.

Elle décida d'attendre Levi à leur table et commanda une bouteille de vin blanc. Puis, guettant chaque nouvel arrivant, elle commença à boire à petites gorgées. Quand le serveur revint pour remplir son verre, elle s'aperçut qu'elle l'avait vidé sans s'en rendre compte. Elle repoussa le récipient et se fit indiquer les toilettes.

Lorsque la porte de la cabine se referma derrière elle, elle prit quelques profondes inspirations. Ses paumes étaient moites. Elle s'exhorta au calme. Quelles chances avait-elle d'apprendre quelque chose grâce à Levi, à partir d'une photo granuleuse reçue par fax ? Tout cela pouvait n'être qu'une impasse. Une nouvelle fausse piste. Soudain, elle se sentit vieille, stupide, gênée. Une voix désincarnée interrompit sa panique, en allemand : «*Apple…, Apfel…, Apple…, Apfel.*» La gorge nouée, elle comprit qu'il s'agissait juste d'une comptine qui tournait en boucle dans les toilettes. Son anxiété envolée, elle éclata de rire.

Quand elle regagna la table, Levi Cooper l'y attendait. Son visage s'éclaira d'un sourire radieux, et il se leva d'un bond pour la saluer. Il était grand, ses cheveux châtains lui balayaient le front, et il portait des lunettes rondes en écaille. Elle fut d'emblée désarmée par sa courtoisie. Le temps d'un bref silence, ils s'étudièrent mutuellement, embarrassés, ne sachant par quoi commencer. Soudain, ils se mirent à parler en même temps.

— Je vous en prie, dit alors Levi, galant.

— Monsieur Cooper, je ne sais comment vous remercier d'avoir accepté de m'aider.

Elle leva son verre. Il l'imita.

— Levi, s'il vous plaît. Et je suis ravi de pouvoir vous rendre service. Je bois aux mystères, à l'imprévu.

Il prit une gorgée et posa son verre.

— Amy m'a appelé vingt fois dans la journée pour me demander ce que j'avais découvert. Mais je voulais vous l'annoncer en personne. Cela me semble légitime.

— J'imagine qu'elle n'est pas facile à décourager.

Il s'esclaffa.

— Je vois que vous n'avez pas mis longtemps à la cerner ! Nous nous connaissons depuis des années. C'était la colocataire de ma sœur, à l'université. Depuis cette époque, je me suis trouvé dans sa ligne de mire à plusieurs reprises, et… elle dégage un certain magnétisme.

Riant à son tour, Clara renchérit :

— Si elle ne s'était pas montrée si insistante, je serais sans doute dans mon avion pour Londres, avec des tas de questions sans réponses.

Soudain sérieuse, elle soutint le regard de Levi.

— Vous avez bien des réponses pour moi ?

Les yeux brillants, il acquiesça :

— Je pense que oui.

Elle but une nouvelle gorgée de vin.

— Commençons par le commencement, déclara-t-il. Vous avez apporté la photo ? La version faxée n'était pas de la meilleure qualité. Je préférerais voir l'originale.

— Oui.

Elle la sortit de son sac à main et la fit glisser sur la table. Il commença par retirer ses lunettes pour l'examiner, puis la retourna.

— « Dachau-Allach, 1941 ».

Il tira alors une chemise cartonnée de sa mallette. Elle contenait des photocopies.

— Amy m'a dit que vous pensiez que cette photo était en rapport avec l'usine de porcelaine d'Allach, dans la ville du même nom, à la périphérie de Munich. C'est exact ?

Elle hocha la tête et désigna la jeune femme du doigt.

— Ma mère, Bettina, a grandi à côté.

— Eh bien, vous aviez raison. Il y avait une manufacture de porcelaine à Allach, construite en 1935. Elle avait été fondée par trois hommes : un artiste, un sculpteur et un peintre, tous trois engagés dans la SS. Ils avaient pour objectif de fabriquer des objets à la gloire du parti. Qui aurait pensé que les nazis aimaient la céramique ?

Ils furent interrompus par l'arrivée d'un serveur. Clara leva les yeux vers lui et rougit, comme s'ils venaient d'être surpris à commettre un acte répréhensible. Manifestement habitué à discuter de ce sujet, Levi, souriant, poursuivit :

— Avant que mes révélations ne vous fassent perdre l'appétit, je vous recommande les *Wiener Schnitzel.*

Elle adressa un signe d'assentiment au serveur qui prit la commande avec un accent viennois prononcé. Enchantée, Clara lui demanda :

— *Woher kommen Sie?*

— *Ich bin aus Wien.* Mais maintenant j'adore L.A., bien sûr. Comme tout le monde, je suppose ?

Une fois qu'ils furent seuls, Clara s'excusa :

— Vous devez me trouver bien impolie.

— Pas du tout. Même si je ne parle pas beaucoup, je comprends un peu. Mes grands-parents venaient de Düsseldorf, mais ma mère tenait absolument à s'intégrer.

— Je suis née à Munich. Je m'en souviens à peine. Mon allemand est très rouillé.

— Il m'a paru excellent. Mais bon, nous nous écartons du sujet.

Il sortit une photo de la chemise en carton et la lui tendit. Elle représentait Adolf Hitler, devant une table couverte de figurines en porcelaine qui semblaient le fasciner. Le visage du Führer exprimait un ravissement absolu. À côté de lui se tenait un homme à lunettes, l'air empressé. Mince, il avait une calvitie naissante et le menton fuyant : Heinrich Himmler, le chef des SS.

— Himmler était à la tête de cette entreprise. Il connaissait l'impact culturel que pouvaient avoir de tels objets. Il voulait se servir de l'art et des artistes pour créer une mythologie du parti nazi et du peuple allemand. Avoir sa propre usine faisait partie de son plan. Il avait fait le serment de produire « un million de soldats de porcelaine en marche » pour coïncider avec l'Anschluss. Et c'est ce qu'ils ont fait. Ils ont marché sur l'Autriche où ils ont le plus souvent été accueillis à bras ouverts. Par la suite, les figurines ont été distribuées pour récompenser les fidèles du parti.

Il poussa un soupir.

— C'était en 1938. L'année suivante, bien entendu, ils sont partis en guerre. Il n'a pas fallu longtemps pour que tous les travailleurs aptes au combat soient envoyés au front. Or, il fallait garder la ligne de production à Allach. La seule solution a donc été de trouver une nouvelle source de main-d'œuvre.

Levi tapota la photo.

— Ils ont construit cet endroit à proximité du camp de concentration principal, Dachau, qui pouvait leur fournir des prisonniers. Une main-d'œuvre d'esclaves, qu'ils réquisitionnaient pour faire tourner leurs diverses usines.

Le regard de Clara s'assombrit.

— Je vois.

— La porcelaine n'était qu'une facette. Il y avait des usines d'armement, de l'ingénierie. BMW y faisait construire ses moteurs.

— J'avais entendu parler de BMW. Mais je ne me serais jamais doutée que la porcelaine était fabriquée au même endroit.

Un autre serveur posa leurs assiettes devant eux dans un geste théâtral. Vêtu d'une chemise hawaïenne, il était d'une beauté insensée.

— *Wiener Schnitzel, für die Dame?*

Clara avala quelques bouchées à la hâte avant de reprendre la conversation sur Allach.

— Avez-vous découvert autre chose sur Ezra Adler et les autres hommes sur la photo ?

Elle la retourna pour lui montrer de nouveau les noms : « Max, Bettina et Holger ». Levi tapota du doigt la haute silhouette en costume, à la droite de Bettina.

— Cet homme… Holger, d'après l'inscription ? Il est fait référence à un Holger dans l'équipe de direction de l'usine. Ce qui serait logique, étant donné sa tenue.

Les mains couvertes d'argile blanche, les deux autres hommes semblaient fiers de leur travail. Leurs blouses de sculpteurs aux poches pleines de crayons ne parvenaient toutefois pas à dissimuler l'uniforme rayé du camp de concentration qu'elles recouvraient.

— Lui, c'est Ezra Adler, déclara alors Levi en désignant l'homme sur la gauche. Donc, l'autre doit être Max. Je ne peux pas vous dire grand-chose sur lui sans connaître son nom de famille. En revanche, Ezra Adler apparaît dans plusieurs archives.

Clara sentit son pouls s'accélérer. Levi tira de la chemise une nouvelle photo à la surface granuleuse. Elle y reconnut le même Ezra Adler, plus jeune, en des jours plus heureux.

— Apparemment, il était professeur d'histoire de l'art à l'université de Cracovie et a été l'un des universitaires polonais déportés en Allemagne, en 1939. Plus de cent quatre-vingts. Ce matin, j'ai pu m'entretenir avec quelqu'un du département des études hébraïques en Pologne. Ils m'ont faxé quelques documents.

Il sortit une nouvelle liasse de feuilles de la chemise.

— Les nazis étaient déterminés à éradiquer l'identité nationale polonaise et se sont empressés de déporter les dissidents culturels. Quiconque avait des idées inclinant à gauche était une cible prioritaire. Mais il n'a pas été arrêté seul.

Sa voix s'adoucit.

— Les archives indiquent qu'il avait une femme, Zofia, et deux filles. Amelia, deux ans, et Hanna, trois mois. Toute la famille a été déportée dans un camp de concentration en Allemagne.

Un second portrait, flou, montrait le professeur Adler et sa famille, sa fille aînée sur ses genoux. En regardant ce cliché, Clara eut une révélation : s'il s'agissait de son père, logiquement, les deux enfants étaient ses demi-sœurs. Elle était si résolue à découvrir l'identité de son père qu'elle n'avait jamais envisagé qu'elle puisse avoir des frères et sœurs, quelque part dans le monde.

— En 1940, ils ont tous été déportés au camp de Sachsenhausen. En 1941, le professeur Adler a été transféré à Dachau et libéré à la fin de la guerre. Il a fini par émigrer en Amérique, seul. Quant à Zofia, Amelia et Hanna, nous n'avons, hélas, plus aucune trace. Je ne peux pas vous dire quel a été leur sort.

Clara imagina sa propre fille à l'âge de trois ans. La pensée de la petite Lotte, trottinant, transportée de son foyer douillet au fin fond de l'enfer… Le souffle lui manquant, elle était soudain incapable de prononcer une parole.

— Je suis désolé, je comprends à quel point cela peut être bouleversant. Comme ma femme me le rappelle souvent, je me suis quelque peu endurci sur le sujet.

Il vida son verre.

— Voulez-vous que je poursuive ?

Elle s'arma de courage et hocha la tête.

— Pour commencer, la production de l'usine était limitée. Quelques dizaines de prisonniers seulement travaillaient à Dachau-Allach. Puis, en 1941, les nazis ont envoyé des ordres aux autres camps : Sachsenhausen, Auschwitz, Buchenwald, Flossenbürg, Mauthausen, Neuengamme et Gross Rosen. Ils avaient besoin de prisonniers dont les compétences pouvaient être exploitées à leur avantage. Le professeur Adler a fait partie du lot. Peut-être devrais-je vous parler un peu du camp.

Clara garda le silence. Comme tous les expatriés allemands, elle avait toujours été hantée par l'Holocauste, une honte qu'il était impossible d'oublier. Néanmoins, dans sa vie d'adulte, c'était un sujet sur lequel elle choisissait rarement de s'appesantir.

— Ici, nous n'avons pas accès aux archives détaillées. Il faudrait que vous alliez à la bibliothèque du mémorial de Dachau. Tout ce que je peux vous dire, c'est qu'Allach était le plus important des camps annexes. Construit, à l'origine, pour six mille prisonniers, il en a compté jusqu'à vingt-deux mille : des Juifs, des Roms, des Sintis, des homosexuels, des opposants politiques, des soldats russes. Au total, vingt-trois nationalités différentes.

Il lui tendit une vue aérienne du camp et une liasse de chiffres, de tableaux et de listes. Les plus inimaginables des horreurs converties en un langage comptable d'une indifférence totale.

— N'oubliez pas que c'était un camp de travaux forcés. Régi par la brutalité. Pourtant, les captifs devaient rester aptes au travail. Mais beaucoup mouraient de maladie, de manque d'hygiène, de faim, de conditions inhumaines. C'était, à tous égards, de l'esclavage : les prisonniers étaient considérés comme du bétail.

— Je pense que je devrais sans doute aller sur place.

— Vous pourrez visiter le camp principal de Dachau. Mais Dachau-Allach, là où était fabriquée la porcelaine, a été rayé de la carte.

Une heure plus tard, Clara était dans sa chambre. La brise marine s'engouffrait par les fenêtres grandes ouvertes.

Levi avait fait preuve de la plus grande bienveillance. Il lui avait raconté tout ce qu'il savait. Qu'Allach avait été libéré le 30 avril 1945, le jour où Hitler s'était suicidé dans son bunker de Berlin. L'année suivante, le professeur Ezra Adler avait pris le bateau pour l'Amérique. Mais il n'avait pas pu la renseigner sur les autres personnes de la photo. Il avait alors insisté : si elle voulait des réponses, elle les trouverait à la bibliothèque du mémorial de Dachau. Rien qu'à cette perspective, elle avait des frissons.

Au moment du café, ils avaient discuté de sa vie à Los Angeles et de son emploi au musée.

— Il n'est pas simplement consacré à l'histoire de l'Holocauste. Mais aux causes et aux effets de l'antisémitisme, de la xénophobie, du racisme, des préjugés. Notre travail porte sur la mémoire collective et sur le rassemblement des fonds. Vous n'imaginez pas combien de jeunes Américains doutent de la véritable existence de la Shoah. C'est absolument consternant. À peine une génération plus tard, c'est déjà oublié, nié. Pouvez-vous le croire ?

Stupéfaite, elle avait répondu :

— Ma mère n'a jamais beaucoup parlé de cette époque. Mais j'ai toujours su qu'elle était anéantie par ce qui était arrivé dans son pays. Elle voulait m'y préparer, s'assurer que rien de tel ne serait plus jamais permis. Et constamment garder à l'esprit que l'histoire pouvait se répéter. Et pourtant… Je sais qu'elle a épousé un nazi notoire. Pendant des années, elle m'a laissée croire qu'il était mon père.

Submergée par un mélange de honte et de culpabilité, elle avait poursuivi :

— Maintenant, cette photo semble montrer qu'elle travaillait pour une usine qui appartenait à la SS. Elle les aidait à faire fabriquer des reproductions de ses œuvres par des déportés, des prisonniers. Je ne sais plus quoi penser. Si je continue à creuser, que vais-je encore découvrir ? Je ne suis pas certaine de vouloir le savoir.

À sa grande surprise, elle avait entendu Levi lui répondre avec compassion :

— Ne la jugez pas trop vite pour son silence. Je me suis souvent demandé ce que mes grands-parents avaient vu. Ils ne m'ont jamais rien dit, même en sachant que j'étais familier du sujet. Ils ont choisi de garder leurs histoires pour eux, et je ne vais pas leur en vouloir. C'est à nous qu'il incombe d'entretenir la mémoire collective. C'est notre mission maintenant, celle de notre génération.

Se rembrunissant, il avait ajouté :

— Même si vous découvrez des choses qu'il vous faudra pardonner, vous devrez en tenir compte. Aucun de nous ne peut se permettre d'oublier.

Le dîner terminé, elle l'avait remercié et lui avait promis de réfléchir aux prochaines étapes de son investigation.

— J'espère que vous le ferez. Les registres que nous détenons témoignent de trop nombreux déplacements que nous ne pourrons jamais concevoir, de trop d'histoires inachevées. Cela vaut vraiment le coup de connaître le dénouement de l'une d'entre elles.

Il était tard. Elle prit la moelleuse couverture en mohair sur le bras du fauteuil et la déplia sur ses jambes. Même en août, le vent était frais.

Elle appela alors la réception et demanda une ligne extérieure, longue distance. Quand elle eut sa communication, elle attendit. Le téléphone qui sonnait dans le vide lui rappela le jour où ses appels à son mari étaient restés sans réponse. Cette fois, quelqu'un décrocha enfin.

— Lotte, chérie ?

— Maman ?

— *Liebchen*, comment vas-tu ?

La ligne grésillait.

— Je vais bien. À quelle heure est ton vol ?

— C'est une longue histoire, mais je suis en Californie.

Elle lâcha un petit rire.

— Je rentre demain soir. Peux-tu venir passer le week-end ? J'ai besoin de tout te raconter.

Chapitre 8

Berlin
Automne 1937

Ce matin-là, l'humidité enveloppait Berlin, étouffant les bruits de la ville. Des nuages de vapeur s'élevaient des flaques de soleil, sur les trottoirs. Sur la ligne des toits, des statues alignées regardaient avec bienveillance le monde en dessous d'elles. Elles surplombaient une haie de drapeaux noir, blanc et rouge sang qui ondulaient sous la brise.

À 9 h 05, presque tous les Berlinois étaient au travail. Seuls quelques rares retardataires se hâtaient vers leurs postes, dépassant les ménagères qui faisaient leurs emplettes sans se presser. Assis sur leurs tabourets à un seul pied, les vendeurs de journaux ressemblaient à une rangée d'échassiers. Les gros titres annonçaient que l'ex-roi d'Angleterre devait visiter aujourd'hui la capitale, en compagnie de son épouse deux fois divorcée. À l'exception de pépiements d'étourneaux, il régnait un silence presque total. Soudain, une bande de jeunes hommes en chemises marron déboulèrent, saccageant tout sur leur passage. Ils bousculèrent un marchand de journaux, le firent pirouetter sur son pied de tabouret comme un tourneur d'assiettes dans un cirque et jetèrent ses journaux à terre. Une femme imposante qui faisait ses courses s'arrêta pour les réprimander puis, maugréant, passa son chemin, une main en visière sur les yeux pour se protéger de la lumière du soleil matinal encore bas.

Le dallage de la terrasse du *Romanisches Café* était envahi d'ombres obliques, les tables et les chaises disposées en lignes bien droites. Face à la rue, les clients, les yeux plissés par la clarté du soleil voilé, buvaient leur *Milchkaffee* en grignotant des *Franzbrötchen* dont le parfum de cannelle et de beurre embaumait l'air.

Assis à une table en coin, Richard avait une vue privilégiée sur le large boulevard. Un journal étalé devant lui, il surveillait du regard les garçons aux chemises brunes qui descendaient la rue à la recherche d'une nouvelle victime. Il sortit une pièce de sa poche, la fit rouler dans leur direction et les vit foncer dessus comme une horde de hyènes querelleuses. Le plus rapide la coinça sous un pied, la ramassa et partit en courant, poursuivi par ses compagnons.

Richard survola des yeux la rue qui avait retrouvé son calme, et aperçut Bettina et Max qui approchaient. C'était un beau couple. Lui, dans son costume de laine peignée bleu foncé. Elle, les joues rosies, avec son petit chapeau et son manteau bordeaux. Main dans la main, ils traversèrent Hardenbergstraße, donnant l'impression d'une totale insouciance.

Alors qu'ils se dirigeaient vers lui, Richard se leva et les salua de la main. Puis, après avoir serré celle de Max, il prit Bettina dans ses bras robustes.

— Mon Dieu, que c'est bon de vous voir !

Un serveur s'empressa.

— Un chocolat chaud, commanda Bettina.

— Et un autre café. J'oublie toujours à quel point tu es gourmande, ajouta Richard avec un sourire.

— Enfance défavorisée, plaisanta-t-elle. Je continue à rattraper le temps perdu.

Richard replia son journal pour faire de la place sur la table. Max le prit.

— Ça explique les fanfaronnades des chemises brunes ce matin, railla-t-il en regardant la photo du duc et de la duchesse. Ils sont sortis en force aujourd'hui.

—J'ai bien vu. Comment allez-vous, tous les deux ?

—Ça va, dit Bettina en prenant la main de Max et en la serrant. Beaucoup mieux que la dernière fois que nous t'avons vu.

—Je suis content que l'excursion au lac vous ait fait du bien.

—Comment va Imre ? demanda-t-elle alors. Elle a promis de venir à Berlin.

—Bien, elle aussi. Elle a trouvé un poste dans une école de Charlottenberg. Je sais qu'elle serait ravie de te voir.

Le serveur leur apporta leur commande qu'il disposa sur la table. Une fois qu'il fut parti, Richard déclara à voix basse :

—Et maintenant, avant que le café se remplisse, nous ferions bien de parler de nos affaires.

Bettina jeta un coup d'œil anxieux à la table voisine. Une cliente à la poitrine plantureuse donnait des pâtisseries à un teckel assis sur ses genoux. Surprenant son regard, la femme se détourna, irritée, et cacha le chien à sa vue.

—Je ne crois pas qu'il faille nous préoccuper de teckels malveillants, ironisa Richard. Mais une chose est sûre, on n'est jamais trop prudent.

Il alluma une cigarette dont il aspira une profonde bouffée. Puis, la fumée et les rayons obliques du soleil lui faisant plisser les yeux, il reprit :

—J'ai parlé à quelques amis bien placés. Ils sont d'accord pour dire qu'il serait sans doute préférable que vous quittiez Berlin. Surtout toi, Max. Parce que vous vivez ensemble ouvertement depuis des années et que cela vous expose tous les deux. D'un jour à l'autre, vous pouvez vous faire dénoncer par un voisin.

Max poussa un soupir résigné.

—Côté travail, il faut se rendre à l'évidence aussi. Ce n'est qu'une question de jours avant qu'ils me virent.

D'une chiquenaude, Richard fit tomber sa cendre sur le sol dallé.

—Eh bien, je suis content de ne pas avoir à vous convaincre, l'un et l'autre.

— Si Max ne peut pas travailler, nous ne pouvons pas rester ici, déclara Bettina. Déjà maintenant, nous arrivons à peine à joindre les deux bouts.

— Mais où pouvons-nous aller ? demanda Max. Selon toi, contrairement à ce que nous pensions, les possibilités sont limitées à Wannsee.

— Et je le maintiens. L'idéal serait que vous partiez tout de suite : États-Unis, Canada, Amérique du Sud, énuméra-t-il. Toutes les options sont à envisager. Mais les réfugiés ne sont accueillis nulle part à bras ouverts. Et vous avez besoin d'argent pour la traversée, une grosse somme qui, nous le savons, n'est pas facile à réunir. La priorité est donc de vous trouver un endroit relativement sûr où vous puissiez travailler, économiser et demander un visa.

Il s'interrompit pour jauger leur réaction. Bettina semblait tendue, Max résigné, impatient de passer à l'action.

— Mon frère a proposé de vous aider, poursuivit Richard en se tournant vers Max. Peter t'a obtenu un emploi et une petite maison à louer à proximité. Dans une usine de porcelaine qui appartient à la SS. Il faut donc que nous te trouvions une nouvelle identité. Ils n'emploieront pas un Juif. Peux-tu faire faire une photo de toi ?

Max hocha la tête.

— Bien. C'est principalement du travail d'ouvrier non qualifié, je le crains. Du travail dur.

— Ça m'est égal. Tant que nous sommes ensemble, Bettina et moi.

Avec un froncement de sourcils, Richard reprit :

— C'est le problème. Vous ne pouvez pas continuer à vivre ensemble de façon aussi flagrante. C'est trop dangereux. Mais nous avons une solution possible.

Il jeta un coup d'œil anxieux à Bettina.

— L'usine se situe à Allach, où habite Peter. Tout près de Munich, à l'ouest. Et… la ferme de la famille de Bettina se trouve dans le coin.

Elle le dévisagea, les yeux écarquillés. Il s'empressa de calmer ses craintes.

—Attends, Betti, je sais que c'est loin d'être la solution parfaite. Mais tes options sont limitées. Et puis, c'est ta famille. Ils seront obligés de t'accueillir.

—Je les hais, Richard. Et eux aussi me détestent. Tu le sais.

—Je le sais.

—Albrecht est un nazi et un antisémite au cas où tu l'aurais oublié.

—Je ne le suggérerais même pas si j'avais n'importe quelle autre solution. Mais au moins, comme ça, vous seriez à proximité l'un de l'autre, tous les deux en sécurité. Vous pourriez travailler et commencer à économiser tout l'argent possible. C'est ce qui doit être votre priorité.

Sous la table, Richard sentit les jambes de Bettina trembler. Mais elle se redressa, son visage s'éclairant d'un sourire fugace.

—Bien sûr. Je comprends. Je ne veux pas te paraître ingrate.

Posant une main sur le bras de Max, elle ajouta :

—Si tu peux supporter un travail pénible, le moins que je puisse faire, c'est de passer quelques mois avec ma famille, quelle que soit l'opinion que j'ai d'elle.

—Voilà qui est bien parlé ! lança Richard. Bon, dans ce cas, c'est réglé. À mon avis, Allach est le mieux pour vous, actuellement.

—C'est un bon plan, Richard. Et nous t'en remercions, dit Max en serrant la main de son ami.

Richard sentit que celui-ci avait les paumes moites.

—Je vais tout organiser avec Peter. Il faut que vous partiez dès que possible, avec le minimum de bagages. Voyez ce que vous pouvez vendre. Je vais emprunter la voiture d'Imre et vous y conduirai moi-même.

Deux semaines plus tard, fidèle à sa parole, Richard arriva à Kottbusser au volant de l'Adler Trumpf. La nuit tombée, ils chargèrent la voiture de leurs deux petites valises et d'un carton contenant des casseroles, des assiettes, des tableaux, des pinceaux, leurs porte-dessins et des draps. Dans leur hâte de quitter Berlin, tout le reste avait été vendu ou donné.

Depuis leur discussion à la terrasse du *Romanisches*, Bettina avait vu la méfiance s'intensifier dans ses relations avec ses voisins. À dire la vérité, elle ne s'était jamais sentie entièrement comprise d'eux. Mais, même si leurs intérêts divergeaient, ils échangeaient quotidiennement des plaisanteries. Au besoin, elle prêtait du lait, des œufs et avait toujours eu le sentiment de faire partie de la communauté. Une collectivité domestique. Désormais, elle croisait avec appréhension non seulement les adultes, dans le vestibule, mais aussi les enfants qu'elle avait connus bambins, à qui elle avait appris à dessiner à la craie et au fusain sur les marches du perron. Elle se surprenait à s'alarmer d'un regard, inquiète de la méchanceté, de l'ennui, d'un grief mesquin qui pourrait couver. À tout moment, quelqu'un pouvait aller trouver les autorités ou même laisser échapper une indiscrétion. Une parole malheureuse suffirait à provoquer une catastrophe.

Quand enfin Richard arriva, elle s'était convaincue qu'ils couraient un danger imminent. Le mieux étant de s'éclipser en catimini, ils attendirent la nuit puis, une fois leurs bagages chargés dans la voiture, partirent rapidement, sans le moindre adieu. Au bout d'une heure de trajet, à peine, Bettina sentit des larmes silencieuses couler sur ses joues. La peur qui l'assaillait s'était soudain évanouie, et son ancienne vie lui manquait déjà. Seuls restaient la honte et le chagrin.

Richard roulait dans la nuit. Il voulait prendre de l'avance, car le voyage devait durer quelques jours. Il avait prévu de s'arrêter à Weimar en chemin. « Pour voir si la ville a changé… »

— Nous, en tout cas, nous avons changé, murmura Bettina.

À l'exception de quelques agréables pique-niques au bord de la route, le voyage fut long et fatigant. La suspension était dure, la chaussée souvent inondée. Seuls les tronçons d'autoroute leur procuraient un peu de répit. Bettina se réjouissait en voyant Max, qui avait passé tant de mois à créer mentalement ces larges routes, se délecter de leur réalité. Penché à la vitre de la voiture qui filait à vive allure, il poussait des cris de joie. Au début, elle en rit. Mais elle ne tarda pas à le mettre en garde, et il se rassit à l'intérieur. Toutefois, pendant une bonne heure, ses yeux continuèrent à briller. Ce résultat valait la peine qu'il s'était donnée.

Le reste du voyage fut aussi morne que pénible. La seule perspective enthousiasmante était leur halte à Weimar où ils avaient prévu de passer une nuit et de revoir leurs anciens repaires. Mais, dès qu'ils entrèrent dans la ville, ils comprirent qu'elle avait changé comme jamais ils n'auraient pu l'imaginer. Les bataillons de la Jeunesse hitlérienne, faisant l'exercice sur la Theaterplatz, offraient un contraste saisissant avec ce qui avait été, ici même, leur vie d'étudiants insouciants, sans entraves.

Sur chaque bâtiment public, tout comme sur de nombreuses habitations privées, se déployaient de lourds drapeaux frappés de croix gammées. Prenant soudain conscience du poids des années écoulées depuis leur jeunesse, ils furent gagnés par un sentiment de découragement, exacerbé par la pluie fine. Bettina avait l'impression d'avoir vécu son dernier été de bonheur dans un tout autre endroit. Les pavés étaient glissants, les bâtiments avaient perdu de leur grandeur passée. Quand, le lendemain matin, ils reprirent la route, en silence, elle regrettait qu'ils aient fait cette étape.

L'après-midi du troisième jour, ils arrivèrent enfin à Allach, courbatus, fourbus. Richard les conduisit directement chez son frère. Le haut bâtiment, sur la route de Munich, était entouré de maisons, d'usines et de fermes. Malgré les nombreuses années écoulées depuis leur dernière rencontre, Peter Amsel avait à peine changé. En dépit de sa ressemblance avec Richard, il avait le visage plus grave que son cadet. S'il n'était pas doté du même charme, du même esprit, il partageait avec lui cette empathie envers les autres, tous ceux que les deux frères se dévouaient à aider. Il était évident que s'occuper de Max était une mission qui le réjouissait. Non content de lui avoir trouvé du travail, il lui avait réservé une petite maison, à proximité. Il suggéra de la leur faire visiter.

— Je peux aussi vous montrer l'usine. Elle est sur la route.

Il était planifié que Max commence à travailler au 8 Lindenstraße le lundi suivant. Peter désigna le bâtiment blanc, à pignons, couvert d'un toit d'un noir intense, derrière une palissade irrégulière. De la fumée s'échappait de la cheminée blanche, carrée, qui le dominait. À l'extérieur, dans la cour, des sacs de minéraux et de charbon s'empilaient dans des camions et des palettes en bois.

— Ils fabriquent de la porcelaine, ici, expliqua Peter. Des statues de décoration, des urnes et autres objets similaires. Les hauts dirigeants nazis en raffolent. Ils sont même en train d'ouvrir une deuxième usine au bout de la route, au camp d'entraînement de la SS, près de Dachau. Ils ont toujours besoin d'hommes pour les travaux les plus pénibles : alimenter les fours et transporter les matériaux bruts. Tout devrait bien se passer si tu te fais discret.

Bettina serrait la main de Max, caressant ses longs doigts d'artiste. Malgré elle, elle les imaginait déblayant, soulevant, portant des sacs, les jointures fendues et sanguinolentes. Puis, avec un effort, elle se força à ramener ses pensées au présent.

Max, qui contemplait l'usine, considérait ses perspectives.

— Travailler dans la porcelaine ne devrait pas me déplaire. Ça me rappellera nos cours de céramique.

Avec un rire cynique, Richard répliqua :

— À une plus grande échelle.

Silencieux, ils poursuivirent leur chemin. La maison de location était plus douillette que ne l'avait craint Bettina. Elle ne comportait que quelques pièces, de superficie modeste, mais elle s'y sentit tout de suite isolée du monde, comme dans un terrier où ils pourraient s'abriter. Le mobilier, précaire, était simple : un fauteuil, une petite table, une étagère peinte, une table de toilette. Les murs étaient tapissés de chaleureux panneaux d'un bois patiné et, dans un coin de la cuisine, un poêle ventru diffusait une douce chaleur.

S'évertuant à prendre un ton enjoué, elle promit :

— On y sera comme chez nous. Et, tous les soirs, je viendrai, je peindrai, je lirai et passerai du temps avec toi.

Peter avait rempli les quelques placards de provisions. Laissant les trois hommes s'asseoir où ils le pouvaient, avec des bières, Bettina prépara un ragoût de poulet et de pommes de terre sur le poêle. Si la réalité de leur séparation prochaine était sans cesse présente à leur esprit, ils continuaient à l'ignorer. Refusant de songer aux jours et aux nuits qu'ils devraient passer loin l'un de l'autre, Bettina se concentrait sur les quelques heures qu'il leur restait à partager.

— Tu as ta photo ? demanda Richard.

Max la sortit de son portefeuille et la lui donna. Il la colla sur un lot de papiers d'identité autrichiens.

— N'oublie pas que désormais tu t'appelles Leon Marchen. Le frère d'Imre est d'accord. Alors, fais attention à ne pas t'attirer d'ennuis.

— Ce ne devrait pas être un problème. Je n'en ai pas l'intention.

— Quelquefois, ce sont eux qui te tombent dessus.

Plus tard dans la soirée, les deux frères prirent congé. Max et Bettina déballèrent leur linge et firent le lit. Ils se glissèrent sous leur couette, retrouvant l'odeur familière de leur intérieur, et s'endormirent, trop fatigués pour faire l'amour.

Le lendemain matin, Richard revint chercher Bettina.

— Tu es prête ?

— Absolument pas.

Elle esquissa un sourire forcé, embrassa Max puis, sa petite valise à la main, descendit rapidement les marches en pierre du perron. La rue était baignée d'un pâle soleil qui tentait de percer les bancs d'un épais brouillard.

Le lundi matin suivant, Max se réveilla tôt. Les premières gelées étaient arrivées avec lui et, quand il exhala, son haleine forma un nuage de vapeur blanche. Il quitta la maisonnette emmitouflé dans un pardessus et une chaude écharpe de laine, les mains protégées de gants. Malgré la courte distance qui le séparait des grilles de la manufacture de porcelaine d'Allach, quand il les atteignit, il avait le nez déjà rougi par le froid.

Pendant des jours, la perspective de ce nouveau travail l'avait rempli d'appréhension. Mais, dès qu'il entra dans le bâtiment, il se sentit chez lui. Manifestement, l'endroit était régi par l'ordre, l'expertise, la créativité, ce qui lui convenait parfaitement. Il fut conduit dans le bureau de l'administrateur et prié d'attendre. C'était une salle bruyante, en pleine effervescence : le fracas des machines à écrire, la sonnerie des téléphones. La rumeur de l'industrie côté administratif se mêlait à celle de l'usine qui tournait. On avait beau être en novembre, il faisait chaud à l'intérieur du bâtiment. Une chaleur sans doute due aux fours. Après avoir retiré son écharpe et ses gants, il attendit, un peu nerveux. Surpris, il vit passer un homme, chargé d'une rangée d'urnes en argile alignées sur une planche qu'il avait hissée sur ses épaules. En dépit de sa démarche claudicante, aussi serein qu'un cygne fendant l'eau, il avançait en les maintenant parfaitement droites.

Une voix s'éleva derrière lui.

— Je vous en prie, excusez ce chaos.

Il se retourna pour se trouver face à un homme de haute taille, qui semblait avoir une cinquantaine d'années. Des lunettes de hibou, à monture d'acier, étaient perchées sur son nez aquilin. Mince, droit comme un I, dans un costume trois pièces à col haut, agrémenté d'une montre à gousset, il était impeccable.

Un sourire chaleureux éclairant son visage, il lui tendit une main fine, aux doigts souples.

— Holger Ostendorf, se présenta-t-il.

— Leon Marchen, répondit Max.

Il avait beau s'y être entraîné, le nom lui était toujours étranger.

— Je suis content de vous accueillir parmi nous, Leon. Nous tournons à pleine capacité et nous commençons à manquer de place. Victimes de notre succès, si une telle chose est possible. Je ne peux pas me plaindre, toutefois. Cela nous sauve des ennuis, ajouta-t-il, ses yeux vifs pétillants. Et maintenant, je vais vous faire visiter.

D'un pas alerte, Holger le guida à travers le bâtiment, pièce par pièce, où il lui expliqua les divers procédés et le rôle de chaque travailleur. Chacune des salles était dédiée à un usage et un rôle spécifiques, définis par les tâches qui s'y accomplissaient. Certains espaces étaient, par nécessité, sales et poussiéreux, éclaboussés d'éclats de barbotine qui séchait et de morceaux d'argile. Dans d'autres, immaculés, aussi propres et lisses qu'une table d'opération, où des lames aiguisées comme des rasoirs étaient utilisées avec une précision chirurgicale.

À un étage, devant des rangées de tours, les modeleurs façonnaient des bols et des vases. De leurs mains vigoureuses, trempées de barbotine, ils créaient des formes à partir de morceaux d'argile inanimés. Au suivant, de grands bacs à émail scintillaient, dans l'attente du biscuit qui bientôt serait submergé et tourné par des mains expertes qui le recouvriraient d'une fine couche de glaçure.

Dans la salle de dessin, les dessinateurs imaginaient de nouveaux modèles et leur donnaient forme sur le papier. Dans l'atelier, les sculpteurs modelaient l'argile, la pétrissaient, en peaufinaient chaque détail. Les pièces finies passaient alors le contrôle de la salle d'inspection. Au moindre signe d'imperfection, jugées indignes, elles étaient brisées en morceaux. La dernière étape était la salle d'emballage où un vieil homme, voûté comme le Nain Tracassin, était accroupi sur une montagne de paille. Il emballait les pièces irréprochables, finies, dans des brassées d'herbe dorée odorante, puis les empilait dans des caisses en bois.

Tout au long de la visite, Max eut l'impression de parcourir une maison de poupée. Il la voyait de son œil d'architecte, du toit à pignons avec sa haute cheminée carrée, au four de la cave qui, brûlant comme l'enfer, était asphyxié de suie. Il était en phase avec la logique de cet endroit. Tous ceux qu'il rencontrait comprenaient leur mission et perfectionnaient leurs compétences. Chaque poste exigeait la même dose de précision et de sens artistique. Le processus était méthodique, la création de chaque pièce fluide et répétitive, sa simplicité apparente trompeuse sur le haut niveau d'expertise requis.

Pour finir, *Herr* Ostendorf ouvrit une porte qui donnait sur une petite pièce tapissée de feutrine bleue. Là, les plus beaux exemples de la porcelaine d'Allach étaient exhibés sur des étagères. L'usine résonnait de bruits, le grondement sourd des machines qui se mêlait aux grognements des travailleurs. Mais quand, lentement, la lourde porte se fut refermée sur le vacarme extérieur, Max se sentit envahi par un sentiment de respect empreint de sérénité.

Debout devant une haute vitrine, il put, pour la première fois, admirer les figurines de porcelaine de plus près. Les formes humaines et animales étaient reproduites avec un sens du détail exceptionnel. Un buste en cire regardait au loin, les yeux vides. Une moitié d'étagère était remplie par un défilé pacifique de soldats lilliputiens, jouxtant des urnes, des assiettes, des candélabres. La porcelaine, froide, était d'un blanc étincelant et, par endroits, aussi translucide qu'un pétale.

Au Bauhaus, dont la philosophie était basée sur la simplicité, les lignes pures et l'esthétisme fonctionnel, Max avait suivi une formation en céramique. En comparaison, la porcelaine d'Allach paraissait pompeuse, sentimentaliste. Beaucoup trop suave à son goût. Mais il était évident que Holger aimait chacune de ces œuvres. Il les prenait au creux de ses mains avec adoration pour lui montrer le plus délicat détail, lui expliquait les siècles de savoir-faire dont elles étaient issues.

— La porcelaine est une substance miraculeuse. Elle est constituée de matières au départ si malléables pour arriver à un résultat si solide. Elle incarne à la fois la force et la fragilité : résistante à la chaleur, à l'eau, à la rouille, elle existe depuis des années. Et pourtant, jusqu'à un temps relativement récent, les Occidentaux ignoraient tout de sa méthode exacte de fabrication. Le produit final est d'un blanc pur, immaculé. Mais, pour atteindre ce résultat, il doit être soumis à un rite de chaleur vitrifiante. Pour moi, il n'existe aucune technique semblable. La porcelaine est un art et une alchimie à égale mesure.

Les yeux de Holger brillaient de plaisir. Max examina de nouveau les figurines qui s'alignaient le long du mur. Même si elles lui paraissaient toujours aussi fades et ronflantes, l'enthousiasme du directeur des lieux en altéra sa perception. Il comprenait leur dimension artistique, les compétences requises.

Ils regagnèrent alors le bureau de *Herr* Ostendorf. La pièce, chaleureuse, lambrissée de bois, surplombait la cour principale. Par la fenêtre, Max voyait une demi-douzaine d'hommes au dos charpenté, qui, pliés en deux, déchargeaient un lourd chargement d'un camion à plateau. Maintenant qu'il avait pu constater le raffinement du produit fini, il fut surpris par l'incongruité des ingrédients bruts requis : des palettes superposées de kaolin, d'argile à porcelaine, de pétunsé. De silice, de quartz et de feldspath. Empilées à côté des grands barils de pin pour la barbotine, l'émaillage et l'emballage, des tonnes de charbon destinées au four attendaient. C'était un travail sale, exigeant, un processus qui consommait autant de sueur et de dur labeur que de matériaux bruts. Il baissa les yeux vers ses mains qui ne montraient aucune callosité. Remarquant que Holger l'observait, il s'empressa de les enfoncer dans ses poches.

—Vous avez déjà fait ce genre de travail ?

Max secoua la tête.

—Mais ne vous inquiétez pas, j'apprends vite.

—Où travailliez-vous auparavant ?

—J'ai suivi une formation d'architecte mais, en tant qu'étudiant du Bauhaus, j'ai été initié aux bases de la céramique.

—Juste ciel ! Quel malheur de gâcher vos compétences sur du travail manuel !

—Je n'ai pas peur de travailler dur, s'empressa de répliquer Max.

—Je n'en doute pas, répondit Holger avec un sourire rassurant. Vous avez vos papiers ?

Forçant ses mains à ne pas trembler, Max sortit la carte d'identité que lui avait donnée Richard. Holger la prit et, un moment, la scruta.

—Vous venez de Vienne. Une bien belle ville.

Dans une écriture fluide et soignée, il nota le nom Leon Marchen et la date dans son registre. Puis il lui tendit ses papiers, mais ne les lâcha pas.

—Une dernière chose, Leon. Vous comprenez que le souci du détail est d'une importance vitale à notre travail.

Max hocha la tête et acquiesça dans un murmure :

— Dans ce cas, je suis sûr que vous aurez remarqué que le cachet sur votre carte ne correspond pas à la photo.

Max se sentit blêmir. Il était maintenant certain que le tremblement de ses doigts était à la fois visible et palpable. Le directeur lâcha ses documents et leva les mains.

— Je suppose que vous avez dû la faire remplacer parce qu'elle était abîmée, tout simplement.

Les mains toujours tremblantes, Max rangea ses papiers dans sa poche intérieure.

— Merci, *Herr* Ostendorf.

— Je vous en prie, appelez-moi Holger, répondit ce dernier avec un sourire empreint de sincérité.

Max hocha à nouveau la tête et, affolé, sortit à la hâte de la pièce pour gagner la cour. Le contremaître, un ours bourru, avare en paroles, lui fit signe de rejoindre les hommes qui, derrière le camion, continuaient à décharger des sacs de silice. Il prit sa place pour attendre qu'on lui en lance un. Quand son tour arriva, il se prépara à le recevoir et sentit le poids de sa chute.

Lorsque Bettina avait écrit à sa mère pour lui demander la permission de revenir à la maison, Marielein avait répondu à contrecœur qu'elle serait la bienvenue, a priori, aussi longtemps qu'elle témoignerait à son frère le respect qu'il méritait. Depuis la mort de leur père, Albrecht était devenu l'homme de la maison, et leur mère s'en remettait à lui pour tout. Feignant le plus grand remords, Bettina avait expliqué qu'elle avait eu de mauvaises fréquentions à Berlin et imploré la clémence maternelle. Comme elle serait heureuse, avait-elle dit, de retrouver la simplicité familière de la ferme.

Cinq années s'étaient écoulées depuis l'exposition, théâtre de leur dispute. Dans l'intervalle, Bettina avait appris à prétendre qu'elle adhérait à leurs idées ou, tout au moins, à se faire oublier. Ce qui, avec son frère, n'était pas difficile. Il ne parlait que de lui et de la SS. Néanmoins, Marielein restait plus sceptique. Assise à la table de la cuisine, elle observait sa fille, guettant le moindre signe de rébellion.

Affichant une contrition absolue, Bettina s'appliquait à se fondre dans la vie familiale. Consciencieuse, diligente, elle aidait à la cuisine et écoutait les interminables histoires des malheurs d'Albrecht : affronts imaginaires, rivalités mesquines. À l'entendre, le monde entier se liguait contre lui. Il travaillait d'arrache-pied quand les autres tiraient au flanc. Il voyait clair quand les autres étaient aveugles. Il rencontrait constamment des obstacles quand les autres jouissaient d'une chance qu'ils n'avaient rien fait pour mériter. En grandissant, le petit tyran s'était mué en un adulte dénué de tout charme, plein d'aigreur et de ressentiment.

Toutes les soirées se ressemblaient. Albrecht passait le dîner à se lamenter sur son sort : c'était un garde de la SS qui avait reçu une récompense qui, de droit, lui revenait. Ou bien le boucher bolchevique qui l'avait arnaqué et qui avait écopé d'une raclée. Pendant que sa mère et sa sœur rangeaient, il posait ses bottes sur la table et buvait bière sur bière, de plus en plus larmoyant au fil des heures. Silencieuse, Marielein le surveillait du coin de l'œil. Elle contrôlait sa colère jusqu'à ce que, pressentant un changement d'humeur, elle le pousse dans l'escalier pour le conduire jusqu'à son lit.

Bettina suffoquait littéralement. Mais elle craignait tellement d'éveiller leurs soupçons que, pendant deux semaines d'affilée, elle ne quitta pas la ferme.

Un soir, enfin, elle décida qu'elle pouvait prendre le risque de s'aventurer à l'extérieur. À partir de là, attendant la nuit et que la maison soit endormie, elle partait à bicyclette sur les chemins de campagne, à la lumière d'une lampe de poche. Quand elle arrivait, Max, épuisé, s'assoupissait pendant qu'elle lui faisait la lecture ou lui caressait les cheveux. Il essayait de la rassurer sur son travail qui, soi-disant, n'était pas si terrible. Il lui laissait au moins le temps de réfléchir aux plans de la maison qu'un jour il construirait pour eux : un espace ouvert, vide de tout superflu, qui laisserait entrer l'air et la nature, où elle pourrait peindre, où leurs enfants pourraient jouer.

Face à l'adversité, il avait résolu de rester joyeux, de travailler dur pour le directeur de l'usine, un certain Holger, de se rendre indispensable. Elle ne l'en aimait que plus farouchement. Mais ses mains crevassées, durcies, la désolaient. Les lourds sacs n'avaient pas été longs à laisser leurs marques. Les callosités commençaient à former une carapace, comme une autodéfense de son propre corps.

Quand Bettina estima que suffisamment de temps avait passé, elle décida de partir en mission. Elle irait lui acheter un baume pour les mains et du matériel à dessin, afin qu'il puisse conserver sur le papier la maison qu'il construisait en imagination. Elle avait annoncé à Albrecht et à Marielein qu'elle avait besoin d'aller chercher des vivres et, de mauvaise grâce, Albrecht avait accepté de l'accompagner à la gare. Il lui avait donné de l'argent qu'elle s'était empressée d'empocher en le remerciant. Une somme avec laquelle Max et elle auraient pu vivre pendant plusieurs semaines à Berlin. Il servirait presque entièrement à financer leur fuite, mais elle avait décidé d'en dépenser un peu en petits plaisirs immédiats.

Le lendemain, elle fut réveillée par la pluie battante qui frappait sur le toit en tôle comme une mitrailleuse. Fidèle à sa parole, Albrecht l'accompagna à la gare où elle attendit le train du milieu de la matinée pour Munich. L'eau qui tombait à seaux lui éclaboussait les chevilles. Son long manteau de laine plaqué contre son corps, son chemisier trempé, elle frissonnait, son parapluie dressé contre le vent et la pluie pour s'en protéger. Les feuilles mortes qui tourbillonnaient venaient se coller à ses chaussures et à ses mollets.

Quand, enfin, le train arriva, elle y monta et secoua son manteau pour se rendre un peu plus présentable. Avec son mouchoir, elle essuya ses souliers et ses bas. Puis, par les vitres mouillées, couvertes de buée, elle regarda défiler les fermes et les usines. Elle avait hâte d'échapper aux regards scrutateurs. Quelques courtes escapades à Allach lui avaient fait prendre conscience des risques que son retour impliquait.

Nombreux étaient ceux qui la connaissaient bien et qui s'étaient un peu trop intéressés à elle. La fille prodigue qui rentrait au bercail. Elle n'en désirait que plus ardemment l'anonymat, et se perdre dans une foule.

Dès que le train entra en gare de Munich, l'*Hauptbahnhof*, elle se sentit à nouveau noyée dans la grande ville. Personne ne lui prêtait attention. Elle n'était qu'un visage de plus dans la multitude qui se pressait dans les rues.

Soucieuse de tirer le meilleur parti de sa journée et impatiente de trouver du matériel neuf pour Max, elle commença par prendre la direction de Neuhauser Straße, qui grouillait de passants abrités sous leurs parapluies. Ils allaient et venaient entre les bâtiments lumineux : merceries, épiceries, librairies.

Elle sautilla d'un auvent protecteur à l'autre et traversa la rue en esquivant les tramways. Fascinée par les vitrines, elle dévorait les nouveautés des yeux. Elle finit par descendre dans un entresol étroit, celui qu'elle fréquentait depuis l'adolescence. Son odeur la grisa, un mélange du parfum âcre du papier, de ceux des copeaux de bois chauds, de la colle et de la térébenthine. Le plafond bas était taché de goudron, des toiles tendues sur des cadres s'empilaient contre chaque mur, des boîtes étaient remplies de fusains friables et d'une palette infinie de couleurs de gouaches, d'encres, d'huiles.

Elle commença par s'occuper de Max : un carnet de croquis, un rouleau de feuilles de traçage pour les plans, et une équerre en bois. Un rapporteur, une boîte d'aquarelle, et un pinceau en poil de martre. Ce n'était pas beaucoup, mais cela lui suffirait pour commencer à esquisser les contours de leur avenir.

Pour elle-même, elle acheta des toiles neuves de différentes tailles, des huiles, un simple carnet de croquis et des fusains. Suffisamment pour l'occuper et lui procurer quelques moments de bonheur, en dépit des critiques acerbes de son frère sur son art. Ses emplettes terminées, elle les donna à empaqueter, promettant de repasser les prendre avant la fin de la journée.

Lorsqu'elle ressortit dans la rue détrempée, elle se rendit compte que, pour la première fois depuis des semaines, elle n'avait de comptes à rendre à personne. Poussée par un mélange de peur et de curiosité, elle prit la direction du nord. Sans s'arrêter et risquer de changer d'avis, elle continua son chemin, passa devant Frauenkirche et ses tours jumelles, traversa le parc de Hofgarten en longeant ses fontaines et ses massifs de fleurs, et continua jusqu'à arriver aux hauts murs épais qui couraient le long de Galeriestraße.

Au milieu de la rue flottait un ample drapeau sur lequel s'étalaient en lettres dentelées, flamboyantes, les mots « *Entartete Kunst* ("Art dégénéré") : entrée libre, entrez tous. » Cette tristement célèbre exposition de l'art dégénéré l'obsédait depuis des mois. Et maintenant, elle se trouvait devant le bâtiment même qui l'accueillait. Malgré la pluie qui se remettait à tomber du ciel de plomb, elle s'attarda sur le trottoir, anxieuse de franchir le seuil, et fut prise de nausée, comme si ses souvenirs le lui interdisaient.

Quand, enfin, rassemblant son courage, elle entra, elle fut happée par le vacarme et la chaleur. Les curieux se pressaient par dizaines. Elle retira son manteau et le posa sur son bras. Puis, lentement, elle traversa le vestibule pour gagner la galerie principale. Un voile de transpiration lui couvrait le visage et le cou. Les murs répercutaient le bourdonnement sonore des murmures de la foule qui examinait les peintures.

Pour une raison inexplicable, elle fut surprise. Elle ne s'était pas attendue à une telle affluence. Comment supposer qu'un art présenté comme amoral attire autant de gens ? Elle se rappela l'appétit insatiable de l'être humain pour le voyeurisme. Nous regardons, bouche bée, exécuter ou mettre quelqu'un au pilori. Nous regardons, fascinés, la honte d'autrui. Nous fouillons et reniflons la pourriture.

Les œuvres qui couvraient les murs de la galerie lui occuperaient l'esprit pendant des semaines. Certaines qu'elle aimait déjà, d'autres qu'elle avait rêvé de voir. Des sculptures que, par une réaction primaire, on avait envie d'effleurer, comme un Christ en croix, transpercé de clous et émacié, qui écrasait les autres œuvres sur un mur de la salle au plafond bas.

Si elles avaient été accrochées dans un espace propre, calme, le coup d'œil aurait été magnifique. Mais elles avaient été disposées sur les murs de manière chaotique. Une toile de Vassily à côté de Klee, de Chagall, puis Dix et Dada. Sans cadres, accrochées de travers. Des extraits de propagande, écrits à même les murs, entre les toiles, donnaient l'impression que les œuvres avaient été elles-mêmes griffonnées. Elle brûlait d'envie de les redresser, de les arranger pour le plaisir des yeux. Elle comprit soudain. L'objectif n'était pas de simplement les exposer, mais de les exhiber de cette manière méprisante.

Elle eut l'impression de porter une chemise de crin qui la grattait, la piquait, la rendait progressivement folle. Loin d'être une galerie d'art, ces salles, organisées en neuf thèmes : la religion, l'art juif, la femme, la dégénérescence, l'anarchisme, la folie… étaient un véritable capharnaüm, mis en scène de façon à provoquer le dégoût et le rejet. Et, partout, à chaque pas, les prix des œuvres de la collection étaient indiqués, mais falsifiés, exagérés, afin de dénoncer chacun des musées qui avaient dilapidé l'argent du peuple allemand et de susciter l'indignation du public. « Non seulement vous avez laissé ce furoncle suppurer, mais vous l'avez financé de vos propres pfennigs. »

Bettina traversa trois salles exiguës bondées de curieux et remplies d'œuvres d'art. Dans la première, dédiée à la religion, des représentations du Christ. Dans la deuxième, réservée à l'art sémite, des œuvres d'artistes juifs, comme si le fait même de leur confession prêtait à leur travail une motivation infâme. La troisième était consacrée à la famille, la paysannerie et tout particulièrement à la femme allemande, vue comme une putain ou une hystérique.

Au fur et à mesure qu'elle évoluait dans la foule, elle se sentait vulnérable, comme si l'expression de ses traits pouvait la trahir, montrer qu'elle était ici non par haine mais par amour de cet art. Est-ce que quelqu'un remarquerait sa différence ? Elle se surprit à s'attarder plus longuement sur les visages qui l'entouraient que sur les tableaux. La galerie était pleine mais, sans le moindre doute, certains n'y étaient entrés que pour échapper à la pluie. Ou encore par simple curiosité, avides de voir de leurs propres yeux cette décadence dont ils avaient tant entendu parler. D'autres, comme elle, arboraient une expression neutre, indéchiffrable. Mais beaucoup, s'ils ne riaient pas ouvertement, esquissaient des sourires narquois.

Lorsqu'elle ressortit dans la rue, elle offrit son visage à la pluie froide de novembre. Elle se remit à marcher, comme engourdie, hébétée. Elle pensa à Stendhal et à sa souffrance à Florence, à la vive émotion qu'il avait éprouvée devant la profusion de beauté que recélait la ville. Elle était tout aussi abasourdie, mais bien loin d'être touchée par la grâce du divin. Elle se sentait hagarde, le brouhaha moqueur persistant à ses oreilles.

Elle se retrouva déambulant sur Prinzregentenplatz, et arriva en vue des colonnes pâles et imposantes de la Maison de l'art allemand. Ne sachant à quoi s'attendre, elle y entra. Contrairement à l'exposition de l'art dégénéré, même par ce morne après-midi, la promesse de ce que les nazis appelaient le « grand art allemand » ne semblait pas attirer le public. Le plaisir illicite de la décadence agissait comme un attrait bien plus vif que n'importe quelle œuvre officiellement sanctionnée.

Loin du chaos de l'exposition précédente, elle trouva la première salle dépouillée et déserte. Le silence du vaste espace, inondé de lumière naturelle, malgré le ciel sombre, n'était troublé que par un occasionnel bruit de pas ou le murmure des spectateurs qui évoluaient parmi les socles.

La plupart des œuvres aux murs ne provoquèrent en elle aucune émotion. Elle décida de suivre une famille qui visitait la galerie, pour voir les pièces exposées à travers leur regard. Un garçon pâle, de dix ans à peine, traînait les pieds derrière ses parents, tous vêtus de leurs habits du dimanche. Quand la mère s'arrêtait pour admirer quelque chose, il se précipitait pour s'accrocher à ses jupes.

—Nous n'aurions pas dû l'emmener, reprocha-t-elle au père.

—Balivernes ! Il fallait qu'il voie ça.

Il prêtait à peine attention à sa famille. Debout devant *La Victoire*, un nu monumental d'Arno Breker, son double menton tremblotait à chacun de ses hochements de tête satisfaits, qu'il ponctuait de grognements d'admiration.

—Voilà quelque chose qu'un Juif ne ferait jamais. Ils recherchent le bestial. Chez eux, c'est une obsession. Ils sont attirés par les formes les plus viles de la vie. Mais ici, l'artiste s'est concentré sur la pureté, finit-il en montrant la sculpture.

Ils s'éloignèrent, la mère nouant ses bras autour des épaules du garçonnet.

—Ça l'a perturbé.

—C'était le but. Il faut qu'il puisse reconnaître la difformité, le sacrilège, la laideur. C'est une gangrène. Nous devons être vigilants et la bannir.

L'enfant parla pour la première fois.

—Maman, pouvons-nous partir maintenant?

Il avait une voix fluette, pleurnicharde.

—Oui, *Liebchen*. Il est fatigué, ajouta-t-elle en se tournant vers son mari.

—Oh, ils sont malins, tu peux leur accorder ça. Ils ont leurs cliques dans les universités et les musées. Ils vendent ces abominations à leurs amis, comme si nous étions trop stupides pour le voir par nous-mêmes.

Sa voix s'amplifiait, avec la vaste salle pour public.

—C'est un jeu d'enfant. Rollo peindrait mieux au *Kindergarten*.

La mère poussa un soupir et opina du chef. Ensuite, s'agenouillant devant son fils, d'une main, elle palpa sa joue puis son front.

—Il est très chaud, dit-elle d'un air préoccupé. Je pense que ça l'a vraiment perturbé.

Ils s'arrêtèrent devant un triptyque. *Les Quatre Eléments* de Ziegler. Un quatuor de femmes pulpeuses, à la peau pâle, sur un fond bleu, avec un sol en damier.

— Allez, Rollo, ressaisis-toi. Regarde ça. C'est la féminité allemande. Observe la symétrie, leur peau parfaite. Pudiques, pas comme ces harpies grotesques que nous avons vues de l'autre côté de la rue.

Il se tourna vers son fils qui se cachait dans la jupe de sa mère.

— Qu'est-ce que tu dis à ces beautés, hein ?

— Je les déteste, répondit Rollo, le visage soudain livide. Je déteste tout ça !

Il se mit à sucer son pouce. Les joues tremblant de colère, le père lui arracha le doigt de la bouche. La mère étouffa un cri et se pencha sur son fils pour lui caresser la main.

— Pour l'amour du ciel, arrête de couver cet enfant ! la rabroua son mari.

Il s'éloigna d'un pas furieux. Tout en frottant la tache rouge qui s'étalait sur la peau de l'enfant, son épouse l'entraîna derrière lui.

Bettina les suivit des yeux, puis s'assit sur le coin de la banquette de cuir. Elle se tourna vers le tableau au mur, le haut triptyque représentant les quatre femmes symbolisant les éléments : le Feu, l'Eau, la Terre et l'Air. Quatre paires de seins identiques, écartés, se dressaient sur leurs poitrines. Ziegler avait-il jamais vu une femme nue ?

Quand elle était plus jeune, elle aimait beaucoup décoder les tableaux, décrypter leurs messages secrets. Inconsciemment, elle essaya de comprendre les intentions de l'artiste. Que voulait-il dire ? Que toutes les femmes devraient être pâles et nues ? Non, cela allait bien au-delà. Elles devaient être placides, passives, soumises. Éviter de regarder l'autre dans les yeux. Leur passion devait être contenue. Elles devaient être fertiles comme la terre, pures comme l'eau. La pastorale idyllique.

Ce n'était pas mauvais, mais d'un ennui mortel. Techniquement, l'artiste était doué bien que n'ayant pas la moindre inspiration. La palette était délavée, blafarde, tellement pauvre en imagination que l'Air tenait… littéralement rien. C'était plat, insipide, il manquait le sel qui réveille la langue. Tout ce qu'elle voyait dans ce tableau, c'était ce qu'il lui manquait. Elle n'avait pas d'opinion sur le style artistique, elle estimait juste l'œuvre inutile. La simple reproduction du monde réel n'était pas la vérité en soi, ni même la meilleure manière de l'exprimer. Au bout d'un moment, elle se leva et, tête baissée, revint sur ses pas. Elle en avait vu assez. Le bruit de ses talons résonnant sur le sol, ses jambes tremblantes menaçaient de se dérober sous elle. Elle se rendit compte qu'elle n'avait pas mangé et se sentit soudain faible. La porte franchie, elle déboucha sous la colonnade balayée par le vent, qui s'étendait dans les deux directions en un délire ordonné. Elle s'arrêta entre deux monolithes blancs et inspira l'air humide.

Cette journée l'avait changée. Lui avait permis de mieux comprendre ces gens qui haïssaient tout ce qu'elle aimait, qui vilipendaient le plus grand professeur qu'elle ait jamais connu, et qui considéraient Max, un homme si doux, comme de la vermine. Ils voulaient ce qu'ils ne pouvaient pas avoir. Ils ne pouvaient supporter la réalité. Ils en avaient peur. Ils craignaient la vérité nue et laide. Ils préféraient se régaler les yeux de mièvreries. Frapper, hurler et soumettre le monde. Ils n'étaient que des enfants gâtés. « Vous ne devriez pas être ce que vous êtes, mais comme nous voulons que vous soyez. »

Elle comprit qu'ils seraient à jamais insatiables. Ce vide au centre de tout était une gueule béante, une peur de la mort et de la fragilité, si vaste qu'elle les consumerait tous.

Plusieurs jours s'écoulèrent avant que Bettina puisse s'échapper de la ferme pour retourner voir Max. Elle dut attendre qu'Albrecht aille se coucher tôt, bien aviné, après un vendredi soir passé avec ses acolytes de la Schutzstaffel. Elle passa sur la pointe des pieds à côté des vieux chiens qui ne donnaient plus l'alerte que dans leurs rêves et sortit par la porte de derrière. Le ciel nocturne était sans nuages.

Le paquet attaché au cadre de sa bicyclette, elle la poussa le long du sentier boueux, bordé d'ornières, jusqu'à la route. Il ne fallait pas que le crissement de la chaîne signale son absence aux occupants de la ferme. La nuit d'encre était glaciale, une couche de givre couvrait le sol, sa respiration formait un nuage de vapeur devant elle. En chemin, elle ne croisa pas âme qui vive. Seul un lapin, figé sur place, la regarda approcher, les yeux apeurés, et bondit quand elle le dépassa, une tache floue de fourrure grise, sa queue un éclair blanc.

Quand elle arriva à la petite maison, elle détacha son paquet et monta les marches de pierre. Les joues rougies par le froid et l'effort, elle regarda par la fenêtre. Max était endormi dans un fauteuil. Elle resta à le contempler et, du bout des doigts, effleura la vitre, comme pour graver l'instant en elle. Il se tenait droit, mais son corps était parfaitement détendu. Les manches de sa chemise, qui avait un jour été blanche, étaient relevées, son pantalon et ses bottes couverts d'une fine couche d'argile grise, et ses bretelles pendaient à sa taille. Au cours des dernières semaines, il s'était endurci et avait développé des muscles qui saillaient sous sa peau. Ses cheveux aussi avaient poussé. Ébouriffés, ils lui tombaient sur les yeux, en soyeuses boucles châtain.

Elle hésita à le réveiller, puis frappa doucement à la vitre. Il s'agita, se raidit, sur le qui-vive, le regard anxieux. Quand il la vit, derrière le carreau, il se leva d'un bond, sortit précipitamment et la serra dans ses bras. Elle pressa son visage froid contre son torse et respira son odeur. Un mélange de poudre d'argile, de pain, de sel, de cendres, aussi concrète, chaude et accueillante que la ferme quand, enfant, elle rentrait des champs.

— Comme je suis heureux de te voir, dit-il en l'embrassant sur le crâne, sa voix étouffée par ses cheveux.

Elle se plaqua plus près de lui, déchirée entre le désir de rester au creux de ses bras et celui de le voir et de lui donner ses nouvelles. Il l'étreignit étroitement puis la tint à bout de bras pour la regarder. Avec un sourire, elle attrapa l'un de ses biceps.

— Dis donc, regarde-toi ! Mon Atlas !

Il le fléchit, comme l'« homme fort » d'un spectacle de cirque.

— Ça te plaît ?

Elle éclata de rire.

— Tu me plaisais comme tu étais et tu me plais aussi maintenant. C'est pareil pour moi. Tu veux que je fasse bouillir l'eau pour le thé ?

— Je vais m'en occuper. Entre te réchauffer.

— Attends. J'ai apporté des cadeaux.

Elle ressortit précipitamment pour aller chercher le paquet enveloppé de papier brun et, triomphante, le lui tendit.

— Allez, ouvre !

Il tira son canif en os de sa poche pour couper la ficelle et le scotch, et déballer les carnets de croquis et les fournitures artistiques. Tandis que, debout devant le feu, elle réchauffait ses doigts glacés, il poussa des exclamations de joie. Chacun de ces objets était pour lui synonyme de possibilités infinies.

— Albrecht m'a donné un peu d'argent, béni soit son cœur de pierre fétide. Imagine son horreur s'il savait que je l'ai dépensé pour mon amant juif ?

Malgré son sourire, alerté par son intonation, il s'inquiéta :

— Comment cela se passe-t-il ?

— Je ne vais pas me plaindre, mon amour, répondit-elle avec un haussement d'épaules.

— Eh bien, il n'aura pas ma gratitude, mais je te remercie.

Il ouvrit le cahier et effleura les pages vierges de ses doigts.

— J'ai de grands projets pour ça. J'ai réfléchi à une idée de mur en cantilever qui permettrait d'installer une grande verrière au plafond. Cela donnerait une luminosité incomparable à la pièce principale.

— La maison de tes rêves ? dit-elle, souriante.

— La nôtre. C'est ce qui me fait tenir quand je n'en peux plus de soulever ces fardeaux.

Il posa le carnet, prit la théière et remplit deux tasses de thé noir et fort. Puis ils s'assirent à la table, le bout de leurs doigts s'effleurant, comme s'ils devaient maintenir le contact tant qu'ils le pouvaient, même d'un simple frôlement de peau. Ils commencèrent à se raconter minutieusement les journées qu'ils avaient passées séparés. Ce qu'ils avaient mangé, les détails qu'ils avaient entendus, ou lus, et qu'ils avaient retenus pour pouvoir les partager. Mais, pour l'essentiel, Bettina laissa Max s'épancher sur son travail pesant.

— Ce n'est pas que ce soit difficile. C'est la monotonie qui me tue. Tu ne peux jamais laisser tes pensées vagabonder parce que tu dois te concentrer. Au moindre dérapage, tu risques de te blesser. Et, même si ça me désole de l'admettre, je suis plus faible que les autres, et ils ne sont pas particulièrement indulgents.

Bettina lui caressa le bras.

— Mais tout n'est pas noir, la rassura-t-il. Holger, le directeur artistique, est un homme honnête et bienveillant. Un admirateur du Bauhaus, même s'il n'en parle pas. Il a promis de regarder mes croquis pour voir s'il y aurait du travail pour moi comme dessinateur. C'est mieux rémunéré que le travail d'ouvrier.

Il prit une boîte en bois sur la table et l'ouvrit.

— J'ai gardé ça pour toi. Ce sont des fragments qui n'ont pas supporté la cuisson.

La boîte contenait une collection hétéroclite de pièces de porcelaine blanche, certaines fendues, d'autres avec des détails cassés ou des membres manquants. Un joli faon aux pattes tordues, qui avaient fondu. Une bergère au visage à moitié calciné. Un bras de chérubin, produit d'une explosion de vapeur, comme une relique d'enfance en marbre qui aurait dû reposer sur un coussinet de velours. Elle prit un basset au ventre décoloré, au vernis craquelé.

— Le pauvre !

Max imita son expression affligée, ce qui la fit rire.

— Seigneur ! Mais elles sont affreusement mièvres !

— N'est-ce pas ? Elles sont d'excellente facture, aucun doute là-dessus, mais elles sont si… inutiles et insipides.

— Et elles sont toutes comme ça ?

— Oui, dans l'ensemble. Certaines sont peintes, mais la plupart sont en simple porcelaine blanche. Il y a des assiettes, des bustes, toutes sortes de figurines. Le savoir-faire est incroyable, mais les pièces dégagent quelque chose de… glacial. Comme toutes les expressions de l'art que les fascistes semblent favoriser.

Elle hocha la tête.

— À Munich, je suis allée voir l'exposition du « grand art allemand ». C'est exactement pareil. Tout est terriblement kitsch, d'une mièvrerie sans nom.

— D'une telle absurdité que ça en devient surréaliste, renchérit-il.

— C'est précisément ce que j'ai pensé.

Bettina sourit. La tension qu'elle avait ressentie en arrivant commençait à se dissiper. Renouer le lien entre eux prenait parfois un moment mais, d'une façon ou d'une autre, il se recréait toujours. Et ils se retrouvaient en parfaite osmose. Elle reprit.

— C'est drôle que tu m'aies justement apporté ces objets. Figure-toi que, depuis quelques jours, je réfléchis à un plan. Je crois savoir comment je peux t'aider à gagner de l'argent pour que nous sortions de ce pétrin avant que ça te brise.

Elle s'interrompit. Elle avait peur de formuler son idée à haute voix, qu'il la trouve bête.

— Vas-y, l'encouragea-t-il.

— J'ai décidé de devenir une « grande artiste allemande ».

Elle laissa échapper un petit rire nerveux, mais s'empressa de s'expliquer.

— Vassily m'a toujours complimentée pour mon travail figuratif. Il disait : « Tu dois peindre comme Caravage, dans le but de vraiment saisir l'abstrait. » Il a raison, bien sûr. Pour moi, c'était toujours le point de départ. Mais si j'en faisais la finalité, plutôt ?

Tout ouïe, Max se cala contre le dossier de sa chaise.

— Le régime veut de l'art beau et banal, poursuivit-elle. Eh bien, j'en suis capable. En fait, je sais que je peux faire plus. Je peux sûrement faire mieux que ces charlatans qui remplissent les murs de la Maison de l'art de leurs toiles stériles. Je peux peindre des héros grandioses et de jolis chiots. Des paysages, des marines… Je pourrais littéralement le faire les yeux fermés !

— Un braconnier devenu garde-chasse, tu veux dire ?

— Exactement ! Ou peut-être un loup expressionniste déguisé en agneau figuratif.

— Mais dans quel but ?

— Pour vendre, bien sûr. Je ne peux même pas *donner* mes travaux abstraits. Personne n'en voudrait. En revanche, je suis sûre qu'il y a un marché pour le réalisme romantique. Je connais encore des gens dans le milieu de l'art, à Munich. Mes anciens professeurs pourront peut-être m'aider. Je peux me réinventer, ajouta-t-elle, les yeux brillants. Je me suis sentie tellement impuissante en te regardant te sacrifier. Mais si, moi aussi, je pouvais vendre quelques œuvres, imagine le temps précieux que nous pourrions gagner. Avec de la chance, nous pourrions nous payer la traversée pour les États-Unis dans un mois ou deux. Réfléchis !

Max frappa la table de la main et éclata de rire.

— C'est une idée de génie ! Je dirais même subversive.

— N'est-ce pas ? Je pense que Vassily approuverait.

— J'adore. Mais pourras-tu supporter de peindre comme ça ?

— Bien sûr. Et je me sentirai mieux si je peux faire ma part.

Elle agrippa sa main, ses yeux gris scintillant dans la lumière tamisée.

— Alors, qu'est-ce que tu en penses… Tu vas de nouveau être ma muse ?

— Toujours. Avec grand plaisir, répondit-il en riant.

Il remarqua alors son regard plein d'espoir.

— Quoi ? Tout de suite ?

— Pourquoi pas ?

Débordant d'énergie, elle installa sa toile et l'aida à se déshabiller puis le plaça, torse nu, devant elle.

— Imagine que tu observes la mer, que tu es sur le point d'affronter une tempête.

Sans attendre, elle se mit à esquisser sa silhouette avec une fougue qu'elle n'avait pas ressentie depuis des mois. Avec ses membres souples, ses traits anguleux, il était toujours son modèle préféré. À mesure qu'elle dessinait, les slogans gribouillés sur les murs de la galerie lui revenaient, spontanément. La voilà l'incarnation de la « race juive » qui, pour eux, était moins que rien et qui, pour elle, était tout.

Elle travaillait rapidement et se rendit compte qu'elle ne pouvait pas renoncer à sa nature. Que son école restait l'expressionisme. Capturer son essence, ses faiblesses, les imperfections qui, à ses yeux, rehaussaient sa beauté. Une dernière fois, elle allait se l'autoriser. La toile serait l'inverse de son approche habituelle. D'abord expressionniste puis figurative. L'homme avant le mythe.

Les heures défilaient. Elle travaillait avec ardeur. Finalement, avant l'aube, elle examina son œuvre : l'homme qu'elle aimait, beau, admirable, réel et imaginé.

Toujours plongée dans son état méditatif, elle le sentit approcher et lui enlacer la taille d'un bras. Comme un fusain sur une toile, elle fit courir ses doigts le long de son dos, ne lui laissant rien ignorer de ses intentions. De son pouce, elle effleura les muscles désormais durs de ses épaules, et un frisson les traversa, comme une décharge électrique. Ils trébuchèrent jusqu'au lit où ils s'écroulèrent ensemble, à la hâte, à moitié dévêtus. Leurs bouches se scellèrent et, la peau luisant d'un voile de sueur, les doigts soudés, ils se fondirent dans le brasier d'une telle passion qu'elle aurait dû les dévorer entièrement.

Puis, un long moment, ils restèrent allongés sur les draps, laissant leur peau refroidir. Bettina avait la nuque et les épaules douloureuses, mais elle savait qu'elle devait se rhabiller. Et, avant le lever du soleil, regagner la ferme où l'attendrait un Albrecht grincheux, qui aurait sans nul doute la gueule de bois. Elle regarda sa toile qui séchait. La perspective de peindre par-dessus son œuvre lui était insupportable. Pourtant, aussi difficile que ce soit, elle le ferait. Pour Max, elle était prête à tout sacrifier, même son art.

Chapitre 9

Londres
Septembre 1993

Quand la sonnette retentit, l'après-midi tirait à sa fin. Lotte était là. Le soleil descendait lentement derrière les bâtiments. Les derniers rayons qui illuminaient les fenêtres du salon baignaient la pièce d'une lumière dorée. Dans le couloir, Clara se hâta vers la porte. Si elle avait été invitée par sa mère pour le week-end, elle serait arrivée à la première heure, le matin. D'un autre côté, elle n'avait quasiment rien d'autre dans sa vie. La vérité était brutale, pourtant elle la fit rire.

Elle actionna l'interphone et écouta sa fille unique monter lentement, avançant la tête pour la voir déboucher au coin du couloir. Elle apparut, son casque autour du cou, un sac à dos en bandoulière. Ses longs cheveux bruns tombaient en cascade sur ses épaules, et sa silhouette menue flottait dans un grand polo noir sur lequel elle avait noué un châle.

— Bonjour, maman.

Clara la prit dans ses bras, comme si elle était toujours beaucoup plus petite qu'elle. Pourtant, aujourd'hui, sa fille était de loin la plus grande des deux. Ignorant ses légères tapes impatientes, elle la serra fort. Finalement, Lotte s'arracha à son étreinte avec un soupir.

— Ça suffit ! lança-t-elle en souriant.

— Tu m'as manqué, *Bärchen*.

— Toi aussi, tu m'as manqué.

Elle délesta son épaule de son sac à dos qu'elle laissa tomber lourdement à terre.

—Aurais-tu, par hasard, apporté ta lessive à faire ?

Lotte fronça les sourcils.

—Je sais me débrouiller toute seule, quand même.

Clara lui lança un regard sceptique.

—D'accord, d'accord, pas pour tout, concéda sa fille avec un sourire contrit.

—On va la mettre en route maintenant pour qu'elle ait le temps de sécher, suggéra sa mère.

Elle se dirigea vers la cuisine et se retourna brièvement.

—Café ?

—Oui, merci.

Clara regarda sa fille se pencher pour soulever le sac pesant. Elle avait une grâce de ballerine, même si elle n'avait jamais dansé. *Une telle élégance, et pourtant, elle a à peine conscience de son corps. Cette fille est une intellectuelle manuelle.*

Elle entra dans la cuisine et remplit la bouilloire. Lotte, qui l'avait suivie, se mit à genoux et vida son sac.

—Alors, raconte, comment vas-tu ? demanda Clara.

—Bien. Occupée. Ça a été un peu la course. Je travaille toujours sur mon book. J'ai décidé de mon projet final.

—Allons, parle-moi de ce projet. Ne fais pas durer le suspense.

—Ce sera une suite à l'un des tableaux d'Oma.

Clara la regarda, surprise, puis la reprit dans ses bras.

—Oh, chérie ! C'est fabuleux. Ta grand-mère serait tellement heureuse.

—Elle a toujours été ma source d'inspiration. Sans elle, je ne ferais même pas d'études d'art. Nous en parlions tout le temps. Mais, comme elle ne m'a jamais raconté grand-chose de son propre parcours, j'ai décidé de m'inspirer de son travail pour mon œuvre finale.

—Qu'envisages-tu ? Un tableau ?

— Peut-être. Je pense que le support se présentera de lui-même. Je dois garder l'esprit ouvert.

— En tout cas, tu peux regarder dans tout ce qu'elle a laissé. Même s'il n'y a pas grand-chose. Elle a presque tout abandonné en quittant l'Allemagne.

Clara servit le café. Tout en sirotant le sien, Lotte survola les lieux du regard, comme pour réévaluer cette pièce qu'elle avait toujours connue.

— J'aime bien les nouveaux placards.

— Oh, merci, ma puce. J'en suis contente.

Quelques mois seulement après la mort de Bettina, quand le père de Lotte avait demandé le divorce, Clara avait voulu fuir la maison familiale. Hébétée par la douleur de ces deux épreuves successives, elle avait trouvé refuge dans l'appartement vide de sa mère et s'était aperçue que l'endroit sécurisant lui était si familier qu'elle s'y plaisait. Plutôt que de le vendre, elle s'y était installée.

— Je pense qu'ensuite je vais redécorer le salon. Étrangement, rénover l'appartement me fait l'effet d'une thérapie. Comme si cela me permettait de dire adieu à Oma, à mon rythme.

Elle sortit une planche à découper et un grand couteau.

— J'avais l'intention de faire un stroganoff, si ça te convient.

Lotte plissa les yeux.

— Un stroganoff de champignons, alors ? Je suis végétarienne maintenant, tu t'en souviens ?

— Bien sûr.

Mères et filles. Les vieux différends n'étaient jamais totalement enterrés. Lotte tira du fond de son sac à dos un carnet de croquis et un crayon noir à mine fine. Ces dernières années, c'était devenu leur routine : pendant que Clara cuisinait, sa fille dessinait.

— Tu permets que je mette un peu de musique ?

— Avec plaisir.

Elle prit un porte-CD dans son sac à dos et sortit de la cuisine.

— Mais rien de trop déprimant, hein ? lui lança Clara.

Quelques instants plus tard, un riff de percussions résonna dans l'appartement. Il monta, en rythme, alors qu'une voix pure et passionnée le couvrait. Lotte revint et se jucha sur un haut tabouret devant l'îlot central couvert de marbre. Elle ouvrit son carnet et ajouta des détails méticuleux à une esquisse à l'encre d'un bouleau argenté.

— Qu'est-ce que tu as choisi ? J'aime assez. C'est moins morose que d'habitude.

Ignorant la provocation, Lotte lui tendit la boîte.

— Talk Talk. *The Colour of Spring*. C'est assez vieux.

— Pas selon mes critères.

Clara regarda la pochette : une composition alambiquée de papillons et de mites, chacun semblant empreint d'un symbolisme et d'une signification cachée.

— Oma aurait apprécié l'illustration.

Lotte fronça le nez.

— Bien trop propre à son goût. Elle aimait ce qui était brouillon. Mais moi, j'adore !

Avec des gestes rapides, méthodiques, Clara coupa l'oignon en petits morceaux égaux. À l'âge de Lotte, elle avait décidé de devenir cuisinière professionnelle. Cela avait été sa manière de se définir par opposition à sa mère, qui avait toujours évité de s'adonner à une activité aussi prosaïque que la cuisine.

— C'est justement d'Oma que je voulais te parler, déclara-t-elle à brûle-pourpoint.

Elle ne savait pas vraiment par où commencer. Elle observa la réaction de sa fille. Lotte gardait la tête baissée sur son cahier.

— Je pense que je me rapproche peu à peu de la vérité sur l'identité de mon vrai père.

Lotte leva les yeux. Pour elle, le scandale familial était l'une des rares choses qu'elle trouvait plus captivantes que son carnet de croquis.

— C'est pour ça que tu étais à Los Angeles ?

— Oui. Par des chemins quelque peu détournés.

— D'accord. Raconte-moi tout.

Lotte avait joué un rôle dans la quête de Clara. Sa fille avait été la première à l'encourager. Après la mort de Bettina et le divorce, elle avait sombré dans la dépression. Suivant un schéma qui existait depuis l'enfance, sa fille avait alors cherché à distraire son esprit par tous les moyens. Lotte la protectrice, la médiatrice, adorée tout autant par Clara que par son Oma Betti.

Sans cesser de s'activer, Clara commença à lui décrire son odyssée américaine, du moment où elle avait lancé une enchère pour le bibelot de porcelaine jusqu'à celui où elle avait trouvé la photo de Bettina. Qu'elle tendit à sa fille. Absolument fascinée, Lotte la retourna pour lire l'inscription au dos, puis en examina les détails.

— Elle était tellement élégante, finit-elle par dire en levant les yeux. Et ensuite ?

Avec un haussement d'épaules, Clara répondit :

— Je ne sais vraiment pas. Levi m'a suggéré d'aller à Dachau si je veux en savoir plus. Mais je ne suis pas sûre de le souhaiter. Si je découvre quelque chose sur Oma et que je n'arrive pas à l'accepter ? Il est peut-être préférable de laisser le passé reposer en paix.

— Je comprends.

— Je pense que nous méritons un verre de vin, poursuivit-elle en sortant une bouteille de riesling du casier sous le comptoir. Pour fêter ta visite !

Elle prit deux verres dans le placard.

— J'espère que tu te rends compte que, chaque fois que tu parles d'Oma, tu débouches une bouteille ? la rabroua gentiment Lotte.

Clara se mit à rire. Sa fille, si sérieuse, décelait toujours une manifestation du subconscient dans les actions des autres.

— Merci, chérie. C'est noté.

Elle leur servit un verre à chacune.

— Tu sais, je crois qu'il y a une raison pour laquelle nous avons toutes les deux éprouvé ce désir de fouiller le passé, reprit-elle alors.

J'aimais beaucoup ton Oma, mais je ne pense pas l'avoir jamais vraiment connue. Elle était une énigme. Elle a passé des heures à t'aider dans ton art. Et pourtant, dans mon enfance, je n'ai aucun souvenir d'elle avec un pinceau à la main.

Machinalement, comme d'autres se rongent les ongles ou tripotent leurs cheveux, Lotte était retournée à ses dessins. Avec sa diplomatie coutumière, elle répondit calmement :

— Oma ne m'a jamais appris à peindre. Elle me parlait, c'est tout. Elle restait assise et me regardait. Je n'avais pas du tout l'impression qu'elle me surveillait, plutôt qu'elle me tenait compagnie. Elle m'enseignait ses techniques, mais jamais elle ne m'a pris le pinceau des mains ni ne m'a montré comment faire. Elle se contentait de me décrire ses méthodes pour que je puisse les visualiser. J'ai progressé beaucoup plus de cette manière.

— Même si cela m'attriste de ne jamais avoir eu cette relation avec elle, je ne l'aurais remplacée par personne d'autre, murmura Clara.

Sur une note plus légère, elle demanda :

— Tu te rappelles ce qu'elle disait quand tu lui demandais comment elle avait appris à peindre aussi bien ?

Ensemble, elles entonnèrent :

— « Mes mains font toujours ce que je leur ai ordonné de faire. »

Lotte se mit à rire.

— Je peux encore l'entendre. « Aie confiance en toi, Lotte. Sache que la ligne que tu traces ira où tu le voudras. Crois en toi, et ça suivra. » Sérieusement, on aurait dit Yoda.

Clara leva son verre.

— À Oma !

Lotte l'imita.

— À Oma, l'énigme.

Après le dîner, Clara se servit un autre grand verre de vin. Elle avait néanmoins remarqué que sa fille avait à peine touché au premier.

Lotte l'aida à débarrasser le plan de travail et à remplir le lave-vaisselle. Puis elles gagnèrent la pièce que Bettina avait appelée « le *Salon** ».

— Pour une fille de fermiers, ta grand-mère était bien maniérée, fit remarquer Clara.

Elles s'installèrent dans les deux fauteuils jumeaux et écoutèrent de nouveau des morceaux choisis par Lotte. Clara aimait ces ouvertures sur les goûts de sa fille. Lotte débordait d'une énergie juvénile et aimait partager ses dernières découvertes culturelles, y compris son récent désir d'explorer les peintres figuratifs.

— Il est temps de réévaluer l'art qui représente quelque chose, tu ne penses pas ? Aucune forme d'art ne devrait être considérée intrinsèquement fasciste. L'intention de l'artiste devrait toujours être prise en compte.

Nos rôles s'inversent progressivement, songea Clara. À peine dix années auparavant, elle avait été la professeure, l'organisatrice, et Lotte ne s'était jamais sentie entièrement en sécurité si elle n'était pas auprès d'elle. Maintenant, c'était à son tour. *Je régresse. Bientôt, je serai complètement infantilisée.*

Elle revit les derniers jours de sa mère puis repoussa ce souvenir. Elle était bien déterminée à avoir une relation différente avec Lotte. Elles étaient plus comme des ondes acoustiques : elles interagissaient, souvent en harmonie, mais forcément parfois discordantes, chacune suivant sa propre trajectoire.

Lotte se leva et s'avança vers le large manteau de cheminée en marbre. Elle examina le grand tableau qui le surmontait. D'un bleu noir soutenu, il était éclaboussé d'éclats rose bonbon, rouge vif et jaunes qui semblaient flotter à la surface.

— Quel est le nom de celui-là, déjà ?

Avec un froncement de sourcils, Clara le regarda, cherchant une réponse qu'elle avait toujours connue.

---

* Les mots et phrases en italique suivis d'un astérisque sont en français dans le texte. (*NdT*)

— Hum… je crois qu'il s'appelle *Mulde Flood, 1931*. Pour la plupart, ce sont des endroits et des dates de cette période. Ce sont les œuvres qu'elle a réalisées plus tard dans sa vie qui ont toutes eu des noms grandioses.

Lotte l'examina quelques minutes.

— Je trouve assez incroyable qu'elle ait eu un tel talent pour, finalement, s'arrêter brutalement. Je pense que je me serais sentie obligée de continuer si j'avais su peindre comme elle. Même si c'était seulement pour moi.

Clara, qui se sentait agréablement détendue, se mit à songer à sa mère avec une sérénité bien éloignée de ce qu'elle s'autorisait habituellement.

— C'était une force de la nature. Il n'y avait pas grand monde qui pouvait lui résister. Quand elle décidait quelque chose, rien ne pouvait l'en dissuader.

Elle regarda sa fille unique.

— Tu as cette même force de caractère, mais elle ne semble pas te fragiliser. Au contraire, on dirait qu'elle te donne du courage.

Lotte renifla.

— Tu me fais trop d'honneur.

Elle contempla de nouveau le tableau et ajouta plus doucement :

— Et peut-être pas assez à elle.

— Ta naissance a été la première chose, peut-être même la seule, qui l'a rendue vraiment heureuse.

Lotte s'approcha et l'embrassa sur le sommet du crâne, avant de regagner son fauteuil. Elle replia ses jambes sous elle, sous l'épaisseur de son large polo noir. Les yeux de nouveau rivés sur le tableau, Clara déclara :

— J'ai rêvé d'elle l'autre nuit. Est-ce que je t'ai déjà raconté toute l'histoire, comment j'ai découvert qu'elle n'avait jamais voulu me parler de mon vrai père, pour commencer ?

Lotte secoua la tête.

— Je ne pense pas qu'elle voulait que je le sache. C'était comme si elle l'avait laissé échapper par accident. Je l'ai poussée dans ses retranchements, à l'époque, mais elle a toujours nié, catégoriquement.

Elle prit le vin, se leva pour remplir leurs verres et finit la bouteille.

— Ce n'est qu'après sa mort, en triant de vieilles lettres, que j'en ai trouvé une qu'elle avait gardée de son mari, Karl. J'avais toujours cru qu'il était mon père. Il l'avait écrite peu de temps avant son suicide. J'avais deux ans, peut-être trois. Ce n'était pas une lettre d'adieu, mais il s'apitoyait sur son sort, se justifiait égoïstement. Il disait qu'il était désolé de ce qu'il avait fait. Qu'il aurait voulu que les choses soient différentes. Que la plus grande douleur de sa vie avait été de découvrir que je n'étais pas son enfant.

Elle sentit sa gorge se serrer et but une nouvelle gorgée.

— C'était la confirmation de tout ce qu'elle avait toujours nié avec la plus grande vigueur.

Des larmes de compassion brillaient dans les yeux de Lotte. Clara se rendit compte qu'elle aussi avait les yeux humides. Elle renifla et se redressa.

— Une chose que j'ai apprise en vieillissant, c'est que chaque existence comporte un secret bien enfoui. Nous avons tous nos secrets. Nous regardons autour de nous et imaginons que les autres sont heureux, dans l'intimité de leur vie privée. Qu'ils n'ont pas connu les mêmes épreuves que nous. Mais c'est faux. C'est pareil pour eux. Pour tout le monde.

Elle essuya une larme solitaire qui roulait sur sa joue.

— Je ne voulais pas te cacher tout cela. J'ai eu ma dose de secrets dans la vie. Je n'en veux plus.

Avec un profond soupir, elle ajouta :

— Le fait que ce soit arrivé au moment même où j'ai découvert la vérité sur ton propre père n'a pas facilité les choses.

Une ombre passa sur le visage de sa fille. Clara sentit qu'elle frôlait une limite fixée depuis longtemps. Elle savait qu'elle aurait dû faire machine arrière. Mais elle voulait que Lotte la comprenne.

— Tout le temps que nous avons passé ensemble, en famille, ton père nous a caché quelque chose. À toi et à moi.

Se contrôlant, laconique, Lotte répondit lentement, mesurant ses paroles pour minimiser leur impact.

— Mais tu ne peux pas lui en vouloir. À l'époque, les choses étaient très différentes de ce qu'elles sont aujourd'hui.

L'espace d'une seconde, une flèche de la passion fougueuse de Bettina traversa Clara, et elle répliqua avec ferveur :

— Si. Je peux lui en vouloir. Et je lui en veux. Je sais que c'était difficile pour lui aussi. Mais ton père et moi avons passé vingt-quatre ans ensemble et, en un sens, chacune de ces années a été un mensonge.

Quand on la provoquait, Lotte se réfugiait dans le silence. Elle se déplaça sur son siège et se détourna légèrement. Clara savait qu'il eût mieux valu la laisser tranquille mais, néanmoins, elle essaya encore de la faire réagir.

— Tu l'as vu récemment ?

Lotte esquissa un sourire crispé qui n'éclaira pas son regard.

— Oui. En fait, je suis allée chez lui il y a une quinzaine de jours. Il m'a présenté Freddy, et ils m'ont emmenée à Brighton. Il a l'air vraiment sympa.

Son petit ourson pouvait griffer quand il était acculé.

— Lotte…

— Je vais me coucher maintenant, maman.

Elle se leva et ramassa les deux verres, coupant court à la conversation.

Le lendemain matin commença sous les meilleurs auspices. Les tout derniers jours de l'été. Dans la buanderie aux fenêtres couvertes de buée, Clara s'affaira frénétiquement à laver et sécher la lessive de sa fille, dans un effort pour se racheter après leur dispute de la veille. Au moins, elle pourrait être pardonnée si elle la renvoyait chez elle avec des vêtements propres.

Douchée, ses longs cheveux mouillés lui retombant dans le dos, Lotte leur préparait des pancakes dans la cuisine, en écoutant Nico & The Velvet Underground. Clara baissa discrètement le volume. Elle était devenue de plus en plus soucieuse de ses voisins ces dernières années. *Je deviens comme ma mère*, se dit-elle. *À l'aide !*

Après les pancakes et le café, elle suggéra qu'elles aillent se balader puis déjeuner au *Pen Ponds Café*, à Richmond.

— C'est à une demi-heure de voiture à peine, et ce serait bien de faire une vraie balade. Profiter au maximum de cette belle journée. Ensuite, je pourrais te déposer chez toi. Je ne me souviens même pas de la dernière fois où nous y sommes allées ensemble.

— Il y a cinq ans. Pour Pâques. Nous étions avec Oma et papa.

Lotte était la mémoire de la famille. Sa façon de tout observer en silence faisait d'elle la plus apte à rassembler et préserver les souvenirs communs. Il n'était pas rare qu'elle réprimande ses parents pour avoir oublié des éléments essentiels des traditions familiales.

La moitié du monde encore endormie, la petite Saab de Clara traversa Putney Bridge à vive allure. À mesure qu'elles approchaient de Richmond, les maisons devenaient plus imposantes. Quand Clara annonça qu'elle envisageait d'y déménager un jour, pour sa retraite, Lotte éclata de rire. Comme si sa mère allait renoncer à sa vie en « zone 2 ».

Elle se gara sur Spankers Hill et survola les lieux du regard. Ils étaient truffés de souvenirs visuels de sa vie entière, entassés comme des couches de sédiments prêtes à être fouillées. Les étés de son enfance avec Oma. Le premier goût de liberté de l'adolescence. Les promenades d'hiver à l'âge adulte. La première fois qu'elle avait amené Martin, le père de Lotte, au bord de l'étang, était un souvenir indélébile. En cette nuit de fin juillet 1969, Londres était écrasée par une chaleur moite. Néanmoins, ils étaient restés assis sur le lit de son studio pendant des heures, concentrés sur la petite télévision en noir et blanc posée sur la table en Formica. Tout comme la planète entière, ils avaient retenu leur souffle, témoins des premiers pas des astronautes d'Apollo 11 aux extrêmes confins de l'univers.

Une fois la retransmission finie, ils avaient ressenti un besoin impérieux de fuir la ville et d'aller contempler le ciel nocturne.

Martin avait une moto sur laquelle elle avait toujours refusé de monter. Mais, ce soir-là, tout paraissait possible. Elle s'était donc installée derrière lui, et ils avaient foncé à travers les rues obscures, sa fine jupe de coton gonflée par le vent tiède, voletant sur ses jambes. Ni lui ni elle ne portait de casque, ce dont, des décennies plus tard, elle s'étonnait. Ses cheveux flottaient dans le vent derrière elle, comme des algues dans des courants rapides. Elle avait noué ses cuisses autour des hanches de Martin, enlacé son torse de ses bras, et ils avaient traversé le parc, des éclats de lumière scintillant sur l'étang, entre les arbres. Ce devait être la sensation que voler procurait, avait-elle songé, imaginant leur trajectoire. Une traînée lumineuse à travers le ciel bleu velouté.

Quand ils étaient arrivés au bord de l'eau et s'étaient garés, ils avaient constaté que des dizaines de personnes avaient eu la même idée. Tous partageaient la même excitation, et les questions fusaient, fébriles : « Vous avez regardé ? », « N'était-ce pas incroyable ? », « Dire qu'ils sont là-haut maintenant… »

Cherchant la solitude, ils s'étaient éloignés vers le rivage où ils s'étaient allongés pour regarder la voûte étoilée, leurs doigts entrelacés. Elle avait alors eu l'impression de franchir un seuil invisible vers l'âge adulte. Pendant les quelques mois qu'ils avaient passés ensemble, Martin s'était révélé très différent de ses ex-petits amis : il était si galant, si attentionné, que même Bettina était tombée sous son charme. À cet instant, elle avait décidé que lorsqu'ils rentreraient, elle allait mettre un terme à leurs chastes hésitations et enfin s'offrir à lui.

Avant l'aube, une brume fraîche était tombée et, agrippés l'un à l'autre, grisés, ils avaient couru vers la moto en riant. Martin avait enfourché sa selle d'une jambe et avait attendu qu'elle s'installe derrière lui. Les bras autour de sa taille, elle avait pressé sa tête contre son dos. C'est alors que les premiers rayons dorés du soleil transperçant la brume, caressant les fougères, avaient révélé la silhouette d'un cerf, à quelques mètres d'eux. Il avait levé sa tête imposante, deux filets blancs s'échappant en volutes de ses naseaux. Elle avait voulu alerter Martin, partager ce moment avec lui. Mais, paralysée, elle n'avait pu que regarder le noble animal jusqu'à ce que le moteur démarre. Le cerf avait fait demi-tour et s'était mis à courir, ses lourds sabots résonnant sur le sol sec.

Nous sommes si désinvoltes dans nos instants de bonheur, avait-elle songé. *Nous avons la certitude que de tels moments se répéteront, tout au long de notre vie. Nous ne mesurons pas à quel point ils nous seront précieux. Qu'ils peuvent rester gravés dans nos souvenirs pendant des années.*

Plus tard, quand elle était rentrée dans son petit studio meublé d'un lit simple, elle avait tiré les rideaux devant le soleil levant et s'était allongée avec lui. Elle se demandait aujourd'hui si, même ce jour-là, il avait imaginé un homme à sa place… Et, si c'était le cas, était-ce quelqu'un en particulier, ou juste un concept abstrait qui habitait son esprit alors qu'il prenait possession de son corps ?

Elle sentit les larmes lui picoter les paupières. Elle savait qu'elle était de nouveau sur le point d'être aspirée par cette spirale infernale, par cette question qui tournait en boucle dans son cerveau, comme une obsession dont elle ne parvenait pas à se détacher. Si c'était la première fois qu'elle se la posait en se remémorant le souvenir de ce matin-là, elle y avait pensé bien souvent ces dernières années. La douleur avait encore le pouvoir de l'aveugler. Elle s'exhorta donc à la refouler et descendit de voiture. Elle ne voulait pas écraser Lotte du poids de son sentiment de trahison, même si, encore aujourd'hui, il restait tout aussi violent.

Quand elles s'engagèrent sur le sentier qui, autour de l'étang, sinuait entre les arbres, le soleil était presque au zénith. Elle passa son bras sous celui de sa fille et le lui caressa en marchant. La surface de l'eau, lisse comme du verre poli, était calme.

— Oma a toujours adoré cet endroit. J'avais pensé que j'aurais une chance de l'y ramener, mais elle ne voulait plus tellement se déplacer, à la fin. C'est vraiment dommage qu'il n'existe pas un moyen de savoir que c'est la dernière fois que l'on fait quelque chose, afin de pouvoir savourer le moment. Je ne me souviens pas de la dernière fois que je t'ai soulevée dans mes bras pour te porter. J'avais tellement hâte que tu marches seule. Mais, maintenant, je donnerais cher pour que tu redeviennes petite et tout recommencer.

Lotte sourit.

— Tu es tellement sentimentale. Tu le sais, j'espère ?

— Je sais.

Elle posa sa tête sur l'épaule de sa fille qui ajouta, avec un sourire :

— Elle aurait adoré un petit pique-nique. Une *Sachertorte* et une thermos de chocolat chaud.

Elles continuèrent à avancer dans un silence méditatif, peuplé de souvenirs des derniers jours de Bettina. Lotte finit par le briser, et déclara :

— J'ai réfléchi à ce que tu as dit, hier soir. Que tu avais peur de ce que tu pourrais découvrir si tu poursuivais ton enquête. Mais, à l'inverse, tu ne crois pas que cela pourrait aussi t'aider à mieux la connaître ?

Clara regarda sa fille, complètement déconcertée. Depuis quand avait-elle acquis une telle maturité ? Elle était bien plus mûre qu'elle-même l'avait été à son âge. *Ce n'est plus une enfant. Elle est réellement adulte, désormais.*

— Je sais que ça peut paraître angoissant, reprit Lotte. Mais je peux t'assister. Nous avons chacune nos raisons d'essayer de la comprendre. Nous pourrions unir nos efforts.

Clara lui pressa la main.

— Tu as raison. Je veux découvrir qui était mon père mais, en vérité, ma mère est un aussi grand mystère.

Une hirondelle solitaire filait au-dessus du lac, les ailes déployées, se détachant sur le bleu étincelant du ciel. Elles s'arrêtèrent pour la regarder monter comme une flèche dans l'air immobile, puis plonger jusqu'à frôler l'eau. *Un jour, ce sera la dernière fois que nous viendrons ici ensemble*, songea Clara. Elle frissonna sous le tiède soleil de septembre et agrippa le bras de sa fille.

Chapitre 10

Allach
Hiver 1937

Depuis une semaine, la neige qui était tombée sans discontinuer sur Allach avait recouvert le sol d'un manteau immaculé. Dans ce paysage aux contours adoucis, les sons étaient étouffés. Ce monde feutré semblait exacerber les sens : bien que d'un gris pâle, le ciel était éblouissant, le crissement des pas dans l'épaisse couche poudreuse semblait assourdissant.

L'espace de quelques heures, la manufacture même avait ressemblé à une immense lanterne en porcelaine, dont les fenêtres laissaient filtrer une chaude lumière. Mais, quand ils avaient alimenté les fours, la suie s'échappant des cheminées avait transformé la neige en une masse granuleuse grise, presque noire. La pluie avait réchauffé l'air, et le revêtement d'un blanc de cygne qui recouvrait le toit avait fondu. La boue déformait les rues et les trottoirs, les imbibant d'une neige visqueuse qui vous trempait jusqu'aux os et vous glaçait le cœur.

Tous les matins, le travail de Max consistait à déblayer la cour principale. Il était aidé par trois jeunes garçons de la ville qui avaient commencé à travailler à l'usine la semaine précédente. C'était une tâche tellement sisyphéenne que, peu à peu, ils avaient érigé devant la clôture de l'usine un mur imposant de neige sale, qui menaçait de glisser et de les ensevelir comme une coulée de boue.

Au départ, Max avait eu de la peine à tenir leur rythme mais, au fil des semaines, son corps s'était adapté et, lentement, il s'était découvert une force qu'il ne soupçonnait pas. Le pire était le froid. L'effort physique de creuser les faisait transpirer mais, s'ils arrêtaient, ils ne tardaient pas à perdre toute sensation dans leurs pieds et leurs doigts. Les hommes mettaient leurs mains sous leurs aisselles pour les réchauffer. Ils fumaient, plaisantaient, se bousculaient. Néanmoins, avec Max, ils gardaient leurs distances, sa voix douce et son accent viennois le distinguant comme un étranger.

C'est pourquoi Max fut reconnaissant à Holger quand ce dernier lui demanda d'aider à préparer la prochaine expédition. Les plaques commémoratives d'une grosse commande devaient être emballées avec de la paille dans des caisses en bois. Mécontents en apprenant cette décision, les autres hommes se montrèrent particulièrement hargneux. Le plus jeune, un type grossier et colérique du nom d'Uwe, s'était plaint au contremaître en disant que Max n'avait pas fait sa part. Indifférent, leur supérieur avait haussé les épaules et lui avait ordonné de reprendre le travail.

Max était soulagé de passer un peu de temps au sec, dans la salle d'emballage. Le vieil homme qui y travaillait lui expliqua qu'il avait demandé de l'aide et que Holger lui avait répondu qu'un architecte serait sans doute doué pour optimiser au mieux l'espace. Ce en quoi il ne s'était pas trompé. Max avait apprécié ce défi… et la chaleur. Le troisième jour, le directeur artistique était passé en personne.

— Comment vous adaptez-vous ? avait-il demandé.

— Très bien, merci.

Avec sa distinction habituelle, Holger s'était appuyé contre le chambranle et avait essuyé ses lunettes.

— Eh bien, ne vous habituez pas trop. Je crois bien que, finalement, nous allons avoir besoin de vos compétences en dessin technique. Nous sommes un peu à court d'effectifs dans ce domaine. Pensez-vous pouvoir y arriver ?

Avec un sourire rayonnant de plaisir, Max avait acquiescé :

—Oui.

Et c'est ainsi qu'il s'était retrouvé devant une table à dessin, à mesurer et à reproduire les détails et les dimensions exactes du travail du sculpteur. Holger faisait de fréquentes visites dans la salle pour superviser toutes les étapes du processus. Souvent, il s'arrêtait devant son bureau pour bavarder avec lui, lui poser des questions sur sa vie à Vienne et ses expériences du Bauhaus. Il sembla fasciné quand il apprit que Max avait été formé à tant de disciplines différentes.

—J'adore l'idée de laisser la créativité de quelqu'un s'exprimer librement. Dans la musique, la sculpture, l'architecture, toutes les formes d'expression artistique. Ne pensez-vous pas que l'on obtient les meilleurs résultats si l'on aborde chacune de ces disciplines avec une innocence d'enfant ?

Bien qu'il ait dédié sa vie à la porcelaine, le plus grand amour de Holger était l'opéra. Il pouvait en débattre pendant des heures. Il paraissait ravi d'avoir trouvé un autre esthète en la personne de Max.

—Venez dans mon bureau tout à l'heure, si vous voulez. J'ai un enregistrement remarquable de Toscanini au festival de Salzbourg.

Une fois son travail terminé, Max avait frappé prudemment à la porte du directeur qui l'avait accueilli avec chaleur. Ils avaient passé une heure à écouter Mozart. À l'extérieur, le crépuscule tombait. Le menton appuyé sur ses mains jointes, Holger avait les yeux qui brillaient. Dans la pièce aux murs lambrissés, Max avait l'impression d'avoir enfin trouvé un havre de paix.

—Quand j'écoute Mozart, Vienne me manque, confessa-t-il. Pourtant, quand j'étais jeune, je voulais désespérément m'en échapper.

—Nous passons tous par là, répondit le directeur avec un sourire. Une ou deux décennies plus tard, tout semble différent.

Max découvrit que Holger, derrière une façade de digne respectabilité, avait un très grand sens de l'humour, mais peu d'amis dans cette petite ville. Il était discrètement réfractaire aux changements autour de lui, et vouait une fervente admiration à l'expressionisme et à l'expérimentation.

— Je ne comprends pas cette peur de l'innovation. Qu'est-ce qui pourrait être plus allemand ?

Au fil des semaines, ils prirent l'habitude de rester à l'usine en début de soirée. Pendant que la nuit tombait, ils bavardaient ou jouaient aux échecs. Assis ensemble, ils écoutaient des disques d'opéra sur le gramophone, Holger fumant, Max buvant une tisane chaude et sucrée. Puis il regagnait sa maison de location, courbatu, fatigué de sa journée, les étoiles scintillant dans le ciel noir d'encre comme seules guides pour éclairer son chemin.

Aussi souvent qu'elle le pouvait, Bettina le rejoignait et massait ses épaules ankylosées par sa constante position penchée sur la table à dessin. Ils comptaient leurs économies qui grossissaient peu à peu, essayaient de planifier leur départ pour n'importe où, pourvu qu'ils puissent partir. Elle espérait pouvoir bientôt apporter sa contribution à la somme qu'ils amassaient.

— J'ai presque fini *Le Viking* et je dois dire qu'il a fière allure. J'ai commencé des toiles plus petites. Des croquis de la vie à la ferme. L'oie dans la cour, les champs en hiver, ce genre de choses. Le tout parfaitement insipide, mais plaisant. D'ici quelques semaines, je devrais avoir suffisamment de dessins. J'ai donc écrit à mon ancien professeur pour voir s'il pouvait me présenter à quelques personnes à Munich. Je me sentirais beaucoup mieux si je pouvais vendre quelques peintures, histoire de remplir la tirelire.

Blottis l'un contre l'autre dans le lit étroit pour se protéger du froid, ils finissaient par sombrer dans un sommeil agité, pendant quelques heures. À la toute première lueur de l'aube, Bettina se levait, l'embrassait encore une fois et sortait dans le petit matin.

Debout derrière la fenêtre, Max la regardait s'éloigner. Il était clair qu'Albrecht estimait que sa sœur ne se montrait pas assez reconnaissante pour son hospitalité. Il se mettait en colère à la moindre occasion, brûlant d'une fureur toujours plus ardente, et il l'épiait constamment. Marielein s'en remettait à lui pour tout, le traitait en empereur, alimentant ses griefs et punissant sa fille de l'avoir provoqué.

Max et Bettina aspiraient tous les deux à un retour à une vie normale ou, du moins, à fuir cette existence-là.

Vers la fin de février, les dernières plaques de neige avaient fondu dans le caniveau. Bettina avait l'impression qu'ils étaient encore plongés dans un hiver interminable. Mais, au moins, les jours les plus courts, les plus sombres, étaient derrière eux, et leur tirelire se remplissait. Elle économisait chaque mark qu'Albrecht lui donnait et travaillait de l'aube au crépuscule. Ses toiles finies s'empilaient contre le mur.

Elle s'était accoutumée à voir la vie comme un test d'endurance. Chaque nuit, Albrecht buvait et se vantait des répressions que menait la SS. Il parlait des cartes qu'ils dessinaient, des registres qu'ils tenaient, dressant des listes des adresses de tous les Juifs et des bolcheviks, des homosexuels, des dissidents. Il pouvait désormais appliquer à une population plus vaste toutes les cruautés ordinaires qu'il avait infligées à des animaux et à sa sœur quand il était adolescent. La rancune qu'il avait si longtemps nourrie lui était utile. Il avait enfin trouvé sa vocation.

Tous les jours, Marielein consacrait des heures à l'entretien de son uniforme. Il y avait toujours de nouveaux objets à fétichiser, de nouvelles routines à maîtriser : des calots à brosser, des bottes à cirer, des cuivres à faire briller. D'énormes drapeaux en soie, sur de lourdes hampes, qui devaient être portés à un angle précis lors des défilés en colonne. Il y avait des présentations et des discours interminables, pleins de vitupérations, pour les enflammer et les envoyer dans les rues, ivres, remplis d'une colère aveugle, intarissable.

Avec ses amis, il arpentait la ville, à l'affût d'un motif pour tabasser quelqu'un ou faire des dégâts. Souvent, il rentrait, empestant la bière et suintant de rage, cherchant toujours la bagarre, et Bettina était la seule dans sa ligne de mire. Elle essayait de l'éviter autant que possible et passait ses soirées enfermée dans sa chambre.

Là, elle se concentrait avec détermination sur la maîtrise de son nouveau style de réalisme romantique, jusqu'à ce qu'enfin elle sente qu'elle avait suffisamment de toiles intéressantes à emporter à Munich. Son ancien professeur avait réussi à la présenter à quelques galeristes. Une petite galerie de Lenbachplatz avait accepté de lui prendre cinq de ses peintures pour évaluer l'intérêt qu'elle susciterait auprès de sa clientèle. Le propriétaire, un homme robuste avec de grandes mains couvertes de taches brunes et des yeux chassieux, faisait preuve d'un optimisme prudent.

—Nous avons une exposition à thème qui arrive, sur le renouveau bucolique allemand. Vos toiles se vendraient peut-être bien. Nous pouvons toujours essayer.

Le soir même, elle était rentrée à Allach et s'était précipitée chez Max, avec une sensation de légèreté nouvelle.

—Je sens qu'il y a du changement dans l'air, tu ne crois pas ? Les choses vont s'arranger.

—Ce que tu es douée ! Moi aussi, je le sens.

Sous la tutelle de Holger, Max voyait son propre horizon s'élargir tout aussi rapidement. Son patron l'encourageait à travailler sur ses propres dessins, et il ne tarda pas à avoir des idées et des croquis pour une dizaine de figurines et de nouveaux bustes. Le directeur artistique lui donna le feu vert pour en fabriquer certains en argile, et le résultat lui donna raison. Selon lui, Max avait une compétence innée non seulement pour les incontournables, mais aussi pour des formes plus complexes, plus proches de la sculpture. Un talent rare. À sa grande surprise, Max découvrit qu'il appréciait sincèrement ce travail créatif, tout comme le salaire plus élevé qui allait de pair.

Un soir, Holger le convoqua dans son bureau et lui servit un grand verre de whisky de sa réserve spéciale qu'il gardait dans le dernier tiroir de son bureau, pour les visites occasionnelles de Heinrich Himmler. Le Reichsführer de la SS avait investi dans l'usine à ses débuts et, au fil du temps, son intérêt était allé grandissant. Il avait fait de la porcelaine un outil de propagande utile. Ses visites étaient toujours source d'anxiété, et le directeur pâtissait souvent de son tempérament irréaliste et de ses hautes exigences.

— C'est un excellent whisky, comme vous devez vous en douter. Himmler déteste les alcooliques, mais il apprécie de boire un verre, surtout quand il est excité, comme il l'était aujourd'hui.

Les yeux scintillant d'un plaisir qu'il cherchait à peine à dissimuler, il poursuivit :

— Il a commandé des « millions de soldats en marche », comme il aime à le dire. Nul doute que tout le monde va devoir fournir un gros effort, mais je suis certain que nous pouvons nous montrer à la hauteur. Et cela signifie que nous allons avoir besoin d'un nouveau sculpteur dans l'atelier. Qu'en dites-vous, Leon ?

En entendant son prénom d'emprunt, Max faillit tressaillir. Mais il lui serra la main.

— Ce serait formidable. Merci, Holger. Je ne sais que dire. J'espère simplement ne pas susciter de frictions.

Sa rapide promotion n'était pas passée inaperçue dans les rangs d'Allach, et tout particulièrement de ceux qui restaient en arrière.

— Je ne voudrais pas que certains aillent penser que je n'ai pas mérité ma chance.

— Balivernes ! Il est évident que vous avez un vrai talent qu'il serait stupide d'ignorer. Nous ne pouvons pas le gâcher pour des notions d'équité infondées. Vous êtes né pour ça. Je me demande même pourquoi vous ne vous en êtes pas rendu compte plus tôt.

Max avait commencé à perfectionner son art en tant que sculpteur. Même en sachant que ses jours à Allach étaient comptés, pour la première fois depuis des années, il éprouvait un véritable sentiment d'accomplissement.

Un matin du début du mois de mars, il traversait la cour quand il aperçut les trois jeunes hommes avec qui il avait péniblement creusé la neige. Fidèles à leur habitude, affalés derrière une pile de barils, ils fumaient, essayant d'échapper à la vigilance du contremaître qui leur assignait leurs tâches.

Max savait que ses diverses promotions faisaient des envieux. Souvent, il surprenait leurs regards, entendait leurs commentaires quand il passait à proximité. Le plus jeune, le gars baraqué du nom d'Uwe, avec un visage rond et des cheveux blonds coupés en brosse, semblait être leur chef. Les deux autres qui étaient frères, bien que plus âgés, se pliaient à ses volontés.

Uwe le héla.

— Hé, l'Autrichien !

Max le salua d'un geste de main et accéléra le pas en évitant de le regarder.

Le garçon, visiblement déterminé à attirer son attention, l'appela de nouveau. Il s'arrêta. Uwe frottait le sol de ses bottes en cuir brun. Avec un sourire qui découvrait ses dents jaunes, pointues, il lui fit signe d'approcher.

— Bonne nouvelle, non, l'Autrichien ?

Perplexe, Max fronça les sourcils.

— Tu es l'un des nôtres, à présent, reprit Uwe avec un sourire narquois.

— De quoi tu parles ?

— Attends ! T'es pas au courant ?

Il donna un coup de coude à ses compatriotes, et ils s'avancèrent vers lui.

— Ton gouvernement a capitulé.

Max le dévisagea. Il ne comprenait toujours pas. Avec une lenteur délibérée, Uwe annonça :

— L'Autriche fait partie du Reich, désormais.

Max sentit soudain dans sa bouche le goût métallique de la peur.

— Tu racontes n'importe quoi.

Il tourna les talons et commença à s'éloigner. Les trois autres le rattrapèrent en trottinant.

— Qu'est-ce qui se passe ? Tu devrais considérer que tu as de la chance.

Sans s'arrêter, Max marmonna dans sa barbe.

— Quel imbécile. *Der Ungustl.*

Une grosse main rose se posa sur son épaule.

— Qu'est-ce que tu as dit ? Parle allemand, *Ausländer* ! Étranger !

Max essaya de se dégager, mais Uwe enfonça ses doigts épais, pinçant un nerf.

— Tu devrais nous remercier. Ton pays a besoin d'un bon assainissement. Il est infesté de vermine.

Max fit volte-face, les poings serrés. Soudain, la voix de Holger résonna dans le silence comme un claquement de fouet.

— Leon ! Puis-je vous voir un instant ?

À la fenêtre de son bureau, Holger était livide de colère. Il fallut quelques secondes à Max pour comprendre.

— Et vous, les gars, je vous conseille de reprendre le boulot. Sinon, vous pouvez récupérer vos cartes de travail et partir.

Uwe foudroya Max du regard. Puis il recula, le visage et le cou marbrés de rouge. Essayant de calmer les battements de son cœur, Max se dirigea vers le bureau de Holger et frappa.

— Entrez.

Son patron, toujours à la fenêtre, regardait attentivement le contremaître donner des ordres à Uwe et ses camarades. Il se tourna vers lui et lui fit signe de s'asseoir.

— Comment vous sentez-vous ? Je n'ai pas tout entendu, mais j'ai saisi l'essentiel.

Soulagé de voir qu'il ne lui en tenait pas rigueur, Max sentit sa propre rage s'apaiser.

— Je suppose que vous n'aviez pas entendu la nouvelle ?

Max secoua la tête.

— Le Führer a donné l'ordre aux troupes de franchir la frontière. Aujourd'hui, elles avancent sur Linz.

— Mes parents…, dit-il d'une voix rauque.

Les lèvres pincées en une ligne dure, Holger reprit :

— J'ai tout de suite pensé à vous. Ils sont toujours à Vienne ?

Max fit un signe d'assentiment.

— Eh bien, je ne pense pas que vous ayez trop à vous inquiéter. Les nazis rencontrent visiblement peu de résistance. J'ai entendu à la radio qu'à la frontière vos compatriotes accueillent les soldats allemands avec des fleurs.

À cette remarque anodine, Max faillit tomber à la renverse. Holger s'accroupit à côté de sa chaise.

—Mon garçon, vous êtes sûr que vous vous sentez bien ?

Au bout d'un moment, il hocha de nouveau la tête, sans répondre. Il craignait que sa voix ne le trahisse. Holger fronça les sourcils.

—Vous avez des raisons d'avoir peur pour eux ?

Les yeux écarquillés de Max étaient pleins de larmes. Quand enfin il parla, il avait la voix tendue.

—Cela fait des mois qu'ils tentent de vendre leur commerce pour quitter l'Autriche. Mais mon père a refusé toutes les offres. Les gens essaient de profiter de la situation. Je leur ai dit de ne pas attendre, d'accepter n'importe quoi. Et maintenant, c'est trop tard…

—Mais pourquoi ? Vous croyez qu'ils sont en danger ?

Max s'interrogea. Pouvait-il avouer la vérité à Holger ? À sa grande surprise, il découvrit qu'il ne ressentait aucune peur.

—Mes parents sont tous les deux juifs.

Après des mois de dissimulation, les mots lui vinrent avec une facilité déconcertante. Il attendit les vitupérations. Mais il n'y en eut aucune.

—Je vois. Vos papiers ?

—Une fausse identité, expliqua-t-il en baissant les yeux. Mon vrai nom est Max Ehrlich. Je suis un Juif autrichien. Je suis vraiment désolé.

Avec un profond soupir, Holger se releva et lui pressa l'épaule de la main. Puis il contourna son bureau, ouvrit le tiroir du bas et en tira le whisky de Himmler dont il servit un grand verre à chacun.

—Vous n'avez pas besoin de vous excuser. Je pense que je comprends, plus même que vous pourriez l'imaginer.

Il vida son verre et s'en resservit un dans la foulée.

—Je suis… « célibataire », confia-t-il. Je dis que je suis marié à mon travail. Autant dire que vous n'avez rien à craindre de moi.

—Ni vous de moi.

Holger esquissa un sourire. Max secoua la tête, incrédule.

— Je n'y crois toujours pas. Comment en est-on arrivés là ?

Holger l'enveloppa d'un regard grave.

— Progressivement, mon cher garçon. Jusqu'à ce qu'il ait été trop tard. Je crains que nous ayons depuis longtemps franchi le point de non-retour.

Max dut patienter une semaine encore avant de recevoir enfin une lettre de ses parents. Il déchira l'enveloppe comme un homme affamé se jette sur une miche de pain et parcourut la première page. Personne n'était mort ni blessé : ils étaient tous les deux sains et saufs. Il sentit la tension dans ses épaules s'alléger un peu, et recommença la lettre depuis le début.

Le matin du 11 mai, sa mère avait ouvert leurs rideaux et s'était trouvée face à des fils de voisins en train de cracher sur les carreaux. Ses parents habitaient déjà cette maison avant sa naissance. Mais ceux qu'ils prenaient pour leurs amis étaient déjà dans la rue et accrochaient une croix gammée au réverbère.

Après des mois de tergiversations, son père avait finalement annoncé qu'il n'attendrait plus. Il avait téléphoné à sa secrétaire et, quelques heures plus tard, debout sur le perron, lui avait remis les clés de la maison et de leur commerce. Ses parents étaient partis sans rien d'autre que ce qu'ils pouvaient charger dans la voiture, abandonnant leurs meubles, presque toute leur garde-robe et les plus grands tableaux. Ils avaient même laissé le portrait de sa mère par Klimt, qui, depuis une bonne vingtaine d'années, ornait le mur au-dessus de la cheminée. Ils avaient sorti les plus petites des peintures de leurs cadres et les avaient roulées pour les mettre dans des malles, avec des vêtements, des photos et la menora enveloppée dans la plus belle fourrure maternelle.

Avec une multitude d'autres Viennois, ils avaient roulé à tombeau ouvert vers la gare. Puis, leur voiture restée dans la rue, ils avaient porté tout ce qu'ils pouvaient jusqu'au quai. Là, ils avaient attendu des heures et, après avoir regardé plusieurs trains partir, s'étaient battus pour monter dans un wagon avec tous leurs bagages. Enfin, le convoi bondé avait démarré. À la frontière suisse, un groupe de soldats allemands était monté à bord pour vérifier leurs papiers. Ils avaient craint d'être obligés de rebrousser chemin. Mais les soldats leur avaient simplement demandé d'ouvrir leurs malles et s'étaient approprié tous les objets de valeur. Quand, enfin, ils avaient franchi la frontière, ils n'avaient plus que dix reichsmarks en poche.

Max lut et relut la lettre de manière obsessionnelle, se réveillant avant l'aube pour, inlassablement, parcourir les pages encore imprégnées du parfum de sa mère, *Leder 6*, qui le replongeait dans son enfance. Il se revoyait jouant avec sa poudre sur sa coiffeuse et se faisant réprimander pour l'avoir gaspillée. Il sentait l'anxiété entre les lignes. Elle avait couché sur le papier ses pensées erratiques, de paragraphe en paragraphe, s'arrêtant à peine pour obtenir un récit cohérent.

Néanmoins, Max parvint à reconstituer leurs dernières semaines à Vienne. Et la prise de conscience qui s'était imposée à eux. Des amis et des collègues étaient venus chez eux pour leur offrir leur aide. Ils avaient entendu dire qu'ils avaient l'intention de déménager et leur avaient proposé de leur acheter de l'art ou des meubles pour les débarrasser. Ils avaient beau connaître leur vraie valeur, tous avaient essayé de les marchander au prix le plus bas. Son père avait tout simplement refusé, riant de cette absurdité. Sa mère avait protesté que certains de leurs biens valaient plus que ça et s'était endormie en pleurant. En dépit d'années de camaraderie, ces « amis » n'avaient pas eu le moindre scrupule à se comporter en véritables charognards.

Même maintenant qu'ils étaient réfugiés en Suisse, en sécurité, profitant de la charité d'un ancien camarade d'école, son père refusait d'accepter que ce soit fini. Il espérait encore qu'ils pourraient rentrer, une fois la situation calmée, pour finaliser la vente de la maison et de leur commerce, qui lui avait paru imminente.

À Allach, dans la lumière froide du matin qui filtrait par la fenêtre et éclairait les pages couvertes d'une écriture serrée, Max comprenait que c'était un espoir vain. Il le leur écrivit. « N'attendez pas. Partez aussi loin que possible, mettez-vous à l'abri, et je vous rejoindrai dès que je le pourrai. »

Bettina s'était empressée de venir le retrouver, filant dans la nuit claire et glaciale sur sa bicyclette. Dans la pénombre de la cuisine éclairée uniquement par le rougeoiement du poêle, elle le prit longuement dans ses bras, ne sachant que lui dire pour le réconforter.

— Je suis désolée, mon amour. Tellement désolée.

Elle recula pour scruter son visage. Ses yeux étaient cernés par l'anxiété. Devant son inquiétude, il s'adoucit un peu, lui caressa le visage, avant de la serrer contre lui.

— Au moins, je sais qu'ils sont sains et saufs, pour l'instant.

Un long moment, ils restèrent ainsi, savourant leur étreinte. Puis ils se séparèrent. Elle commença à s'affairer dans la cuisine et lui dit de s'asseoir.

— Je vais nous préparer du thé.

Après avoir versé l'eau bouillante dans la théière, elle leur servit deux tasses et, se réchauffant les mains sur la sienne, resta debout à côté du poêle.

— J'ai épluché tous les journaux que j'ai pu trouver pour essayer de comprendre ce qui se passe. Les photos de Vienne sont consternantes. Des milliers de gens dans la rue. Des croix gammées et des aigles surgissant de partout. Dieu merci, tes parents sont partis à temps, ajouta-t-elle en hochant la tête.

— Je regrette tellement qu'ils aient attendu si longtemps. Ils auraient dû le voir venir. Je savais que c'était possible, bien sûr, mais je ne pensais pas que cela allait arriver si vite, ni que les nazis rencontreraient aussi peu de résistance.

— Ils doivent être tout aussi nombreux à déplorer cette annexion. Mais ils ont trop peur pour s'exprimer.

— Comme partout. Leur audace est choquante. La manière dont ils s'en sortent quoi qu'ils fassent.

Elle plissa les yeux de colère.

— Comme tu peux t'en douter, Albrecht exulte. J'ai dû me faire violence pour ne pas le gifler. Avec son sourire satisfait. Je l'ai juste prié de se taire.

L'air inquiet, Max demanda :

— Et comment a-t-il réagi ?

— À peu près aussi bien que tu peux l'imaginer.

Il prit ses mains dans les siennes et les retourna. Il crut distinguer des traces bleues et mauves sur ses poignets blancs, mais elle se dégagea et tira sur les manches de sa veste.

— Mon père disait toujours que j'étais seule responsable des marques sur mon corps.

Avec une gaieté forcée, elle clôtura le sujet et s'enquit de son travail.

— Comment se passe l'apprentissage ?

La mâchoire toujours crispée, Max ne répondit rien.

— Allez ! Distrais-moi donc avec tes nouvelles. Te laissent-ils faire ce que tu veux, ou dois-tu te contenter de regarder et d'apprendre ?

— Je n'en ai pas le temps. Je m'y donne à fond depuis le premier jour et j'en suis sacrément reconnaissant. Déjà, cela me permet de faire le tri dans mes pensées, de réfléchir à la suite.

— Et qu'as-tu décidé ?

Elle retint son souffle. Il la regarda sans ciller.

— Cela me semble assez évident. Je pense que ni toi ni moi ne pouvons attendre plus longtemps. Ce qui s'est passé en Autriche m'a prouvé que le pire peut arriver d'un jour à l'autre.

Malgré sa peur, c'était ce qu'elle avait espéré. Même si cela lui paraissait encore irréel.

— Nous n'avons pas de visas, ni nulle part où aller. Nous serions des réfugiés quasiment démunis.

— Nous avons économisé une somme correcte ces derniers mois. Je pense que nous devrions fuir aussi loin que possible, le plus rapidement possible, jusqu'à ce que nous l'ayons épuisée.

L'esprit bouillonnant, Bettina répondit :

— Je n'ai pas eu l'occasion de te l'annoncer. J'ai eu des nouvelles de la galerie. Ils ont vendu mes tableaux. Je ne sais pas du tout pour combien, mais c'est toujours mieux que rien.

Il fronça les sourcils, ses yeux d'un noir de jais luisant dans la pénombre.

— Nous parlons de tout cela comme si c'était déjà programmé. Mais ce n'est pas le cas. Il serait sans doute plus prudent pour toi d'attendre ici, de demander un visa.

Avec toute la fermeté qu'elle put réunir, elle rétorqua :

— Je ne me séparerai jamais de toi. Tout ce qui reste à déterminer, c'est quand et comment.

— En ce qui concerne comment, j'ai évalué les options. Si tu acceptes de ne plus attendre, je propose que nous partions. Que nous essayions de passer en Suisse, retrouver mes parents et, là, décider d'un plan. Avec nos économies, l'argent de ta peinture et mes derniers salaires, nous pourrions au moins atteindre Zurich.

Un instant, elle garda le silence. Dans l'obscurité de la cuisine, Max avait du mal à déchiffrer son expression. Quand elle parla, ce fut d'une voix calme.

— Je leur dirai que je vais à Munich, visiter la galerie, ce qui est en partie vrai. Tu prendras ton salaire et tu me rejoindras à la gare. Nous partirons aussi loin que possible. Albrecht doit sortir avec sa troupe, vendredi, donc ma mère se couchera tôt. Ils ne se rendront pas compte de mon absence avant le lendemain.

— Tu en es bien sûre ?

Elle le défia du menton.

— Tu ne peux pas rester. Donc nous devons partir. Je préférerais être morte dans un fossé à côté de toi plutôt que vivre prisonnière, seule.

Bettina avait décidé de voyager léger et de ne rien emporter qui risque de les trahir. Elle s'était fait le serment de ne pas se montrer sentimentale.

Elle ne prendrait que ce qui comptait vraiment pour elle. Néanmoins, elle était triste de laisser derrière elle tous les souvenirs de sa vie. Elle s'autorisa à choisir quelques photos et quelques lettres précieuses qu'elle rangea au fond du plus grand sac à main qu'elle puisse trouver. Elle ajouta des affaires de rechange, un livre et les accessoires de toilette et de beauté essentiels. Une fois le bagage prêt, elle sentit une timide sensation de délivrance la gagner. Au bout du compte, les biens matériels n'avaient guère d'importance, et l'acte d'abandon était libérateur.

Le vendredi, l'aube se leva, claire, lumineuse. Elle descendit à pas furtifs et passa un moment à jouer avec les deux chiens de ferme au poil grisonnant. Quand elle entendit les autres membres de la maisonnée s'agiter, elle regagna sa chambre et s'habilla pour le départ. Elle enfila autant de couches de vêtements que possible. Au petit déjeuner, elle s'attarda à table, enchaînant les tartines beurrées. Marielein lui exprima sa désapprobation.

— Laisses-en pour ton frère, la rabroua sa mère. Pourquoi t'obstines-tu à aller batifoler en ville ? Ton aide me serait bien plus utile, ici.

Sans prendre la peine de lever le nez de son journal, Albrecht déclara d'un air exténué :

— Tu y retournes ? Eh bien, ne compte pas sur moi pour venir te chercher à la gare. Nous avons de nouvelles recrues qui vont prêter serment. Tu vas être obligée de prendre ton vélo.

Redoutant qu'ils ne l'empêchent de partir, elle feignit la nonchalance.

— Ça ira très bien. Et il ne s'agit pas d'une journée de vacances. La galerie a vendu un peu de mon travail. Vous voulez que je sois autonome, non ?

Avec un reniflement de dédain, Albrecht répondit :

— Avant que tu nous ruines et nous fasses perdre la maison.

Avec une délectation évidente, Marielein fit tout pour la retarder. Elle lui fit étendre la lessive dans la brise printanière qui gonflait les draps. Craignant de ne pas avoir le temps d'aller chercher l'argent qu'elle avait gagné, Bettina décida de s'éclipser. Comme, si elle avait eu l'intention de revenir, elle n'aurait pas pris la peine de dire au revoir, le faire maintenant aurait pu paraître louche.

Une fois sa bicyclette chargée, elle s'éloigna sur le chemin. Un moment, elle s'attarda à la barrière devant la vaste étendue des champs qu'elle connaissait depuis l'enfance. Les reverrait-elle jamais ? Ce ne fut que plus tard qu'elle se rendit compte qu'il avait été bien plus difficile de dire adieu à ce paysage que de quitter sa famille.

Une fois à la gare, elle décida de laisser son vélo contre un mur. Désormais presque sans entraves, elle sauta, légère, dans le train de la fin d'après-midi. Sous le soleil printanier, les rues de Munich semblaient avoir été lavées. Le jardin botanique était parsemé de plantes vertes. Les touristes flânaient entre les fontaines d'où jaillissaient des gouttes d'eau en voile scintillant dans le soleil, évoquant un kaléidoscope. Stimulée, Bettina traversa le parc à la hâte, impatiente d'arriver à la galerie de Lenbachplatz avant sa fermeture.

Devant la boutique, elle fut étonnée de voir l'une de ses toiles exposée en vitrine. *Le Viking*. Le tableau, fini, offrait un contraste saisissant avec le premier croquis expressionniste qu'elle avait fait de Max. Elle l'avait totalement remanié dans le style romantique, les yeux noirs et le visage aux traits anguleux de son amant ayant laissé place à un idéal teutonique : des iris bleus, des cheveux blonds, un héroïsme exagéré. Elle ne s'était pas attendue à le trouver en position aussi éminente et fut déçue de découvrir qu'à l'évidence il n'avait pas été vendu.

Avec précaution, elle poussa la porte et entra dans la galerie silencieuse. Essoufflée, elle déclara :

— Toutes mes excuses, je suis en retard.

Herr Leopold se précipita sur elle. Il prit ses mains dans ses deux énormes paluches, les écrasant presque.

— Mais pas du tout. C'est un tel plaisir de vous revoir, *Fraülein* Vogel. Vous avez remarqué que j'ai mis *Le Viking* en vitrine ? Il a suscité un immense intérêt.

— Mais pas d'offres d'achat ? J'en espérais quelques-unes.

—Au contraire, de nombreuses offres très généreuses. Mais j'ai eu le sentiment qu'il était encore trop tôt pour laisser filer ce beau garçon. Nous avons eu des demandes de plusieurs conservateurs de renom, qui se sont beaucoup enquis de son origine.

Bettina fronça les sourcils.

—Existe-t-il le moindre doute ?

—Uniquement la curiosité bien naturelle qu'une œuvre d'une telle qualité soit due à une artiste encore inconnue, chuchota-t-il d'un ton de conspirateur. Je suis d'avis que, si le tableau était vu par un plus large public, cela augmenterait d'autant sa valeur.

Mais la seule inquiétude de Bettina était de ne pas rapporter à Max le fruit de ses efforts.

—En avez-vous vendu certains ?

—Oh, ma chère, je vous rassure. Les autres toiles se sont vendues vite et bien. Simplement, j'ai décidé que le prix du *Viking* devait correspondre à l'ampleur et à l'importance de l'œuvre. Sa véritable valeur doit encore être établie, et je n'aime pas perdre d'argent, *Fräulein*.

Bettina quitta la galerie la tête haute, son porte-monnaie rempli. Avec les cinq toiles qu'elle avait vendues, elle avait gagné plus en une journée que pendant deux années entières. Elle serrait son sac contre elle, terrifiée à l'idée que quelqu'un puisse le lui arracher. Cet argent allait fortement grossir leurs économies. Et, même s'il était un peu vexant qu'elle l'ait gagné grâce à un style de peinture avec lequel elle n'avait quasiment pas d'affinités, elle était reconnaissante de pouvoir désormais contribuer au budget de leur fuite.

Un peu hébétée, elle longea la synagogue et les colonnes de la Maison de l'art allemand, une haute bâtisse, d'un blanc éblouissant. Les dernières paroles de *Herr* Leopold résonnaient en elle : « Je vous conseille vivement de présenter *Le Viking* à la prochaine exposition du grand art allemand, *Fräulein* Vogel. Il est plus que digne d'y figurer et, s'il était choisi, cela consoliderait votre statut d'artiste montante du Reich et la grande valeur de cette œuvre en particulier. »

Après l'avoir remercié de son amabilité, elle lui avait promis d'y réfléchir. Puis elle s'était éloignée, sachant qu'elle ne reverrait probablement jamais cette peinture. Tout comme Albrecht et Marielein, elle faisait partie d'elle-même, mais elle pouvait s'en détourner sans un regard en arrière. Elle appartenait à son passé. Son avenir, lui, l'attendait dans le train de Zurich.

Il était 18 h 45. La gare grouillait toujours de travailleurs en transit et de voyageurs du week-end. Des vagues de gens poussaient dans une direction ou dans l'autre, agitant la foule comme des courants. Le vacarme des voix résonnait sous les vastes charpentes métalliques de la voûte. Un entrecroisement de verre et d'acier. Au centre, l'horloge de la gare dont les aiguilles tournaient.

Assise sur un banc étroit, Bettina regardait la masse humaine qui ondulait en tous sens. Son livre, qu'elle ne lisait pas, était ouvert sur ses genoux : un volume usé des *Lettres* de Rilke que Max lui avait offert des années auparavant, pendant l'un des étés sans fin de Dessau. Elle s'était séparée de beaucoup de choses. Mais ce talisman lui était trop précieux pour l'abandonner. Les marges étaient remplies de notes gribouillées de sa main de toute jeune fille, d'une écriture aussi gauche et naïve que les sentiments qu'elles exprimaient. Certaines lignes étaient à peine lisibles. Un passage en particulier, souligné et commenté, lui venait à l'esprit.

L'avenir est fixe, avait écrit Rilke. *C'est nous qui sommes toujours en mouvement dans l'espace infini.*

Ils avaient atteint ce point liminal, là où les chemins se séparent et s'allongent dans toutes les directions.

Elle se tourna de nouveau vers la pendule de la gare. Ses aiguilles, qui ressemblaient à des hampes de flèches, indiquaient 18 h 55. Leur train devait partir à 19 h 15. Ils avaient encore largement le temps de trouver une bonne place sur le quai.

Dans le hall de la gare, un groupe de soldats, de jeunes brutes, fusil à l'épaule, cherchaient à se distraire. Ils semblaient s'ennuyer, déterminés à semer le chaos. Cela faisait un moment que Bettina observait leurs frasques. Dès qu'ils repéraient une personne d'aspect différent du leur, ils l'arrêtaient. Leurs cibles de prédilection étaient les Juifs pratiquants. Ils fouillaient leurs bagages, en dispersaient le contenu sur le sol sale et confisquaient leurs effets, visiblement au hasard. Aucun passant ne faisait la moindre remarque, ni n'essayait de s'interposer. Tous détournaient le regard, feignant de ne rien voir.

Bettina ne pouvait s'empêcher de tourner régulièrement les yeux vers eux, craignant leurs réactions imprévisibles, sans cesser pour autant de surveiller les arrivées. Elle avait espéré que Max l'aurait déjà rejointe. Ils avaient élaboré le plan de prendre deux places en queue de train afin de se donner le temps d'échapper aux autorités si elles montaient à bord avant l'arrivée à Singen. Ils avaient essayé de tout anticiper, même si de nombreux détails restaient à régler. Richard était revenu sur le devant de la scène pour leur donner l'adresse d'un homme qui pourrait les aider à traverser le Rhin à la frontière suisse, près du lac de Constance. Ils avaient prévu de rouler aussi loin que possible vers l'Ouest, puis d'évaluer la situation. Peter les avait mis en garde. Ils ne devaient pas tenter de passer seuls, à pied. Le mauvais temps ne jouerait pas en leur faveur, et les deux côtés de la frontière étaient surveillés par des patrouilles.

« Ce sont les Suisses qui essaient d'endiguer l'exode. Alors que les soldats de la SS, eux, vous aident en fait à traverser. Après vous avoir dépouillés de tous vos biens, certes, mais c'est le risque à prendre. »

L'aiguille indiqua 19 heures. Toujours aucun signe de Max. Où pouvait-il être ?

Alors qu'elle balayait la foule du regard, cherchant son visage, son attention fut attirée par une jeune femme à la mise élégante, coiffée au carré, main dans la main avec un jeune homme qui portait une kippa. Souriants, ils traversaient la salle des pas perdus. Elle tenait un bouquet de mariée, lui une petite valise. Ils étaient entourés d'un joyeux groupe d'amis, manifestement venus leur souhaiter un bon voyage de noces. Tout le monde dans la gare les avait remarqués, y compris les soldats, non loin d'elle. Elle les entendit chuchoter le mot «*Juden*». Quelques-uns se détachèrent de leur groupe et se frayèrent un passage à travers la foule, dans la direction des jeunes gens.

À 19 h 03, le train de Munich entra en gare et déversa ses passagers. Ils envahirent le quai et se dispersèrent dans la gare, bloquant sa vue. Elle se haussa sur la pointe des pieds, scrutant les quelques visages des rares personnes qui allaient à contre-courant de ce flot humain. Max restait invisible.

Quand le train fut vide, les gens qui patientaient sur le quai commencèrent à y monter. Des familles encombrées de quantité de bagages, des voyageurs solitaires chargés d'une simple valise à leur nom. La plupart s'installèrent confortablement à leur place, en prévision du long trajet qui les attendait. Bettina se leva et, de plus en plus anxieuse, commença à faire les cent pas. Elle consulta de nouveau l'horloge: 19 h 05.

Elle inspecta le hall. Les soldats qui encerclaient les jeunes mariés vérifiaient leurs papiers. L'un d'entre eux s'agenouilla et, ignorant les protestations des amis du couple, ouvrit la valise. Il renversa le contenu sur le sol et fouilla parmi les habits. Puis, au profond dégoût de Bettina, il ramassa un des sous-vêtements de la femme et le plaqua contre son entrejambe, en lorgnant ses collègues de façon obscène. Toute la gare les observait.

Bettina se remit à marcher de long t en large, tournant la tête vers l'entrée, la foule, la pendule, les soldats, avant de recommencer. La jeune mariée s'était mise à pleurer. À genoux sur le sol, elle essayait de remettre ses affaires dans la valise. Son nouveau mari, le visage rouge, belliqueux, bravait le soldat le plus proche. Ses amis essayaient de le retenir.

À 19 h 08, la peau moite, Bettina longea le train, au cas où Max serait passé devant elle à son insu. Un cri s'éleva du hall. Elle se retourna à temps pour voir les soldats entraîner l'homme qui se débattait, glissant sur le sol dallé. Sa jeune épouse le suivait, la valise maintenant fermée, les suppliant d'arrêter. Son visage ruisselait de larmes, son bouquet ravagé, brisé, pendait au bout de sa main.

Bettina sentit un sanglot lui nouer la gorge. Pourtant, elle était résolue à ne pas pleurer. Max était toujours ponctuel, toujours prudent et réfléchi. En entendant quelqu'un courir, elle se retourna vivement. C'était juste un retardataire qui se précipitait vers les portières. Elles se fermèrent dans un claquement de coup de fusil. Les passagers se penchèrent aux fenêtres pour les adieux. L'angoisse l'étouffa soudain. Elle ne voyait aucune raison qui ait pu le retenir.

À 19 h 15, le crissement du métal se mêla au bruit strident du sifflet, et le train s'ébranla. Alors qu'il s'éloignait, elle se sentit comme arrachée, comme s'il la tirait derrière lui. Une main se posa sur son épaule, et son cœur se mit à battre violemment.

— Excusez-moi, *Fräulein*, est-ce que ceci vous appartient ?

Un homme âgé en imperméable marron lui tendait les *Lettres* de Rilke. Elle bégaya un merci, lui prit le livre et le serra contre sa poitrine, les bras croisés en un geste protecteur.

Le quai se vida. La salle des pas perdus grouillait toujours de monde. Mais il n'y avait plus signe des jeunes mariés ni des soldats. Surtout, il n'y avait aucun signe de Max.

Max était toujours méticuleux. Alors que les dernières heures de la journée s'écoulaient à la pendule de l'usine, il était plus que jamais déterminé à tout laisser en ordre. Il pensait à Holger qui, à un certain moment, la semaine suivante, quand il deviendrait évident qu'il ne reviendrait pas, examinerait son travail. Il espérait que la façon impeccable et précise dont il rangeait les lieux indiquerait qu'il était parti volontairement, par choix. Il avait envisagé d'aller frapper à sa porte pour lui annoncer son départ et le remercier dûment. Il regrettait de ne pas pouvoir lui dire à quel point leur amitié lui était précieuse. Mais il ne pouvait justifier le risque, aussi minime soit-il.

Au lieu de cela, il était resté tard toute la semaine, pour finir les pièces en cours : une minuscule souris, les oreilles dressées de peur, et une hirondelle sur une branche, les ailes déployées, sa longue queue fourchue levée. Toutes les deux étaient des ajouts délicats au catalogue d'Allach, exécutés avec soin. Max espérait que son ami les considérerait comme un cadeau d'adieu. Une preuve qu'il avait été fier de son travail.

À 16h45, les ouvriers formèrent une file dans la cour pour recevoir leur paie du contremaître. Beaucoup d'entre eux rentreraient chez eux, ce soir-là, les poches à moitié vides, ayant bu une bonne partie de leurs gains. Les dessinateurs, les sculpteurs et les maquettistes étaient généralement plus sobres. C'étaient des pères de famille qui avaient juré fidélité au Führer et au parti. Ils rentraient chez eux avec leur généreux salaire intact, pour le dépenser en bons repas et en vins de qualité. Max ne pouvait que spéculer sur la façon dont il dépenserait le sien ces prochains jours. Peut-être pour acheter ou soudoyer celui qui les ferait passer en Suisse, faciliter leur fuite par n'importe quel moyen.

Ce matin, il avait quitté sa maison de location, sa valise prête sur son lit. Ses vrais passeport et carte d'identité, ainsi que les économies que Bettina et lui accumulaient depuis des mois, étaient cousus dans une ceinture qu'il avait l'intention de porter sous sa chemise. Il garderait son dernier salaire, le plus gros jusqu'ici, sous la main, et l'utiliserait pour les frais immédiats du voyage.

Quand la pendule indiqua qu'il était l'heure, il se leva, poussa son tabouret sous son bureau et essuya les dernières miettes d'argile. Une file de travailleurs des salles de dessin et de sculpture s'étendait dans les bureaux administratifs, dans l'attente de leur rémunération. Max alla se placer à la dernière place et regarda l'employé qui comptait les billets frappés des lettres gothiques, les rangeait en liasse dans une enveloppe ordinaire et les remettait à chacun.

Alors que son tour approchait, il se martelait mentalement le nom sur ses papiers. En dépit des mois passés sous l'identité de Leon Marchen, il avait encore besoin de se le rappeler, de rester vigilant, au cas où il était appelé. Quand son tour arriva, l'administrateur compta une liasse de billets et lui tendit l'enveloppe rebondie. Il la glissa dans sa poche avec ses papiers. Cela devrait largement suffire pour les amener jusqu'à Zurich, rejoindre ses parents. Peut-être même pour passer en Angleterre, s'ils étaient acceptés.

L'esprit occupé par ses pensées, il aperçut alors Holger, sur le seuil de son bureau, qui lui faisait signe. C'était la fin de la semaine, et il était plein d'entrain. Il avait réussi à mettre la main sur un enregistrement de contrebande d'un opéra de Korngold, *Das Wunder der Heliane*, qu'il avait dissimulé sous une pochette de papier ordinaire. Le gramophone se mit à crépiter, et il lui chuchota avec enthousiasme :

— Il a été interdit, ce qui est tout simplement grotesque. Il faut que vous l'écoutiez pour comprendre par vous-même.

Max pensa à Bettina qui l'attendait à la gare de Munich. Il regarda de nouveau la pendule. Elle indiquait 17 h 15. Il avait deux heures avant le départ du train de Zurich.

— Juste une minute. Ensuite, je dois vraiment y aller.

Ils écoutèrent le saphir susurrer. Puis les notes de l'ouverture retentirent, triomphales, exaltantes. Holger était assis derrière son bureau, droit comme un I, comme soulevé par la légèreté d'une aria : un fil invisible lui redressant le dos.

— C'est follement tragique, dit-il dans un soupir, enchanté. Tumultueux et cependant d'une sérénité infinie. Heliane est jugée, accusée d'infidélité. Elle avoue au juge qu'elle s'est mise nue devant un jeune homme voué à la mort parce qu'elle a ressenti le besoin de s'immerger dans son chagrin, de le subir avec lui. Ne trouvez-vous pas cela d'une immense beauté, à la fois exquise et tragique ?

Alors que la voix de la soprano s'élevait, se déployait, Holger ferma les yeux sur sa rêverie. Elle remplissait les bureaux déserts d'un crescendo tellement exceptionnel que les deux hommes en restaient muets d'émotion.

Dans le profond silence qui suivit les dernières notes, Max s'essuya les yeux.

— Merci, Holger. C'est la première fois que je l'entends, mais c'est vraiment très beau.

— Je savais que vous adoreriez. Jamais je ne comprendrai comment on peut se priver d'un pareil pouvoir d'exalter les hommes.

Il souriait, satisfait.

— Je suppose que nous devons néanmoins ranger le pauvre pinson dans sa cachette. Même si c'est une peine bien supérieure à son crime, ajouta-t-il en soulevant le saphir. Merci de m'avoir accordé ce moment.

— Je vous en prie. C'est moi qui devrais vous remercier. De tout ce que vous avez fait, pas seulement de l'opéra. Vous avez été très généreux avec moi.

— Vous m'octroyez beaucoup trop de mérite. Je suis juste un cynique qui sait comment exploiter un grand talent quand il le voit, s'offusqua-t-il. Bon, et maintenant je me tais. Je vous ai retenu assez longtemps. Rentrez et profitez bien de votre repos.

— Vous aussi, répondit Max, la gorge nouée.

Il traversa le couloir vide, les yeux embués de larmes. À l'extérieur, le soleil était bas sur l'horizon. Les ombres s'allongeaient. Il se rendit compte qu'il devait se dépêcher. Avant de prendre le train pour Munich, il fallait qu'il aille chercher sa valise et la ceinture qui contenait l'argent.

Il marchait d'un pas vif quand il entendit courir derrière lui. Il venait de se retourner lorsqu'il fut frappé par un premier coup de poing, dur, rapide. Avant même de saisir ce qui se passait, il était à terre, le visage contre le trottoir. Il ne ressentait encore aucune douleur. Juste de l'incompréhension. Trois paires de bottes entouraient sa tête. Les yeux vitreux, il vit l'une d'entre elles reculer, comme un footballeur tirant un penalty. Elle vint atterrir en un coup violent dans ses côtes, lui coupant le souffle.

Il avait perdu le fil de ses pensées, tous ses sens anesthésiés. Peut-être que s'il restait parfaitement immobile, tout redeviendrait clair. Il était en train de rentrer chez lui pour chercher sa valise, et maintenant… inexplicablement, il se retrouvait dans cette situation. Il devait se relever. Il le fallait.

Une voix masculine siffla :

—*Hurensohn.* Fils de pute.

Une main brutale le prit par l'épaule et lui redressa le torse pour fouiller dans sa poche de veste et l'arracher. Son assaillant le relâcha, et il retomba d'un coup, sa tempe rebondissant sur la chaussée. Un jet de glaire éclaboussa les pavés à quelques centimètres de son visage.

Un cri d'alarme jaillit plus bas dans la rue. Ils avaient été repérés. Max essaya de relever la tête, mais une force invisible le plaquait au sol. Même allongé par terre, il était pris de vertiges. Les trois paires de bottes s'enfuirent soudain, le bruit de leurs pas s'éloignant. Des secondes s'égrenèrent dans un silence seulement troublé par sa respiration hachée, puis par d'autres bruits de pas, résonnant dans la direction opposée.

Max glissa sa main gauche sous son torse, se hissa sur ses genoux, et vomit. Des points blancs flottaient devant ses yeux. Il sentit des bras robustes le soulever par les aisselles et l'aider à gagner le bas-côté. Ils le déposèrent doucement sur la bordure froide, en béton. On lui tendit une flasque d'un liquide fort et revigorant dont il avala une gorgée avec gratitude, heureux de se débarrasser du goût de bile et de sang. Alors que le choc commençait à s'estomper, il sentit l'épuisement le terrasser.

—Qu'est-ce qui s'est passé ?

Il leva la tête, une douleur déchirante lui arrachant une grimace. Quatre hommes en uniformes noirs et calots pointus étaient penchés sur lui. Il laissa retomber sa tête pour essayer de réprimer sa nausée.

Une voix plus jeune intervint.

—Ils étaient trois. Des types d'ici. Je les connais.

La première voix demanda de nouveau :

—Pourquoi est-ce que quelqu'un voudrait vous tabasser, en plein jour ?

Max haussa faiblement les épaules.

—Je n'en ai pas la moindre idée.

Et pourtant… il tapota sa veste, trouva sa poche éventrée, ses papiers et son salaire envolés. Le sang battait à ses tempes, résonnant dans son crâne douloureux.

— Ils m'ont pris mon salaire.

— D'où venez-vous ?

Il esquissa un geste en direction de la fabrique, derrière lui.

— L'usine de porcelaine d'Allach. Je rentrais chez moi quand ils m'ont attaqué.

L'officier se fendit d'un sourire narquois.

— Non, je veux dire : d'où êtes-vous originaire ? Manifestement, vous n'êtes pas d'ici ?

— Je suis autrichien. De Vienne.

— Montrez-moi vos papiers.

Disparus, pensa Max. Avec le salaire.

— Ils ont dû les prendre.

L'homme s'agenouilla, son visage caché par la pointe de son calot. Max essaya de se relever, mais il avait les jambes trop faibles.

— Restez où vous êtes ! aboya l'homme en le repoussant.

Le plus jeune s'étonna :

— Qu'est-ce qui se passe, Albrecht ?

Dans un éclair de lucidité, Max sentit son cœur se serrer.

— Je reconnais son visage, répondit la voix légèrement avinée. Je ne me souviens pas exactement de lui, mais… je pense que c'est un salaud de Juif.

— Tu es sûr ?

— Quelle importance ? rugit Albrecht. Si c'est le cas, on va vite le savoir. Emmène-le dans l'allée et déshabille-le.

Bettina regagna Lindenstraße un peu après 22 heures. Pendant une heure, après le départ du train de Zurich, elle avait attendu, à proximité de son banc, espérant contre tout espoir que Max arriverait, sans nul doute inquiet et contrit. Mais, peu à peu, la foule de l'heure de pointe du vendredi soir s'était clairsemée et, au bout de plusieurs heures au même endroit, elle avait craint de se faire remarquer.

D'un pas lourd, elle avait traversé la gare jusqu'au quai d'où partait le train à destination d'Allach. L'anxiété lui donnait des crampes d'estomac. Elle n'avait rien mangé depuis le matin mais, loin d'avoir faim, elle était habitée par un terrible pressentiment. Le train arriva, elle y monta. Lorsqu'il se mit en route, bringuebalant, elle regarda sans le voir son reflet dans la vitre. Son esprit fébrile oscillait sans répit entre le doute et l'optimisme.

Quand elle descendit du train à Allach et qu'elle vit que Max ne l'attendait pas à la gare, la frayeur l'envahit. Chancelante, persuadée qu'elle ne le reverrait plus jamais, elle récupéra le vélo abandonné plus tôt dans la journée. La nuit venait de tomber. Les jambes faibles, elle pédala à travers les rues vides, parsemées de flaques de lumière.

En approchant de la maison de Max, elle vit que la porte était ouverte et qu'une fenêtre était éclairée. Elle sauta de sa bicyclette en marche, la laissa tomber, monta précipitamment les marches du perron et entra. À l'intérieur régnait le plus grand chaos. Le silence était total. Elle n'entendit que le bruit de ses pas tandis que, sur la pointe des pieds, elle contournait les piles de vaisselle cassée. Tous les tiroirs avaient été fouillés, leur contenu déversé sur le sol. Le placard de la cuisine était vide, les chaises et la table renversées.

Lentement, elle gravit l'étroit escalier jusqu'à la chambre où le même spectacle l'attendait : un enchevêtrement de draps et d'oreillers déchirés, jetés à terre. La valise était sur le lit, son contenu éparpillé, la doublure lacérée.

Les mains tremblantes, elle farfouilla dans le désordre des vêtements et des couvertures en quête de la ceinture dans laquelle elle avait, avec tant de soin, cousu l'argent et ses papiers. Sous le lit, elle enfonça ses doigts dans une épaisse couche de plumes. Elle tendit le bras, agrippa un morceau de mousseline de coton qu'elle tira : les restes de la ceinture déchirée, ses coutures arrachées, et, maintenant, complètement vide.

LIVRE SECOND

Sur le mur blanc, propre, aussi haut que large, une immense toile représentait un champ absolument nu, à la lisière d'une forêt. Une lumière timide perçait la grisaille sans apporter la moindre chaleur, éclairant sa nudité d'une couleur jaune, funeste. Des feuilles desséchées, soulevées par une bourrasque, tournoyaient à sa surface. Une volée de corbeaux traversait les nuages qui roulaient dans le ciel. Au centre, une hase protégeait son levraut contre son flanc. Aux aguets, elle dressait la tête contre les rafales. La tempête avait été soudaine, et ils n'avaient nul endroit où s'abriter. Ils n'avaient d'autre choix que d'attendre qu'elle passe.

Chapitre 11

Munich
Printemps 1939

Dans le centre de Munich, les fleurs tombaient tels des confettis. Des pétales, fins comme de la soie, pleuvaient sur les parcs de la ville qui ouvraient leurs grilles. Après avoir été enfermés tout au long d'un hiver rigoureux, les Munichois aspiraient à des journées plus lumineuses. Les vastes pelouses de l'Englischer Garten ne tardèrent pas à grouiller de visiteurs impatients de se promener dans le parc, d'y écouter les musiciens et les trilles des rossignols. Les familles se rassemblaient sous le temple Monopteros aux colonnes de style classique, en harmonie avec leur humeur, pour admirer les toits de la capitale de la Bavière. Ils étaient fiers d'appartenir à une ville qui promettait de redéfinir le reste du monde à son image.

Il régnait encore dans l'air une certaine fraîcheur, mais rares sont les matins aussi doux que ces premiers vrais jours de printemps. Dans chaque massif, les tulipes, les jonquilles, les jacinthes se balançaient comme de petits signaux d'optimisme, couvrant la Marienplatz d'un tapis aux couleurs éclatantes. À mesure que la journée avançait, le bleu du ciel s'intensifiait et, l'après-midi, il fit suffisamment chaud pour ouvrir les fenêtres. Pour la première fois depuis des mois, la lumière entra, illuminant même les recoins les plus sombres.

À Neuhausen, dans le nord-est de la ville, même les jours les plus gris, deux vastes fenêtres inondaient de soleil l'atelier de Bettina. Si son déménagement à Munich, une ville qui symbolisait le nouveau Reich, avait été traumatisant, l'atelier était une bénédiction. Il avait été construit dans le style du Bauhaus. *Herr* Leopold l'avait aidée à le trouver et lui avait prêté l'argent pour la caution. Avec toute sa vie à réinventer, les courbes et les proportions de la pièce lui avaient paru familières et accueillantes.

Cela faisait presque un an qu'elle travaillait là. Pourtant, elle n'avait pas fait beaucoup d'efforts pour rendre l'endroit douillet. Dans un coin s'empilaient des cartons fermés qui contenaient toutes les possessions matérielles de Max. La pensée qu'elle avait là ses croquis et ses carnets de dessin la réconfortait. Tous les projets qu'ils avaient faits ensemble pour leur future maison. Mais elle ne s'imaginait pas prête à les ouvrir un jour et à raviver ses blessures. Leur simple présence réveillait le souvenir de cette abominable journée.

Après sa disparition, elle avait sauvé tout ce qu'elle avait pu de la maison de Max. Dès qu'elle s'était rendu compte qu'il avait été emmené, elle avait couru chez le frère de Richard. Elle était en proie à une telle frénésie qu'elle s'en souvenait à peine aujourd'hui. Mais Peter avait été d'une bonté et d'une patience infinies. Il l'avait accompagnée chez Max pour l'aider à trier ce qu'ils pourraient sauver, au milieu des dégâts.

Quelques jours après, Richard était arrivé de Berlin, bien déterminé à la soutenir. Les deux frères avaient juré de retrouver Max en faisant jouer toutes leurs relations. Ils n'avaient pas tardé à établir qu'il avait été arrêté. Ce qui était loin d'être rare. Il était beaucoup moins évident de connaître l'endroit où il pouvait être emprisonné. Complétement démunie, Bettina avait passé des jours et des jours prostrée dans la chambre d'amis de Peter. Sachant qu'elle avait besoin de laisser libre cours à son chagrin, les deux frères l'avaient laissée en paix.

Quand enfin elle avait commencé à se lever, Richard avait essayé de la persuader de fuir le pays. Mais elle avait refusé. Elle était résolue à rester en Allemagne et à attendre Max. Elle avait déclaré qu'elle ne pouvait pas, ne voulait pas partir sans lui. Elle refusait même de retourner à Berlin avec Richard. Elle voulait être près de chez elle, au cas où il reviendrait. Rester à la ferme était impossible, aussi avaient-ils trouvé un compromis en l'aidant à s'installer à Munich.

Quand ils avaient été sûrs que Marielein et Albrecht étaient absents, Richard et Peter étaient venus l'aider à emballer la vie qu'elle avait sans regrets laissée derrière elle. Elle aurait pu tout prendre mais, finalement, elle n'avait emporté que peu d'affaires : ses peintures, ses carnets de croquis et ses vêtements. Elle avait écrit un mot à sa mère et à son frère leur annonçant qu'elle partait habiter à Munich et qu'elle reprendrait contact avec eux quand elle aurait une adresse adéquate. Son départ ne lui donnait aucun sentiment de culpabilité. Néanmoins, elle n'avait pas la moindre envie de les revoir.

Quand *Herr* Leopold lui avait proposé de l'aider, elle avait accepté volontiers. Elle savait que seul le travail pouvait la sauver. Si elle n'avait pas pu s'y absorber complètement pendant des heures quotidiennement, elle aurait sans doute essayé de mettre fin à ses jours. La vie sans Max, son absence cruelle, douloureuse, lui étaient presque intolérables.

Aussi travaillait-elle jour et nuit, couvrant toile après toile. Ne pouvant s'empêcher de peindre Max encore et encore, elle ne pouvait plus représenter des sujets humains. Elle se réfugiait donc dans la neutralité sécurisante de la nature. Des champs et des forêts. Des paysages et des fermes. Dans chacun, elle se mettait en scène : en animal, en oiseau, comme pour se rappeler qu'elle appartenait à ce monde, même si elle avait l'impression d'être sur le point de se désintégrer en poussière.

Quand enfin le long hiver prit fin, elle était sur le point de sauter le pas. Cela faisait juste un an que Max avait disparu, et

Herr Leopold avait décidé que ce devait être le tournant de sa vie. Le moment était venu d'orchestrer sa présentation sur la scène artistique de la ville. Pour elle, le choix était purement pragmatique : elle avait besoin d'argent pour rester à Munich et attendre que Max soit libéré. Ainsi, quand il le serait, ils pourraient enfin s'enfuir.

Elle mit du rouge à lèvres, enfila sa plus jolie robe de soirée, vieille pourtant de plusieurs années et qui paraissait défraîchie. Puis, serrant le bras de *Herr* Leopold, elle entra dans la pièce la plus grandiose qu'elle ait jamais vue. Les murs étaient d'un bleu glacé. Une magnifique corniche en plâtre, avec une frise, courait autour de l'imposant plafond dont la rosace centrale, aussi baroque qu'extravagante, était composée de fruits et de rubans. Les hautes et larges portes étaient grandes ouvertes entre les pièces pour permettre aux serveurs de passer d'une salle à l'autre. Les températures avaient chuté, mais le plaisir d'un ciel nocturne limpide compensait la fraîcheur ambiante. Aussi, les portes-fenêtres donnant sur la terrasse étaient restées ouvertes.

À la marge de ce nouvel univers, immobile, Bettina observait. Toutes les réceptions du milieu de l'art auxquelles elle avait participé étaient fréquentées par des radicaux, des rebelles, qui ne parlaient que de tout casser et de reconstruire le monde comme il devrait l'être. Ici, les conversations étaient plutôt triomphalistes. Ils avaient réussi, les autres pays prenaient leur direction, et tout était en ordre.

Elle remarqua que les femmes, déterminées à garder les élégantes ondulations de leurs cheveux intactes et leurs atours en soie impeccables, buvaient à petites gorgées. La nuit n'était même pas encore tombée que les hommes, en revanche, étaient déjà ivres. Beaucoup se plaignaient à haute voix de voir tant de femmes célibataires dans l'assistance. Quel était le problème de la jeune Allemande contemporaine ? Elles n'étaient pas appétissantes, maugréaient-ils en regardant leurs hanches aussi minces que leurs cigarettes. Comment étaient-ils censés repeupler le Reich si toutes les femmes ressemblaient à des mannequins de vitrine d'un *Kaufhaus* ?

Pour la plupart, les femmes ignoraient leurs ronchonnements. Leur bavardage portait sur la société du monde de l'art, et se traduisait par qui couchait avec qui. La récente « acquisition » de la Bohême provoquait leurs rires, car elles étaient enchantées que, rejoignant Vienne, Munich et Berlin, Prague soit en train de devenir un nouveau joyau parmi les villes qui leur appartenaient.

Bettina ne se sentait pas du tout à sa place dans le salon trop éclairé. Elle buvait son champagne très lentement, plutôt que de l'avaler d'un trait et de risquer de se ridiculiser. Elle allait d'un groupe à l'autre, sans se mêler aux gens, écoutant le *Kaffeeklatsch*. Son potin préféré était la rumeur que Hitler avait été empoisonné par une omelette à la conférence de Munich et que, depuis, un sosie se faisait passer pour lui.

— Les gens auraient sans doute remarqué, s'esclaffa une mondaine d'un ton acerbe. Étant donné l'armée de cinéastes qui le suivent à la trace. On ne peut plus traverser une pièce sans se retrouver sur le film de quelqu'un, aujourd'hui.

Toute la première heure, *Herr* Leopold resta à côté d'elle et la présenta à tous ceux qu'il connaissait. Il finit par se fondre dans les invités pour faire un tour de la pièce seul et la laissa à son propre sort. Bettina absorba le spectacle en silence. Le cliquetis des verres se mêlait aux conversations, comme les tintements d'un concert qui montaient jusqu'au lustre de cristal.

Malgré les nombreuses références à l'abstinence dans les conversations, tous les verres étaient pleins. Les invités dénonçaient l'idée qu'ils devraient renoncer à leurs vices. C'était pour le commun des mortels, ceux qui n'avaient pas l'intelligence de prendre des décisions eux-mêmes. Eux étaient les fidèles qui symbolisaient l'esprit de l'époque, même s'ils choisissaient d'ignorer ses décrets.

Bettina déambulait en les observant, sans pour autant se joindre à aucun des groupes. Elle reconnut certains visages du passé, d'avant le Bauhaus, d'avant Max, quand Richard s'était vu chargé de garantir sa sécurité et de protéger sa vertu. Quelques femmes, qu'elle avait connues quand elle avait dix-sept ans, la saluèrent chaleureusement. La plupart étaient présentes parce qu'elles avaient épousé un artiste ou un marchand d'art et, leurs enfants devenus presque adultes, s'étaient évadées de chez elles pour une soirée. Sachant qu'elles avaient renoncé à leurs pinceaux et à leurs ambitions des années auparavant, Bettina pensait qu'elles auraient envié sa liberté. Or, elles paraissaient avoir pitié d'elle, déplorer qu'elle n'ait ni mari ni progéniture.

Quand la conversation s'orienta sur l'état du pays, Bettina se surprit à poser une question que jamais elle n'aurait osé aborder en compagnie d'hommes. Elles avaient toutes eu des amis juifs, à l'université. N'avaient-elles aucun état d'âme devant le traitement qu'ils subissaient ? La plupart restèrent sur la réserve. Pourtant, l'une d'entre elles raconta la tristesse de ses enfants quand, un jour, leurs camarades juifs n'étaient pas revenus à l'école. Elles s'empressèrent de changer de sujet. Frieda, une femme un peu plus âgée, que Bettina avait beaucoup admirée, lui chuchota néanmoins rapidement :

— Je suis d'accord. Je pense que c'est extrêmement difficile pour les enfants. Avec la fermeture de leurs commerces, leurs parents arrivent à peine à joindre les deux bouts, et ce sont les petits qui en pâtissent. C'est tragique, à bien des égards.

Soulagée de trouver une âme compatissante dans cet océan d'indifférence, elle lui sourit. Mais Frieda poursuivit :

— Dès les premières neiges, j'ai emmené mes enfants à la synagogue pour donner des manteaux et des chaussures. J'ai pensé, il faut qu'ils voient par eux-mêmes. Oui, il y a de la souffrance, et c'est triste à voir. En même temps, il faut faire face aux vérités, même si elles sont difficiles à accepter. Tellement de ces fichus Juifs sont là à mendier de l'aide alors que tout le monde sait bien qu'ils ont des fourrures et des bijoux cachés chez eux. Je suppose toutefois que le mensonge est inhérent à leur nature. J'ai dit à mon fils : « Sois poli, mais vigilant. Si tu leur serres la main, ils vont te voler ta montre. »

Abasourdie par cette impitoyable cruauté, Bettina bégaya une excuse et s'éloigna, chancelante. Seule dans la cohue, elle gagna un couloir et s'arrêta devant une fenêtre ouverte pour respirer l'air frais de la nuit. Les rires qui lui parvenaient du salon principal ressemblaient à des braiments, les discussions continuaient, aussi malveillantes que sarcastiques. Elle envisagea de s'échapper, de partir en catimini et de retourner à son atelier où elle pourrait retirer ses bas et ses escarpins. C'était prématuré. Elle n'était pas encore prête pour toute cette haine. Le serait-elle jamais, d'ailleurs ?

Soudain, une voix masculine, grave et forte, interrompit le fil de ses pensées.

— *Fräulein* Vogel, toute seule ? Je m'attendais à vous voir régner sur cette assemblée.

Un homme de haute taille, au visage anguleux et aux yeux profondément enfoncés, la regardait avec intensité. Il portait l'uniforme noir, impeccable, des officiers de la SS. Bettina bredouilla un salut, consternée de voir qu'elle était visiblement connue d'un membre de la Schutzstaffel. Devant sa gêne évidente, il se mit à rire.

— Ne craignez rien. Votre réputation artistique vous précède.

Elle essaya de reprendre contenance.

— Vous me rassurez. Je m'en voudrais d'avoir attiré votre attention pour une chose plus répréhensible.

Manifestement amusé, il haussa les sourcils.

— Nous ne sommes pas monolithiques, vous savez. Si l'uniforme peut donner cette impression, c'est à dessein. Nous sommes tous des individus en dessous. Des hommes faillibles, remplis de défauts.

Il la jaugea d'un regard appréciateur.

— Ainsi, vous êtes la jeune fille qui a peint *Le Viking* ?

Malgré son irritation de se voir qualifier de « jeune fille », Bettina parvint à esquisser un sourire.

— J'ai cru comprendre que Leopold avait décidé de vous promouvoir.

— Il a été d'un soutien incroyable.

— Il sait reconnaître les personnes qui peuvent lui rapporter de bonnes commissions. J'ai très souvent entendu prononcer votre nom, ces derniers temps. L'artiste Adolf Ziegler parlait de vous, rien que la semaine dernière.

— En bien, j'espère ?

— En très bien. Racontez-moi, sur quoi d'autre avez-vous travaillé ?

— Des paysages, la campagne principalement.

— Connaissez-vous le marchand d'art Hildebrand Gurlitt ? Il aide la Chambre de la culture du Reich à identifier les peintres prometteurs. Nous sommes tous les deux désireux d'encourager de nouveaux talents. Peut-être pourrais-je vous présenter l'un à l'autre ?

— J'en serais ravie. Pensez-vous que *Herr* Gurlitt envisagerait de visiter mon atelier ?

— Je suis sûr que oui. Et moi aussi.

— Mais je suis désavantagée. Vous semblez tout connaître de moi alors que je ne sais rien de vous.

— Karl Holz, se présenta-t-il, une main tendue.

Ses doigts secs l'agrippèrent l'espace d'une seconde, avant de la relâcher.

— En fait, je suis moi-même collectionneur. Quoique de manière assez limitée. J'ai même acheté l'un de vos paysages à Leopold l'année dernière. Vous avez une véritable maîtrise du sujet.

Elle sourit, enchantée.

— C'est très aimable à vous.

— Quelle différence avec vos premiers travaux !

Bettina porta ses doigts à sa gorge et sentit son pouls s'accélérer. Elle espéra qu'il ne l'avait pas remarqué. Il pencha la tête de côté, comme intrigué par sa réaction.

— Berlin n'est pas un autre pays, vous savez. Nombreux sont ceux qui se souviennent des débuts d'une jeune peintre aussi prometteuse.

J'ai tenu à y retourner pour voir votre progression en tant qu'artiste. Et tirer de l'oubli certaines de vos toutes premières œuvres.

Il baissa les yeux sur son uniforme d'apparat immaculé, ses longs doigts brossant la cendre qu'il imaginait tombée sur son revers.

— Ils étaient… satisfaisants.

Ses paroles restèrent en suspens. Piquée au vif, elle se sentit rougir.

— Je ne voulais pas vous offenser. Mais on devinait la main de Kandinsky sur votre épaule et, par les temps qui courent, ce n'est pas prudent, *Fraülein* Vogel.

Il jeta un coup d'œil à la ronde, comme si l'on pouvait surprendre leur conversation, et sourit de nouveau.

— Mais, je vous en prie, ne vous méprenez pas. Nous ne sommes pas tous aussi opposés à l'expressionisme abstrait. J'ai moi-même un certain attrait pour le genre. Je possède toujours quelques tableaux qui comptent parmi mes préférés et dont je n'ai nulle intention de me séparer. Je choisis de ne pas divulguer ces goûts à mes compatriotes, mais je suis persuadé de pouvoir compter sur votre discrétion.

Elle inclina la tête, surprise d'entendre le calme de sa propre voix.

— Et moi sur la vôtre ?

— Bien sûr.

Il afficha un sourire en coin qu'il voulait apaisant, mais qui n'éclaira pas son regard. Le cœur de Bettina continuait à cogner dans sa poitrine. Un souvenir de son enfance surgit à sa mémoire, celui d'un lapin pris au piège. Alors qu'elle avait essayé de le rassurer, elle avait senti son petit cœur palpiter sous ses doigts. Elle avait cru qu'il allait mourir de peur.

— Pour ce que ça vaut, vous avez pris la bonne décision, poursuivit-il. Dans le climat actuel, le réalisme romantique est un choix plus pragmatique. Il sera le médium qui définira notre siècle. N'êtes-vous pas d'accord ?

Toujours perplexe sur ses motivations, elle hocha légèrement la tête en signe d'assentiment.

— Tout ce qui fait la différence entre un artiste moyen et un grand artiste, c'est d'arriver au bon moment. Dans le monde d'avant, vous étiez destinée à suivre les hommes qui vous avez précédée. Mais, dans celui-ci, la page est encore vierge. Quelques-uns doivent encore l'écrire. Pensez un peu à la place que l'art créé dans cette ville aura dans l'Histoire. Il sera connu du monde entier.

Intriguée, elle insista un peu.

— Vous pensez vraiment que l'art allemand peut rivaliser avec ce qui vient du reste de l'Europe, de l'Amérique ?

— Je le sais. Ils sont tous plus séduits par ce que nous avons accompli que vous pourriez l'imaginer.

Il montra du doigt l'élégante foule.

— Leurs dirigeants peuvent toujours exprimer leur désapprobation ; pourtant, là-bas, vous avez une duchesse anglaise. Ces gens feignent de désapprouver mais, en vérité, ils nous envient, voilà tout. Notre art définira l'image du siècle, et vous pourriez être aux premières loges.

Sachant à peine quoi répondre, Bettina essaya de rire.

— Je n'ai aucun désir d'être reconnue.

— Pourquoi pas ? La reconnaissance est un indicateur de talent. En outre, je ne suis pas si sûr de vous croire.

Il lui sourit avec indulgence.

— Vous avez suffisamment de bon sens. Vous savez que l'art est un marché, comme n'importe quel autre. Vous êtes bien placée pour présenter votre étal, jeune demoiselle.

Il esquissa un geste en direction de la salle, balayant un sillage de fumée.

— Voilà les gens qui décident de ce qui fait le grand art. S'ils vous en jugent digne, pourquoi le nieriez-vous ?

De sa main sèche, il reprit la sienne et la tint sans la serrer.

— J'aimerais faciliter une transition. De quelqu'un dont on parle à quelqu'un qui contrôle la conversation. Laissez-moi vous présenter *Herr* Gurlitt. Son soutien ne peut être que bénéfique à une jeune artiste.

Indécise, Bettina ne savait que répondre. Elle considéra sa proposition. Si elle avait de l'argent, et des gens influents derrière elle, cela pourrait-il avoir une incidence positive sur son avenir et, par ricochet, sur celui de Max ?

— Merci. Je vous en serais très reconnaissante.

— Êtes-vous déjà allée à l'île aux Roses, sur le lac de Starnberg ?

Ses paroles étaient plus légères, son ton plus badin.

— J'y possède une résidence d'été, au bord du lac, et un petit atelier. Vous seriez mon invitée et pourriez y passer une semaine ou deux à peindre. Le paysage y est d'une beauté à couper le souffle. Par temps clair, on peut même voir les Alpes.

Il semblait attendre sa réponse. Perplexe, elle lui adressa donc un bref signe de tête, sans réellement savoir ce qu'elle venait d'accepter. Lui prenant alors le bras de sa main vigoureuse, il l'entraîna de nouveau vers la foule.

— Alors venez. Faisons en sorte que Munich sache que vous êtes arrivée.

En entendant frapper à la porte, Bettina fut transportée d'une allégresse qu'elle n'avait pas ressentie depuis des mois. Elle l'ouvrit à la volée et se jeta dans les bras de Richard, immédiatement grisée par son odeur habituelle de tabac sucré, de cuir et celle, acide, de l'essence. Elle avait toujours associé son ami à la route, aux voyages, à l'aventure : un mélange réconfortant d'éléments familiers de la vie et de la possibilité de changement. Elle n'avait pas voyagé depuis si longtemps qu'elle en avait même oublié le goût.

Au bout d'un moment, elle recula d'un pas pour l'examiner d'un œil critique. Il avait les cheveux plus courts, plus blonds que la dernière fois qu'elle l'avait vu. Sa peau hâlée et ses taches de rousseur ne parvenaient pas à dissimuler ses cernes mauves et ses joues creuses.

— Tu as l'air épuisé, le réprimanda-t-elle gentiment. Qu'est-ce que tu as fait ?

— Et bonjour à toi. Quelle façon de saluer un vieil ami fatigué !

— Je suis heureuse de te voir, dit-elle en souriant enfin. Allons, ne reste pas planté là, entre. Où loges-tu ?

Il ramassa un sac de voyage en cuir usé.

— Dans un hôtel près du Hirschgarten.

— Pour combien de temps ?

— Juste deux jours, malheureusement. J'ai aussi des affaires à régler. Je ne te dérangerai donc pas trop longtemps.

— Tu ne me déranges pas, lança-t-elle en le faisant entrer. Et puis, j'ai des projets pour toi.

Richard posa son bagage et balaya du regard le grand studio, élégant et lumineux.

— Tu es une vraie magicienne, Betti. Il n'y a que toi pour trouver du Bauhaus à Munich.

La pièce était éclairée par les fenêtres orientées au nord. Le mobilier et la décoration étaient sobres : un lit simple, un confortable fauteuil capitonné d'un velours vert foncé, une petite table et des chaises. Une kitchenette, visiblement peu utilisée, occupait la longueur d'un mur.

— Je suis désolée que ce soit si spartiate, s'excusa-t-elle. Je ne fais pas grand-chose, hormis peindre et dormir.

Des croquis étaient disséminés sur presque toutes les surfaces. Différents travaux en cours étaient installés sur plusieurs chevalets. Une bonne dizaine de toiles achevées s'empilaient contre les autres murs : scènes de ferme, les œuvres champêtres romantiques pour lesquelles elle commençait à être connue. Les plus frappantes représentaient des paysages à grande échelle sous de violentes tempêtes.

Penché sur chacune d'entre elles, Richard les examina tour à tour. Puis il se redressa pour regarder l'ensemble. Bettina, à quelques pas de lui, essaya de déchiffrer son expression.

Devant son silence, elle finit par demander :

— Alors ?

— Elles sont incroyables. J'ai peine à croire à quel point tu es devenue prolifique.

— « Incroyable » est le mot le plus perfide qui soit, Richard Amsel !

Permettre à quiconque, même à Richard, de franchir cette limite était une invitation à entrer dans l'intimité de son travail, à risquer de se dévoiler.

— J'aime bien les gentilles petites scènes rurales. Même si elles sont un peu trop mièvres à mon goût. Mais ça…, ajouta-t-il en se penchant de nouveau vers les paysages. Ils sont magnifiques.

— Tu es sûr de les aimer vraiment ?

— Oui, je le jure, solennellement. Il y a un peu de Munch en eux, dans les proportions, dans le cadrage. Mais ce genre d'abstraction n'est-il pas un peu risqué si tu cherches à séduire ta clientèle conservatrice ?

— Apparemment, j'ai déjà atteint cet objectif. Je pense que *Le Viking* va être inclus dans l'exposition du grand art allemand de cet été.

Richard passa son bras autour de son épaule.

— C'est merveilleux, Betti ! Je dois admettre qu'au début j'étais un peu sceptique. Mais tu y es arrivée, petite maligne !

Bettina s'autorisa un sourire timide avant de repousser le compliment d'un geste.

— J'éprouve une certaine *Schadenfreude*, une sorte de plaisir malsain en sachant que tous ces nazis s'extasient devant le portrait d'un Juif, sans le savoir. Indubitablement, ça va m'aider à vendre mes autres travaux, mais je ne peux pas nier que cela me met mal à l'aise. Mon instinct, c'est l'expressionisme. Hélas, ça ne paie pas le loyer.

— Il n'y a aucune honte à gagner sa vie.

Richard lui jeta un regard et prit une profonde inspiration.

— Puisque nous abordons le sujet, je voulais te dire à quel point je regrette de t'avoir renvoyée vivre avec Albrecht et ta mère. C'était une idée déplorable. Une terrible erreur de ma part. J'ai pensé que cela vous permettrait de rester ensemble, Max et toi. Je n'avais pas compris ce à quoi je te condamnais.

En entendant le nom de Max, elle sentit un étau lui broyer le cœur.

— Nous avons pris la décision ensemble.

Elle sentit la main de son ami sur son épaule. Il la pressa en un geste rassurant. Elle la tapota et se tourna vers lui.

— Je t'en prie, ne sois pas si gentil avec moi, sinon je vais m'écrouler.

— D'accord.

Il se frotta vigoureusement les paumes.

— Et maintenant, où est l'alcool fort ? Je ne peux pas croire que, depuis une demi-heure que je suis ici, tu n'aies pas encore pensé à m'abreuver. Je vais finir par me dessécher.

Dans un éclat de rire, elle répondit :

— Il suffit de demander. Que préfères-tu ? Bière ou vodka ?

Le reste de l'après-midi s'écoula dans des vapeurs de bière. Ensemble, ils déambulèrent sous les hauts châtaigniers du Hirschgarten dont les branches en fleurs ressemblaient à des pagodes roses à toit pointu. Le parc était bondé de familles et de couples qui, profitant de la chaleur, buvaient des chopes sous les larges frondaisons des arbres séculaires.

À Munich, ils pouvaient se permettre des conversations en toute sécurité. Ils évoquèrent leurs souvenirs de leur jeunesse d'étudiants de la ville, avant Max et le Bauhaus, avant Berlin et toutes les complications de leur vie d'adultes.

Pendant une heure, ils se perdirent dans le bruit et la foule. Les effluves sulfureux du houblon se mêlaient à l'odeur boisée des barils de chêne et au parfum odorant de la voûte des arbres en fleurs au-dessus d'eux. Ils burent à son succès d'avoir été choisie pour l'exposition de la Haus der Kunst. Dans la rumeur des voix autour d'eux, ils savouraient leur anonymat. Ce ne fut que lorsqu'ils furent un peu ivres que Bettina se sentit le courage d'aborder de nouveau le sujet de Max.

— Vu ton silence, autant que je te pose la question. Tu as eu des nouvelles ?

Richard et Peter avaient promis de remuer ciel et terre pour découvrir ce qui était arrivé à leur ami, pour essayer de savoir où il était actuellement. Ils la tenaient informée de tout nouvel élément. Pourtant, elle sentait que Richard lui cachait quelque chose.

— Tu sais tout ce que je sais. Il a été arrêté pour avoir travaillé sous une fausse identité et, si nous sommes à peu près sûrs qu'il a été emprisonné, nous ignorons où. Nous y travaillons. Je te le promets…

Malgré son besoin de lui soutirer la vérité, elle était déterminée à ne pas le harceler. Se forçant à se ressaisir, elle détourna les yeux. Richard lui prit la main.

— À la seconde où j'aurai du nouveau, je te le dirai.

— Merci pour tout ce que tu fais. Je t'en suis vraiment très reconnaissante. Je ne veux pas que tu te mettes en danger, quel qu'il soit.

— Tu es mon amie la plus chère. Je suis heureux de pouvoir t'aider.

L'anniversaire de ce jour funeste était passé depuis quelque temps déjà. Son chagrin, omniprésent, rythmait ses journées. Certes, jusqu'ici, elle avait survécu. Mais Richard était le plus apte à comprendre combien cela lui avait coûté.

Le crépuscule commençait à tomber. Dans la voûte des arbres du *Biergarten*, les guirlandes s'illuminèrent. Bettina survola les lieux du regard. Le nombre de familles et de femmes avait diminué. L'atmosphère se fit plus bruyante, plus tapageuse. Avec, en note de fond, une hostilité qui la mit sur ses gardes. Elle avait redoublé de prudence, ces derniers mois, prompte à contrôler ses propres actions, à faire en sorte de se fondre dans la masse.

Elle fit signe à Richard de terminer son verre.

— Viens, il est temps de rentrer.

Il le vida d'une grande gorgée.

— Je dois regagner mon hôtel, de toute façon.

— Déjà ? Il est un peu tôt, non ? Mais si tu n'as pas le choix…

— Je viendrai te voir demain. Je passerai l'après-midi et la soirée avec toi.

— Étant donné ton cruel abandon, je suis tentée de te demander un service.

— Je ferais n'importe quoi pour toi. Tes désirs sont des ordres.

Elle s'appuya à son bras.

— Je suis un peu… rouillée, pour ce qui est de réaliser des portraits.

En fait, depuis qu'elle avait fini *Le Viking*, elle n'avait peint que des paysages. Chaque fois qu'elle commençait à esquisser un visage, il prenait les traits de Max. Paralysée, elle était obligée d'abandonner et de recommencer à zéro.

— J'aimerais vraiment m'y remettre, mais, pour ce faire, il me faudrait un modèle vivant. Une muse, si tu préfères…

Il éclata de rire.

— Tu es folle ?

Elle leva les yeux vers lui et lui sourit.

— Oh, dis-moi que tu acceptes ! Nous pourrons en profiter pour bavarder, rattraper le temps perdu. Je sais à peine ce qui se passe dans ta vie, en ce moment. En outre, personne ne ressemble plus à l'idéal aryen que toi. Tu es un concentré de l'âme germanique. Tu ne veux pas aider une vieille amie ?

Il passa une main dans ses cheveux blond sable.

— Présenté ainsi, comment pourrais-je refuser ?

Le lendemain après-midi, Bettina attendit impatiemment le retour de Richard à Neuhausen. Le soleil effleurait de ses rayons le parquet de l'atelier sur lequel elle avait étalé un grand drap rugueux, qui recouvrait aussi le fauteuil de velours vert dans lequel il pourrait s'asseoir confortablement pour poser.

Son dernier modèle avait été Max. Et la perspective de cette nouvelle tentative la remplissait d'appréhension. Pourtant, elle savait que le moment était venu d'affronter ses peurs. Au moins, Richard lui était familier depuis longtemps. Il avait posé pour elle à plusieurs reprises quand ils s'étaient rencontrés.

Son carnet de croquis et ses fusains les plus légers étaient prêts. Elle avait décidé de suivre la même méthode que celle qui avait fonctionné pour Max. Pour commencer, elle s'autoriserait une liberté expressionniste, avant d'appliquer la rigueur du réalisme. Elle ne pouvait se le permettre que sous la forme d'esquisses. Elle savait qu'il était préférable de ne pas avoir recours à une toile pour ce genre de création. La Gestapo pouvait débouler à l'improviste et exiger de voir ses travaux en cours.

Quand, enfin, il frappa, elle se précipita à la porte et l'ouvrit avec enthousiasme.

Il entra vivement et s'empressa de refermer derrière lui.

— C'est Max, annonça-t-il. J'ai découvert où il était.

Bettina retint son souffle, se préparant au pire.

— Après t'avoir quittée hier soir, j'ai passé la soirée avec quelqu'un. Je ne peux pas te dire qui, ce ne serait prudent ni pour lui ni pour toi. Mais il te suffit de savoir qu'il a accès aux archives du secteur judiciaire. Il a promis de trouver le dossier de Max pour ce matin, de me communiquer toutes les informations qu'il pourrait. Je l'ai vu tout à l'heure et suis venu directement chez toi.

Il lui prit la main.

— Apparemment, il aurait été arrêté à Allach, comme nous le pensions, et accusé d'être un imposteur. De travailler sous une fausse identité. Mon contact m'a assuré qu'en temps normal cela n'aurait pas été si grave. Un an ou deux de prison, peut-être. Mais après l'Anschluss, les autorités ont commencé à arrêter des dizaines de milliers de Juifs sur des accusations montées de toutes pièces. Les nazis auraient utilisé son arrestation pour justifier la confiscation des biens de ses parents à Vienne, qui étaient considérables. Comme ils ont quitté l'Autriche, ils ont été faussement inculpés d'évasion fiscale. Maintenant, il faut que tu m'écoutes et que tu sois courageuse. Max a été condamné à quatre ans de travaux forcés à Dachau.

Bettina prit appui contre le mur, derrière elle, et, lentement, s'affaissa sur le sol.

— Tu en es certain ?

Richard s'assit à ses côtés.

— Je n'ai aucune raison d'en douter.

— Pourquoi ne m'a-t-il pas écrit ?

— Ces endroits ne sont pas comme des prisons, Bettina. J'ai entendu des choses abominables… Des punitions horribles. Des traitements barbares. Mais, même s'il le pouvait, comment saurait-il où envoyer ses lettres ?

Elle avait transmis son adresse de Neuhausen à Marielein, mais n'avait jamais reçu de courrier de sa mère ni de personne. Est-ce que Max lui avait écrit et, si c'était le cas, combien de lettres, attendant une réponse qui n'était jamais arrivée ?

Incapable d'assimiler la situation, elle secoua la tête.

— J'aurais dû rester à la ferme.

Richard la prit par les épaules.

— Tu ne pouvais pas, c'était impossible.

— Que pouvons-nous faire ?

— Absolument rien. Depuis, des milliers de Juifs ont été emmenés. On dirait vraiment qu'ils veulent les éradiquer du pays. Ils relâchent certains hommes et les exilent. Nous devons juste être patients et attendre, en espérant que tout ira pour le mieux.

Son visage se décomposa. Elle laissa échapper une longue plainte rauque et se blottit contre l'épaule de Richard. Il la serra contre lui jusqu'à ce que ses sanglots s'apaisent. Quand son souffle se fit saccadé, il comprit qu'elle était à bout de forces. Elle s'assit et, la tête baissée, prit de profondes inspirations. Elle finit par se relever et gagna l'évier d'un pas chancelant. Là, les mains en coupe, elle but au robinet avant de s'asperger le visage d'eau. Puis, d'une voix éteinte, elle murmura :

— Je suis vraiment désolée, Richard. Je me sens épuisée. Tu ne m'en voudrais pas si j'allais m'allonger ?

— Bien sûr que non.

Pelotonnée sur le petit lit de la pièce adjacente, elle étouffa ses pleurs jusqu'à s'endormir d'un sommeil agité. Quand elle se réveilla, le ciel s'assombrissait, le crépuscule approchant. Elle trouva Richard assis sur le large bord de la fenêtre. Il regardait dans la rue.

— Pourquoi ne m'as-tu pas réveillée ?

— J'ai pensé que tu aurais besoin de te reposer. J'ai ouvert une bouteille de vin. J'espère que tu ne m'en voudras pas.

Bettina se frotta les yeux. Ils étaient toujours bouffis et rouges d'avoir pleuré. Elle prit un verre sur l'étagère et vint s'asseoir près de lui, sur le plancher, dos au mur. Ensemble, chacun perdu dans ses pensées, ils regardèrent l'horizon virer d'un bleu Klein au noir. De l'atelier du dessous, une sonate pour piano de Beethoven s'échappait d'un transistor branché sur une radio soviétique. Les notes montaient dans le ciel nocturne.

— *La Tempête*, fit remarquer Richard. Comme c'est approprié.

Bettina le regarda. Ses traits étaient éclairés par la lumière du réverbère.

— J'ai besoin d'une distraction. Tu permets que je te dessine ?

— Toi qui dessines, moi qui bois ? Comme au bon vieux temps, répondit-il en souriant.

Elle prit place dans le fauteuil qu'elle avait préparé pour lui et esquissa sa silhouette dans l'encadrement de la fenêtre. Le fusain était léger, friable. Elle devait le tenir avec précaution pour l'empêcher de partir en poussière. Il glissait à la surface du papier, avec une douceur mêlée à l'énergie que lui insufflaient ses doigts. Elle travaillait vite, désireuse de capturer l'expression de son ami.

Silencieux, Richard écoutait les notes fluides du piano. Le jeu de Richter était impérieux et mélancolique. Elle remarqua de nouveau ses cernes sombres et les rides plus marquées au coin de ses yeux. Elle voulait lui demander d'où lui venait cette fatigue mais, se ravisant, elle se lança dans une conversation plus anodine sur leurs amis communs à Berlin, la scène artistique de la capitale, de qui y était encore.

— Tu vois toujours Imre ?

Sans changer de position, Richard la regarda.

— Chaque fois que je le peux, ce qui n'est pas si fréquent.

Il s'interrompit.

— C'est une fille adorable. Mais je ne pense pas pouvoir lui donner ce qu'elle veut.

— Mais encore ? le taquina-t-elle.

— Je suis sûr que tu imagines très bien.

— Je suppose que oui, en effet. Même si j'ai du mal à comprendre ce qui te retient.

Sa mâchoire se crispa.

— La vie est trop compliquée, en ce moment.

Il ferma les yeux. Jamais elle ne lui avait vu un air si las. Après un moment d'hésitation, elle se décida :

— Je sais que je suis assez mal placée pour dire ça, mais je ne t'ai jamais vu aussi épuisé.

Il se passa les mains sur le visage et se frotta les paupières.

— Pardonne-moi. Je brûle la chandelle par les deux bouts.

— Tu veux m'en parler ?

Il soutint son regard, comme pour évaluer ce qu'il pouvait lui révéler.

— Je n'ai pas été totalement honnête avec toi hier soir. Je ne suis pas venu pour les affaires. Du moins, pas pour les miennes.

Les yeux délibérément rivés sur le papier, elle le pressa :

— Continue.

— Rien de trop risqué. Ou, en tout cas, rien que je ne pourrais justifier en ces circonstances.

Il baissa les yeux vers une éclaboussure de peinture sur le rebord de la fenêtre et l'essuya de ses doigts.

— Si tu dois le savoir, je remplis quelques missions pour Libertas et plusieurs de ses amis. Certaines personnes ici ont pas mal d'influence et d'informations, et ce sont des liens que nous voulons… exploiter. Y compris l'homme qui m'a parlé de Max.

Sans lever la tête, son regard fixé sur les gouttes brillantes, il les effaça méthodiquement, arrachant chaque tache une à une.

— Tu te rappelles les fêtes auxquelles nous allions avec tous ces artistes, à Berlin ? Des soirées agréablement arrosées et débauchées ? Elles avaient démarré de façon innocente : comme des rencontres pour échanger des idées. Pour certains, cela voulait dire liberté de parole ; pour d'autres, liberté d'être soi-même d'une manière qui aurait pu être réprouvée ailleurs. Je suis sûr que tu avais compris, tu n'es pas naïve.

Elle avait passé assez de soirées en compagnie des amis de Richard pour savoir qu'il y avait des endroits à Berlin qui toléraient presque tous les vices, qui les encourageaient même. Des mondes dans lesquels elle avait toujours aimé évoluer en dilettante, protégée par son vieil ami. S'enfoncer dans ces eaux troubles tout en sachant qu'elle pouvait faire demi-tour.

Richard reprit :

— Eh bien, il est devenu apparent que des gens puissants du régime avaient des… appétits qui étaient loin d'être délicats, dirons-nous. Et ils étaient avides de trouver un exutoire.

— Alors, quel rôle joues-tu ? Tu fournis le ravitaillement ?

— C'est ainsi que les choses ont commencé. J'ai toujours mes relations dans l'industrie pharmaceutique, comme tu le sais sans doute, mais maintenant… c'est un peu plus compliqué.

— Et qu'est-ce que cela implique ?

Elle se força à paraître optimiste.

— Des soirées privées pour des officiers de haut rang lors desquelles ils peuvent s'adonner à leurs penchants les plus inavouables, qu'ils soient chimiques ou charnels. Nous les présentons à des acteurs, des actrices, des metteurs en scène… Quand quelqu'un est en état d'hébétement, ou neutralisé d'une quelconque autre manière, il n'est pas difficile de subtiliser des documents de sa mallette.

Les notes de Beethoven continuaient à tournoyer autour d'eux comme un manège.

— Certains ont des faiblesses qu'ils ne veulent pas que le haut commandement découvre, ce qui nous offre un moyen de pression plutôt efficace. Ils peuvent se laisser persuader. Et les preuves photographiques procurent une assurance en aval. Nous sommes prêts à utiliser tous les moyens.

Il la regardait droit dans les yeux, à présent.

— Certains d'entre nous, plusieurs en fait, estiment que nous ne devons pas nous contenter de nous écraser et les laisser en profiter. Nous devons riposter. C'est étonnamment facile, quelquefois, mais ce n'est pas sans risques. Si je te raconte cela, c'est parce que je sais que tu es pleine de bon sens et que tu sauras être discrète.

— Tu sais que tu peux me faire confiance.

— C'est le cas, implicitement.

Évitant de nouveau son regard, il se remit à gratter les taches de peinture.

— Nous couvrons bien Berlin, mais nous avons besoin de percer à Munich. Le contact qui m'a renseigné pour Max est utile. Mais lui et ses amis ne sont pas très hauts placés dans la hiérarchie. J'ai besoin d'eux pour accéder aux strates supérieures. Je n'avais pas le projet de m'impliquer autant, mais c'est fait, désormais. Mon frère poursuit des activités similaires depuis quelque temps déjà. Je suppose que j'ai senti que le moment était venu que je fasse ma part. Bientôt, nous serons en guerre. Cela paraît inévitable. Je crois que nous devons tous faire notre possible pour lutter, pour défendre *notre* Allemagne, par tous les moyens.

Malgré sa voix enflammée, il semblait sur le point de se briser. Le tribut de cette double vie, sans aucun doute. Elle ne connaissait que trop bien la tension d'une vie de subterfuge : la peur d'entendre frapper à la porte qui ne vous lâchait pas. Avec un sourire harassé, Richard reprit :

— Pardon. Je n'avais pas l'intention de t'accabler de ce nouveau fardeau. Simplement, je ne peux en parler à personne d'autre. Je ne veux pas risquer d'exposer Imre. Et les autres membres de mon cercle ont leurs propres soucis. J'espère que tu ne m'en veux pas.

Bettina posa son fusain et son cahier de croquis, puis s'avança vers la fenêtre. De toutes ses forces, elle le serra contre son cœur.

— Évidemment que je ne t'en veux pas. Je regrette juste que tu ne m'en aies pas parlé avant. Depuis quand est-ce que cela dure ?

— Depuis peu après l'arrestation de Max. C'est le déclic qui m'a galvanisé.

Malgré la douce lumière de la bougie, son regard brillait de détermination. Il vida son verre et, la tête baissée, fixa le récipient vide.

— J'ai peut-être assez bu.

Elle prit sa main, submergée d'inquiétude pour lui.

— Tu n'as pas peur ?

Il haussa les épaules.

— Je préférerais me damner que tomber sans me battre. Je suis surpris de découvrir l'ardeur de l'amour que je porte à mon pays. Qui l'aurait cru d'un cynique comme moi ?

Quand, le lendemain matin, Richard revint dire au revoir à Bettina, il la trouva en train de peindre.

— Je n'arrivais pas à dormir, je pensais à Max. Alors je me suis levée tôt pour travailler.

Elle s'était attaquée à un nouveau paysage, une hirondelle solitaire volant au-dessus d'une prairie détrempée que Richard reconnut de l'époque où ils habitaient Dessau.

— Devrais-je me sentir offensé de ne plus être ta muse ?

— Pas du tout. Après tout ce dont nous avons parlé hier soir, je me suis rendu compte que c'était impossible. Peindre pour survivre est une chose. Corrompre ton image de cette façon, étant donné l'endroit où le tableau pourrait finir, en est une autre. Je vais m'en tenir à mes paysages et mes autoportraits sous forme de faune.

— J'aimais assez l'idée que tu m'immortalises.

— Et tu le seras, tant que je peux te rendre justice.

Elle essuya ses pinceaux et leur prépara un café. Ils s'installèrent à la table de la cuisine, couverte de croquis, de tubes de peinture poussiéreux. Perdue dans ses pensées, Bettina finit par briser le silence.

— Ce que tu as dit hier soir a eu un impact sur moi, tu sais.

Il parut surpris.

— Comment cela ?

— J'ai passé toute l'année dernière à m'inquiéter pour Max, terrifiée qu'il lui soit arrivé malheur. Des semaines comme prostrée. J'étais réellement détruite. Mais je n'ai pas été fichue de faire quoi que ce soit pour l'aider.

— Cela a dû t'être intolérable.

— Oui. Mais je suis fatiguée de m'apitoyer sur mon sort, surtout depuis que je sais que tu te bats, que tu risques ta peau.

— Ce n'est pas grand-chose, je t'assure.

— Je te connais, Richard. Je ne doute pas une seconde que tu as minimisé le risque impliqué. Je t'admire pour ta résistance et j'ai l'intention de faire de même.

Il fronça les sourcils.

— Et comment proposes-tu de t'y prendre ?

Elle le regarda droit dans les yeux.

— J'ai rencontré quelqu'un récemment. C'est exactement le genre de relation qui pourrait être… comment l'as-tu exprimé ? Exploitée ? Il a un grade élevé dans la SS, un lien avec la Chambre de la culture du Reich.

Richard se renfrogna.

— Je ne suis pas sûr que ce soit une bonne idée.

— Il connaît Himmler, Göring, il les fréquente tous. Il a proposé de me présenter à tout ce foutu groupe au vernissage de l'exposition. Imagine tout ce que je pourrais entendre.

— Non, Betti, je ne le permettrai pas. C'est bien trop dangereux.

L'air déterminé, elle répliqua :

— Je pense que tu ne comprends pas. Tant que Max sera prisonnier à Dachau, je ne pourrai rien faire pour lui. Mais maintenant que je connais un moyen de me rendre utile, même minime, je ne suggère rien de plus risqué que de regarder et d'écouter. Ne viens-tu pas de dire que tu avais besoin d'accéder aux strates supérieures de la société munichoise ? Eh bien, j'ai la solution et je ne vais pas la gâcher.

Le regard résolu, elle ajouta :

— J'ai besoin de le faire, Richard. Je le dois, pour Max.

Chapitre 12

Dachau
Été 1939

Dans ses rêves, Max entendait de nouveau le martèlement des pieds. Il ne pouvait dire s'ils venaient vers lui ou s'ils s'éloignaient en courant. Paralysé, comme toujours, il était incapable de bouger, de soulever la tête, ses membres aussi lourds qu'un arbre tombé dans la forêt, la moitié de ses racines encore dans le sol. Il était coincé à terre, attendant le poing, la botte qui allaient le frapper. La douleur serait violente, et il prierait pour qu'elle cesse. Il se préparait, aux coups, aux affres de l'agonie.

Il se réveilla. Le matelas, au-dessus de lui, se déplaça de quelques millimètres, laissant échapper un nuage de poussière qui irrita ses yeux mi-clos. Il les ferma totalement et sortit péniblement de la boîte en bois pour se tenir debout sur le sol. L'espace entre les couchettes était si étroit que leurs occupants ne pouvaient en descendre que l'un après l'autre. Le dernier se retrouvait derrière une centaine d'utilisateurs des latrines. Même quand elles avaient été lessivées, c'était déjà difficile. Mais, tôt le matin, la puanteur était si forte qu'elle imprégnait les vêtements et les narines pendant des heures.

Ils étaient réveillés à 4 heures du matin. Il faisait encore nuit dans le dortoir. Avec un peu plus d'une heure pour se soulager, se laver, s'habiller et manger, les hommes exploitaient chaque minute au maximum. Max essayait toujours d'être parmi les premiers à quitter sa couchette et à s'habiller afin de pouvoir utiliser les latrines, faire un semblant de toilette, et se retrouver en tête de la queue pour manger, avant qu'il ne reste plus que des rebuts. Chaque jour, deux hommes apportaient un grand seau en métal de la cuisine jusqu'aux *Stuben*, les baraquements où ils vivaient. Chacun avait droit à une petite portion de pain et de soupe. Il n'y avait presque jamais de viande. C'était une maigre pitance, mais toujours mieux que rien.

L'appel était à 5 h 15, juste avant les premières lueurs du jour. Le sol était froid sous ses bottes aux semelles désormais minces comme une feuille de papier. La bise matinale traversait l'uniforme rayé dans lequel flottait son corps émacié. Il était seul dans un océan d'hommes qui, rang après rang, encaissaient les provocations sans broncher. À l'appel de chaque nom, Max sentait un frisson, dû à la fatigue, le transpercer jusqu'aux os. Pourtant, il était jeune, fort, en bonne santé. Il était entouré d'hommes qui avaient été enlevés à leurs femmes, à leurs familles. Des hommes âgés, frêles, paralysés par la peur, par la maladie, par les coups des gardiens. Au moindre trébuchement, bégaiement, on pouvait être fouetté ou battu avec brutalité, emmené au cachot, ou pire encore. Qu'importait l'épuisement, le froid, il fallait rester debout des heures, pendant que le soleil se levait lentement, offrant pour seul réconfort sa pâle lumière.

Enfin, l'appel prenait fin. Le travail les attendait et avait priorité. Le soir, souvent, une punition pouvait prolonger la journée. Les hommes obligés de rester debout pendant des heures, dans la neige, la pluie, le soleil déclinant, en silence. L'obscurité tombait, et les projecteurs des miradors les éclairaient de leurs faisceaux.

Le nombre de prisonniers ne cessait de croître. En l'espace d'un seul été, il avait doublé. Les Juifs d'Autriche et les Allemands déclarés « fainéants » avaient été arrêtés en masse et envoyés au camp. À l'automne, onze mille Juifs avaient été ramassés lors de la Nuit de cristal et parqués dans le bâtiment de sélection pour être triés, déshabillés et dépossédés de tout. Des voies ferrées voisines leur parvenaient les hurlements et les cliquetis des convois qui arrivaient désormais jour et nuit. Ces serpents de fer ondulaient à travers les banlieues, le chargement humain qui constituait leur contenu bien caché, en route pour les camps, pour y être puni au-delà du tolérable. Ils venaient du Reich entier. Ils finirent par être plus de quatorze mille prisonniers, entassés par douzaines dans chaque *Stube*. Des Juifs, des Témoins de Jéhovah, des homosexuels, des communistes, des agitateurs, des Noirs, des Soviétiques, des Tziganes, des manouches.

À 6 heures du matin, ils partaient travailler. Même si, la plupart du temps, le seul but de ce labeur forcé était de les humilier, de les briser. Un détachement était chargé de creuser le tas de sable ou la carrière de graviers, tandis qu'un autre construisait de nouveaux baraquements ou labourait les champs avoisinants en vue des récoltes. De nombreux groupes de détenus quittaient le camp pour aller jusqu'à la ville de Dachau même ou dans d'autres localités voisines.

Les premiers mois, Max avait travaillé très dur. Pendant un temps, il avait fait partie d'une équipe de dix hommes qui tiraient un lourd rouleau pour écraser des pierres à la surface des routes. Un labeur éreintant qui l'avait presque détruit. Il savait que, s'il voulait survivre, il faudrait qu'il change de groupe. Mais beaucoup de postes, comme ceux de la cuisine, étaient chasse gardée. Il commença à tailler et sculpter du bois pour avoir quelque chose à troquer. Un peigne en bois échangé contre un morceau de pain, des pions d'échecs contre une écharpe en laine. Sa compétence dans son domaine d'artisanat ne tarda pas à provoquer une forte demande de ses objets sculptés, et sa réputation grandit. Un jour, après l'appel, un jeune homme vint vers lui. Les gardiens les avaient maintenus au garde-à-vous sur la place centrale longtemps après la fin de leurs heures de travail. Max avait alors regagné son *Stube* d'un pas raide. Il voulait profiter du peu de temps qui restait avant l'extinction des feux à 21 heures.

Le bruit de pieds qui couraient derrière lui le fit se retourner, le poing prêt à frapper. Son poursuivant était un homme jeune. Grand et dégingandé, il avait la peau la plus mate qu'il ait vue depuis qu'il avait quitté Berlin. L'autre leva les mains en un signe défensif.

— Je veux juste parler.

Il lui emboîta le pas et s'accorda à son rythme rapide.

— C'est vous qui taillez le bois ?

Max le regarda du coin de l'œil.

— Ça dépend de ce que vous voulez. Quoi que ce soit, vous devrez attendre. J'ai une longue liste de demandes à satisfaire. Et vous devrez vous procurer le bois tout seul.

Le visage de l'homme s'éclaira d'un large sourire qui illumina ses yeux.

— Tout ce dont j'ai besoin, je le fabrique moi-même. Je voulais juste voir quel genre d'homme est capable de sculpter un pion d'échecs comme celui-ci.

Il sortit le cavalier de sa poche. Max le reconnut : la tête et le poitrail d'un cheval cabré, la crinière flottante, les sabots fendant l'air. Il l'avait sculpté dans une branche de tilleul d'hiver que lui avait fournie un type qui travaillait aux cuisines. Un bois si facile à travailler qu'il n'avait pas pu s'arrêter. L'homme avait été si impressionné que, depuis, il lui donnait des doubles rations.

— Où avez-vous appris à sculpter ? lui demanda-t-il, sans ralentir l'allure.

— J'étais sculpteur avant d'être arrêté.

— Vous aurez donc entendu parler d'Allach.

Max s'immobilisa.

— C'est là que je travaillais.

— Le monde est petit, mon ami. Moi aussi, je travaille là-bas.

Il lui tendit la main. Stupéfait, Max la saisit.

— Je m'appelle Stefan.

— Max, se présenta-t-il à son tour en secouant la tête, incrédule. Vous travaillez vraiment à Allach ?

— J'étais apprenti maçon. Mais les gardes ont décidé que le seul travail digne d'un « nègre » était de pelleter du charbon. Je travaille au four.

Max l'agrippa par le bras.

— Pourriez-vous me faire transférer dans votre groupe ?

— Ça ne dépend pas de moi.

— Il y a un certain Holger Ostendorff là-bas, le directeur artistique.

— Un grand avec des lunettes ?

Max acquiesça d'un signe de tête.

— Oui. Nous étions amis. Il m'aidera peut-être. Dites-lui que Max Ehrlich a demandé de ses nouvelles.

— Je ne peux rien promettre, mais je vais essayer.

Au cours des semaines qui suivirent, Max tenta de retrouver l'homme à la peau sombre, sans succès. Puis, un matin, tôt, après l'appel, on lui donna l'ordre de se rendre à la barrière d'entrée. Il y rejoignit Stefan qui, avec une bonne douzaine d'autres déportés, attendait de monter dans un camion. Il le salua d'une tape sur l'épaule.

— Je suis content de te voir, frère. J'ai guetté ton ami. Il ne descend pas souvent au four. Mais, quand il est venu, je lui ai dit que je t'avais rencontré. Contrairement à d'autres, il est amical. Franchement, j'ai cru qu'il allait pleurer.

Alors que, rudement secoués, ils roulaient sur la route défoncée, Max sentit ses propres larmes lui monter aux yeux. Il n'avait pas quitté le camp depuis qu'il avait tiré l'énorme cylindre d'acier qui écrasait ces pierres.

Le voyage jusqu'à Lindenstraße fut court. À 7 heures, ils étaient devant le portail de l'usine. Max se leva, attendant son tour pour descendre du camion, et se sentit chanceler. Baissant les yeux, il reconnut l'endroit exact où il était resté allongé, roué de coups, en sang. Et plus loin, à l'entrée de la ruelle, celui où il avait été humilié et arrêté.

Entre quatre gardiens, ils franchirent les portes de l'usine et se séparèrent pour emprunter des couloirs différents. Quand la main de l'un d'entre eux lui serra l'épaule, Max sentit ses nerfs se tendre comme des cordes. Il fut guidé vers le local administratif où, à une époque, il avait fait la queue sous le nom de Leon Marchen pour percevoir son salaire. En le voyant, la secrétaire de Holger se leva en esquissant un sourire nerveux. Après avoir demandé au garde d'attendre, elle fit signe à Max de la suivre et frappa à la porte du bureau.

— Entrez, lança la chaude voix de baryton de Holger.

Tordant sa casquette de travail entre ses mains, Max s'exécuta. Il sentit la transpiration perler sur sa lèvre supérieure. Debout devant la fenêtre, Holger, de dos, regardait la cour. La secrétaire le laissa, sortit et referma la porte derrière elle.

Holger se retourna.

— Mon cher garçon !

Il vint à sa rencontre et le prit dans ses bras. Le contact humain lui était devenu tellement étranger que Max en resta stupéfait. C'était le premier signe d'affection qu'on lui témoignait depuis plus d'un an. Muet, il rendit son étreinte à Holger, sans s'apercevoir que ses larmes coulaient à flots.

— Tout va bien, le rassura Holger. Tout va bien, maintenant.

Balayant les protestations du garde, Holger avait insisté pour que Max reprenne immédiatement son poste à l'atelier de sculpture.

— Il devrait être affecté à la cave pour pelleter du charbon avec ce salaud noir de Rhénanie.

Ce à quoi le directeur artistique avait rétorqué qu'il avait un besoin urgent d'un sculpteur expérimenté.

La SS dirigeant l'usine, il était devenu normal que les prisonniers de Dachau y travaillent. Même si aucun d'entre eux n'avait autant d'expérience que Max. Alors que le pays se dirigeait inexorablement vers la guerre, toute la manufacture était sous pression. Il lui fallait produire en série des centaines de figurines militaires, des régiments de soldats, droits comme des I, dans la plus pure des porcelaines blanches. À tous les égards, la sculpture était considérée comme un travail essentiel. Elle stimulait le moral du peuple allemand.

Ce que le public, toujours sentimental, affectionnait encore plus que les figurines militaires, c'étaient les représentations d'animaux. Holger confia donc à Max la tâche de modeler un lévrier aux yeux de biche, inspiré de sa propre Marthe chérie. L'adorable petite chienne avait pris l'habitude de se coucher sous le bureau, dans l'atelier, et il savait que Max trouvait sa compagnie apaisante. Il la grattait derrière les oreilles, respirait son odeur de biscuit chaud, la regardait par la fenêtre courir en cercles effrénés dans la lande derrière l'usine. Dès ce moment, il s'absorba entièrement dans sa mission : il dessina puis sculpta la silhouette espiègle de la gracieuse petite chienne.

À mesure qu'avançait l'été, Max prit le rythme de son groupe de travail à Allach. Cela l'aidait à supporter un peu mieux la vie du camp. Le directeur artistique aussi avait l'impression d'être soulagé d'un énorme poids. Il mesurait, rétrospectivement, combien le départ soudain, inexpliqué, de son ami l'avait affecté. Avec la présence et la surveillance constante des gardes, il leur était impossible de se manifester leur amitié par des gestes. Mais le simple fait de l'avoir renouée remontait le moral de Max. Quant à Holger, il éprouvait un regain d'optimisme.

Quand, en juillet, l'exposition annuelle d'été s'ouvrit à la Haus der Kunst, la Maison de l'art allemand, Holger alla la visiter, selon son habitude. Il se fichait des mondanités du vernissage et s'était excusé en prétextant qu'il avait trop de travail. En revanche, il connaissait personnellement plusieurs des artistes exposés et aimait voir leur travail.

À ses yeux, les œuvres tridimensionnelles étaient d'un niveau incroyablement élevé. Il était moins impressionné par les gravures et les peintures. La plupart le laissaient indifférent. Pourtant, il remarqua un tableau qui se distinguait, intensément puissant, saisissant. Il représentait un personnage masculin, d'une beauté frappante, aux proportions parfaites. Un personnage curieusement si familier qu'il l'attira. En l'examinant de plus près, il décela immédiatement la ressemblance avec Max. Pourtant, avec ses cheveux dorés et sa peau pâle, il s'agissait indiscutablement d'un Aryen. Or, Max était brun et avait la peau mate.

Ce même après-midi, de retour à l'usine, il convoqua ce dernier dans son bureau. Quand il ouvrit le catalogue de l'exposition à la page de l'œuvre, il vit les yeux du sculpteur s'écarquiller de surprise.

— Je suppose que vous connaissez l'artiste ? lui demanda-t-il alors.

Max admit que c'était le cas. Mais il refusa de donner davantage de détails.

— Je vous en prie, Holger, promettez-moi que vous ne m'en parlerez plus jamais.

Aussi le directeur fut-il étonné quand, quelques jours plus tard, Max lui suggéra de sculpter une statue de porcelaine de ce même personnage. Ce à quoi il répondit que, quelle que soit sa relation avec l'artiste, elle ne valait sûrement pas la peine qu'il prenne le risque de se trahir. Avec le pays au bord de la guerre, il était encore plus inquiet pour son protégé. Mais Max ne souhaitait rien de plus que de faire découvrir la peinture au reste du monde. Comment Holger pouvait-il lui refuser cette unique requête ?

Il finit par accepter. Il promit à Max que, s'il était aussi déterminé, ils pourraient peut-être en produire une petite série à temps pour Noël. Il ne lui précisa pas si la pièce serait largement diffusée mais, au moins, il aurait satisfaction. C'était le moins qu'il puisse faire pour lui.

Assis devant sa table de travail, dans l'air lourd et figé de l'atelier, Max sentait la transpiration couler dans son dos. Derrière les fenêtres à ossature métallique, le ciel était gris de l'orage menaçant, les broussailles brûlées à perte de vue.

Sur la planche en bois devant lui se dressait la silhouette en argile d'un homme, un genou plié sur l'éperon rocheux sur lequel il était campé. Le corps lui avait demandé de nombreuses journées de travail. Mais il fixait désormais son attention sur le visage. C'était là que la sculpture prendrait vie ou mourrait. Sa vision se focalisait sur le mouvement de la lame de son couteau.

Il avait découvert qu'il se concentrait plus entre deux respirations. Il s'était donc entraîné à les espacer, augmentant sa capacité pulmonaire jusqu'à ce que, comme un plongeur, il puisse rester plus longtemps en apnée. Sa concentration ainsi aiguisée, il affinait encore son œuvre et travaillait entre deux battements de cœur. Le lent martèlement de son sang lui signalait l'instant exact où lever la pointe aiguë de la lame et celui où l'enfoncer. Au fur et à mesure qu'ils apparaissaient, les traits du visage se révélaient. De beaux traits, symétriques. Une force indubitable mêlée à une grande humanité.

Il avait devant lui une grande photo, en noir et blanc, du tableau accroché dans une galerie. C'était dans cette image qu'il puisait son inspiration. Il l'avait appuyée contre le mur, à côté de la fenêtre, pour l'avoir sous les yeux. Il s'y référait souvent. Il voulait capter l'intention de l'artiste d'origine, sans imposer sa marque personnelle. L'objectif était de transposer dans l'argile les coups de pinceau de la peintre. Chaque fois qu'il la regardait, un souvenir remontait à son esprit, le ramenant aux heures pendant lesquelles il avait posé, dans cette position. Il se rappelait aussi la façon dont la nuit avait fini, leurs deux corps enlacés, liés l'un à l'autre.

Quand elle verrait sa statue, elle saurait. C'était le message qu'il voulait lui adresser. Aussi utilisait-il le seul moyen qu'il connaissait de le lui faire parvenir.

Chapitre 13

Munich
Hiver 1939

— Tu peux m'aider ?

Bettina tourna la tête. Derrière elle, Richard se servait un verre de vin. Il s'avança vers elle et ferma le collier ras-de-cou sur sa nuque.

— Merci.

Richard se rassit dans le fauteuil de velours et, l'air abattu, la regarda prendre une dormeuse en grenat et l'accrocher à son oreille.

— Je suis tellement contente que tu viennes avec moi.

— Je suis curieux de rencontrer enfin ce Karl. Il est comment ?

— Cultivé. Très riche. T'ai-je dit qu'il m'avait envoyé cette robe, en cadeau ?

Elle souleva la jupe de la robe qui lui allait à la perfection. Celle-ci lui avait été livrée quelques jours auparavant par un chauffeur porteur également d'une invitation à la soirée du solstice d'hiver, à la résidence Holz, à Munich. Elle avait ouvert le magnifique emballage et sorti le long fourreau de satin rose pâle de son papier de soie. Elle avait tout d'abord envisagé de la renvoyer puis, se ravisant, avait télégraphié à Richard, à Berlin, que l'occasion parfaite se présentait enfin.

Une dernière fois, elle ajusta la robe, lissa la longue jupe qui frôlait le sol. Se tournant à demi, elle admira le maillage de fines bretelles de soie qui s'entrecroisaient dans son dos, formant un délicat dessin géométrique.

— Je pense que c'est un pragmatique. Il va dans le sens de l'air du temps, pour progresser. En fait, tu n'es pas vraiment différent, à bien des égards.

Il émit un reniflement moqueur.

— Je ne vois pas en quoi un pragmatique qui s'accommode de tout cela pour sa propre promotion est moins terrifiant que les idéologues. Au moins, eux, ils ont leurs convictions.

Bettina s'assit devant sa coiffeuse pour se brosser les cheveux. Ces derniers mois, elle les avait laissés pousser et les portait un peu plus longs, avec des crans et une raie de côté. L'asymétrie de la coiffure seyait à ses traits. Elle les repoussa en arrière pour s'examiner d'un œil critique puis, avec un froncement de sourcils, les secoua. Ils tombèrent en rideau devant son visage. Richard regarda son reflet dans la glace.

— Alors, raconte. Je sais tout de sa carrière, de ses contacts, mais rien de sa vie privée. Il est marié ?

— Il l'a été. Sa femme est morte jeune.

Elle appliqua un rouge à lèvres sombre sur sa bouche qui parut plus pulpeuse. Elle sentait toujours le regard de son ami sur elle.

— Ce qui explique pourquoi il t'envoie des cadeaux de prix et des invitations à des réceptions, dans ce cas.

— Il n'est pas toujours facile à suivre. Je suis restée une quinzaine de jours dans sa résidence secondaire près du lac de Starnberg, mais je l'ai à peine vu. Il y a eu un certain nombre de dîners, de réceptions, puis il a disparu, et je n'ai eu aucune nouvelle de lui pendant des mois. Il y a quelques semaines, il est soudain revenu. Depuis, nous sommes sortis dîner deux ou trois fois. Mais il est toujours froid et distant. J'ai tout raconté à Peter dans ma dernière lettre.

Après chaque rencontre avec Karl Holz, elle rédigeait un rapport sur les gens qu'elle avait vus et sur les informations qu'elle avait glanées. Elle l'adressait à Peter et le portait personnellement dans les bureaux du *Magazine chrétien* de Munich.

— Il ne m'a pas communiqué les détails, mais je sais qu'il a été bien reçu par nos amis, déclara Richard. Il semble que *Herr* Holz ait pris part à presque tout.

— C'est là que la SS croise la bonne société et les milieux d'art de Munich. Cela m'a ouvert les yeux sur bien des choses.

— Eh bien, tu sais que j'avais des réserves, mais les renseignements sont inestimables. C'est une chance qu'il se soit entiché de toi. Mais il ne sera pas contrarié que tu m'amènes avec toi ?

— L'invitation est pour deux personnes. En outre, comme je te l'ai dit, jusqu'à maintenant, il ne m'a jamais montré de préférence particulière. Je suis loin d'être la seule femme qu'il fréquente.

Elle prit un pinceau épais couleur sable et se poudra le visage.

— À ce que je peux voir, il est simplement heureux d'être un veuf qui profite de la vie. Ces dernières années, toutes les célibataires de Munich ont essayé de lui mettre le grappin dessus.

— Tu dois être prudente, Betti. Je sais que tu penses l'avoir cerné, mais ce n'est pas juste son pragmatisme qui l'a amené à porter cet uniforme. J'ai vu comment ils fonctionnent. Ils savent flairer celui qui n'épouse pas leur idéologie, et il n'est jamais promu, tout simplement. Le connais-tu vraiment bien ?

— Je suis prudente, je te le promets. Mais c'est en grande partie grâce à son influence que ma peinture a été exposée à la Hause der Kunst. Il n'est peut-être pas un salopard fini ?

— Peut-être pas, mais reste quand même sur tes gardes. On se laisse facilement séduire par ce genre de personnes. J'en ai déjà été témoin, j'ai pu moi-même en ressentir l'attrait. Tu as peut-être l'impression que rien ne peut t'arriver, mais ne te laisse pas surprendre.

En débouchant dans le vestibule de l'immeuble de Karl, Bettina et Richard furent conduits à un ascenseur par un concierge et montèrent plusieurs étages. Ils entrèrent directement dans son appartement privé, où une domestique attendait, prête à prendre leurs manteaux.

Nerveuse, Bettina regarda son reflet dans un miroir doré.

— Je suis comment ?

— D'une blancheur de porcelaine, murmura Richard. Pince-toi donc les joues et souris.

La femme de chambre revint et les fit entrer dans un spacieux salon aux murs bleu ciel. Après tant de jours et de nuits passés dans le minuscule atelier de Neuhausen, alors qu'elle parcourait les pièces en enfilade, cet espace parut presque trop vaste à Bettina. Par petits groupes ou en couple, les invités déambulaient ou restaient sur place, bavardant à voix feutrée. Toutes les femmes portaient des robes longues en soie ou en taffetas. Certains hommes, en uniforme, se tenaient avec la raideur des militaires.

Consciente qu'ils attiraient de nombreux regards, Bettina avançait aussi gracieusement qu'elle le pouvait, tentant d'ignorer le fait qu'elle ne se sentait pas très stable sur ses appuis. Les tapis étaient si épais qu'elle craignait de perdre l'équilibre et de se fouler une cheville. Cela la forçait à adopter une sorte de démarche glissante qui ne lui était absolument pas naturelle, comme si elle était sur scène. Elle s'était toujours considérée comme flexible. Prête à s'adapter, à adopter de nouvelles manières, de nouvelles façons de parler, capable de se fondre dans n'importe quel entourage. Mais, ici, elle se sentait exposée, comme coupable d'imposture. Du coin de l'œil, elle regarda Richard. Comme toujours, il était parfaitement détendu, souriant, maître de lui. Il la dirigea vers deux chaises, et ils s'assirent. Le dos droit, elle arrangea sa jupe.

— Reprends-toi, Betti. Tu t'en sors très bien, chuchota Richard.

Il balaya la foule opulente d'un regard curieux et constata :

— Tu ne t'étais pas trompée sur la richesse.

Elle savait que Karl venait d'une famille fortunée et qu'il avait accumulé plus de biens encore. Elle avait fait un séjour de quelques semaines dans sa maison sur le lac de Starnberg, une invitation des plus aimables de sa part. Il était venu passer les week-ends, accompagné par des gens influents, et les avait reçus somptueusement. Mais c'était la première fois qu'elle était invitée dans l'une de ses résidences munichoises. La fois où elle lui avait dit qu'elle était curieuse de voir où il habitait, il l'avait suppliée de lui pardonner de ne pouvoir accéder à sa requête.

— Ma sœur, mon neveu et ma petite nièce sont chez moi pour quelques mois, avait-il donné comme excuse. Son mari est mort l'année dernière. Un accident de chasse. Tragique, bien sûr, mais… C'était un homme plutôt faible, je le crains. Pas un bon parti pour ma sœur.

Dans un coin de la pièce, un jeune homme, penché sur le clavier d'un piano à queue, jouait avec fougue du Schubert. Une domestique passait dans la salle, chargée d'un plateau de cocktails au champagne. Les bulles pétillaient entre les étoiles gravées sur les coupes. Richard en prit deux et lui en tendit une qu'elle vida en trois grandes gorgées. Il sourit.

— Je vais aller t'en chercher une autre. Mais je te conseille d'y aller doucement.

Il se leva et partit en quête de la serveuse.

Bettina balaya les lieux du regard. Jamais elle n'avait vu un tel luxe. La pensée que quelqu'un vive ainsi lui donnait le vertige. Que cette personne ait la possibilité de meubler sa maison d'objets sélectionnés pour leur élégance et leur fonction, de les disposer selon son goût. Karl s'entourait de beauté. Rien n'était abîmé, tout était à sa place.

Tout au bout de la pièce, à côté d'une large cheminée de marbre blanc, se dressait un immense sapin qui frôlait le plafond. Il mesurait au moins deux mètres cinquante de hauteur. Au lieu de l'étoile ou de l'ange traditionnels, une grande roue solaire ornait son sommet. Ses rameaux étaient décorés de lourdes boules pourpres, rouges et noires. Elle s'en approcha. En l'examinant de plus près, elle se rendit compte que les boules étaient ornées de croix gammées de cristal, qui reflétaient les flammes des bougies solidement fixées à l'extrémité de chaque branche.

Une fillette de cinq ans, environ, avec une bouche comme un bouton de rose et d'immenses yeux bleus, était assise au pied de l'arbre, au milieu d'une pile de cadeaux. Suçant son pouce, elle tenait par l'oreille un lapin en tissu usé. À côté d'elle, un garçon de quelques années de plus, à l'expression grave, aux cheveux rebelles, portait l'uniforme des jeunesses hitlériennes. Un à un, il mangeait les soldats en chocolat d'un régiment de la SS, nichés dans les branches les plus basses. En sentant une pression légère sur son épaule nue, elle étouffa un cri de surprise et porta sa main à sa gorge.

— Je suis vraiment désolé de ne pas avoir été là pour vous accueillir en personne. Vous a-t-on offert à boire ?

Karl lui baisa cérémonieusement la main. Puis il fit signe à une autre domestique avec un plateau de verres, qui s'empressa de venir à leur rencontre. Il prit deux coupes, lui en tendit une et les fit tinter.

— Bienvenue chez moi. Je ne peux que vous présenter mes excuses que cela ait demandé tant de temps.

Elle montra les deux enfants au pied de l'arbre.

— Ce sont votre nièce et votre neveu ? Je suis vraiment navrée, j'ai oublié leurs prénoms.

— Julia et Friedrich. Je leur ai permis de rester debout un peu plus tard que d'habitude afin que vous puissiez les rencontrer. Permettez-moi de vous les présenter. Julia sera enchantée par votre apparence. C'est elle qui m'a aidé à choisir votre robe.

La fillette tourna la tête vers eux, les yeux écarquillés.

— Julia, *Liebchen*, voici mon amie Bettina. Lève-toi et montre-lui tes jolies manières.

L'enfant obéit, lissa sa jupe et se pencha en une petite révérence, avec un air grave qui fit rire Bettina.

— Je suis ravie de vous rencontrer, Julia, déclara-t-elle en lui faisant, à son tour, une révérence tout aussi formelle.

— Et voilà Friedrich, dit Karl avec un signe en direction du garçon.

Elle lui tendit la main. Mais il leva brusquement le bras, la faisant sursauter.

— *Heil Hitler !*

Karl l'imita, puis ébouriffa les cheveux de son neveu d'un geste affectueux. Bettina esquissa un sourire sans conviction. Friedrich se contenta de la regarder en silence.

— Je suis contente de faire votre connaissance, Friedrich.

— Et maintenant, les enfants…

Karl prit une lanterne en terre cuite sur la cheminée. C'était une œuvre naïve : une pyramide à quatre faces, chacune percée d'un cœur ou d'une roue.

— Vous savez ce que c'est ?

Ils secouèrent la tête d'un air grave.

— C'est une *Julleuchter*. Une lanterne spéciale que nous allumons à cette époque de l'année. Une nouvelle tradition allemande. Friedrich, reprit-il à l'intention de son neveu, je pense que c'est à toi que revient l'honneur.

Il lui tendit une allumette. Mais, avant de lui confier la lanterne, il le regarda avec sérieux.

— C'est quelqu'un de très important qui m'a donné cette *JulLaterne*. Un monsieur du nom de Heinrich Himmler.

Les yeux de l'enfant s'écarquillèrent.

— Je vois que tu connais le nom, Friedrich. C'est très bien.

Karl poursuivit :

— Non seulement il est le Reichsführer de la SS, mais il est propriétaire d'une merveilleuse usine de porcelaine, non loin d'ici, où des artistes de talent ont fabriqué cet objet. Il m'est très précieux. Aussi, je sais que vous allez faire en sorte qu'il reste intact.

En l'entendant faire référence à l'usine de porcelaine, Bettina sentit un frisson glacé lui traverser le dos. Elle chercha Richard des yeux. Il s'était assis et l'observait de loin. D'un geste presque imperceptible, il leva son verre vers elle.

Karl donna la lanterne à son neveu. Avec grande précaution, le garçon gratta l'allumette et approcha la flamme de l'extrémité de la mèche, qui se mit à briller. Il s'empressa de secouer l'allumette enflammée de peur de se brûler les doigts. Puis il rendit la lanterne à Karl qui la posa fièrement au centre du manteau de la cheminée.

— Maintenant, qui est prêt pour du Scho-Ka-Kola ? Cela devrait vous garder éveillés un peu plus longtemps.

Il prit une boîte de métal ronde sur la cheminée et s'accroupit au niveau des enfants dont les yeux s'illuminèrent. Karl paraissait si différent, en leur compagnie. Le grand sourire et les fossettes, qu'elle n'avait vus que fugitivement, semblaient ne plus le quitter. Cet homme était austère, sans une once de frivolité. Pourtant, le voir ainsi le révélait sous un jour différent. Elle s'aperçut à quel point l'innocence et la naïveté lui avaient manqué. Depuis plus d'un an, elle vivait dans un état d'hébétude. Et cette scène lui ouvrait une fenêtre sur un monde plus chaleureux.

Il se releva et adressa un signe à la gouvernante des enfants, qui attendait à proximité.

— Vous pouvez les emmener se coucher, maintenant, Heida.

Bettina les suivit des yeux pendant qu'ils sortaient de la pièce, entraînés par Heida. Friedrich, vexé de quitter la compagnie des adultes, donna subrepticement un coup de poing dans le bras de sa sœur, provoquant un gémissement de sa part.

Les enfants congédiés, Karl la guida vers un groupe d'hommes en uniforme. Leurs visages moites et leurs cheveux en bataille indiquaient un début d'ébriété, ce qui la surprit. Si son frère et ses camarades avaient toujours été totalement ivres, même en uniforme, les amis de Karl lui avaient paru plus distingués. Quand elle les avait rencontrés, à la maison du lac, ils lui avaient semblé solennels, souvent plongés dans des discussions sérieuses, dont elle était exclue. Ce soir, néanmoins, ils avaient tous l'air avides d'échapper aux inquiétudes de la guerre et bien résolus à s'amuser. Ils la flattèrent et, volubiles, taquinèrent Karl, amusés de voir qu'il leur présentait une femme qui avait manifestement quinze ans de moins que lui.

À mesure que le temps passait, Bettina jetait des coups d'œil à Richard qui, à l'autre extrémité de la pièce, aussi sociable que d'habitude, charmait différents groupes. Ils eurent à peine l'occasion de se parler. Karl semblait déterminé à la présenter à tous ses amis. Elle en avait déjà croisé certains. Mais elle voyait la plupart d'entre eux pour la première fois. Hildebrand Gurlitt était présent, les artistes Debitsch et Ziegler firent une brève apparition. À un certain moment, sans crier gare, la soirée élégante parut sombrer dans la beuverie. Des voix se mirent à beugler la chanson *Hohe Nacht der klaren Sterne*, et les hommes âgés, aux visages durs, s'effondrèrent, emportés par leur sentimentalisme. Un instant, Bettina se vit coincée par un de ces vieux messieurs, corpulent, au blanc de l'œil jauni, qui, son haleine empestant le whisky, la plaqua contre un mur.

— Je ne suis pas contre les gens qui considèrent Noël comme une fête religieuse. Mais ça peut devenir excessif. Et alors ça commence à ressembler à de la juiverie. Pourquoi faut-il qu'ils ramènent tout à eux ?

Quand, enfin, elle parvint à lui échapper, elle fut présentée à la sœur de Karl, Liesl qui, comme lui, était d'apparence plutôt austère. Ses cheveux blond vénitien étaient coiffés en crans si fermes qu'ils semblaient sculptés dans de l'acajou. Elle était d'une minceur extrême, presque anguleuse. On voyait saillir ses coudes, ses pommettes, ses clavicules. Comme son frère, elle avait un visage allongé et de petits yeux énigmatiques. Mais elle n'avait pas de fossettes pour éclairer ses sourires, qui s'étaient sans doute éteints depuis son récent veuvage.

— Quand mon frère m'a parlé de vous, j'ai su que je devais vous rencontrer. Racontez-moi quelque chose que je ne sais pas encore à votre sujet. Comment se fait-il que vous ne vous soyez jamais mariée ?

Bettina bredouilla une réponse.

— Je ne sais vraiment pas quoi vous dire. Personne n'a jugé bon de me demander en mariage, je suppose.

Liesl fit la moue.

— Quelle déception ! J'espérais un petit scandale pour pimenter les choses. Quoiqu'une femme mûre, célibataire, soit déjà un scandale en soi.

Son sourire fugace sembla lui craqueler le visage. Bettina était fascinée par les fines rides autour de sa bouche, où le rouge à lèvres avait coulé.

Liesl la bombarda de questions. Si certaines étaient innocentes, d'autres étaient clairement des pièges. « Où êtes-vous allée à l'école ? Connaissez-vous telle ou telle famille ? Qui est le *Kommandant* de votre frère ? » Finalement, sa curiosité visiblement satisfaite, elle lui prit la main et la serra.

— Je suis très contente que la robe vous aille si bien. J'avais suggéré à Karl que vous n'auriez peut-être pas de toilette adéquate. Mais, habillée ainsi, vous êtes parfaitement à votre place ici.

Sans attendre sa réponse, elle poursuivit :

— Et maintenant je dois vous laisser. Vous m'avez monopolisée bien assez longtemps !

Elle la gratifia d'un sourire machinal et s'éloigna, tout en enjoignant aux domestiques de remplir les verres et de passer d'invité en invité. Bettina la regarda rejoindre une clique de femmes élégantes. De temps à autre, les yeux de Liesl se posaient sur elle et, souriante, elle lui adressait un petit signe de la main, son rire strident s'envolant au-dessus du brouhaha des conversations.

Bettina parcourut les différentes pièces à la recherche de Richard. Qu'elle trouva dans un petit bureau, en train de jouer aux cartes avec un groupe d'officiers de haut rang, aux visages rubiconds, à l'ivresse bruyante. À ses sourcils levés d'un air inquisiteur, elle comprit qu'il lui demandait si elle avait besoin de lui. Mais elle secoua la tête, lui fit signe que « non » et retourna se jeter dans la mêlée. L'assistance comptait beaucoup de femmes, principalement les épouses et les petites amies des hommes des cercles de Karl. Des membres de la SS, de la Chambre de la culture du Reich et ses amis du monde artistique. Mais, en regardant à la ronde, elle vit qu'aucune des admiratrices habituelles de Karl n'était présente. Par le passé, elle en avait croisé plusieurs à des réceptions. L'ignorant totalement, elles agrippaient

Karl par le coude pendant une minute ou deux. Ou encore, au restaurant, où elles s'attardaient près de sa table pour s'assurer que leur présence serait remarquée.

Au fil de la soirée, Karl était plus que jamais présent, attentif, plein de sollicitude. Elle sentait qu'être à son bras rehaussait son statut. Il la présenta à un historien célèbre, dont le ventre rebondi faisait presque craquer les boutons de son gilet. Ce dernier la félicita de son travail et lui suggéra de nouveaux sujets à ajouter à son répertoire.

— Je suis d'avis que vous devriez développer le concept de vos Vikings. C'est une véritable source d'inspiration. Peignez quelque chose pour les célébrations de l'hiver, l'année prochaine. Odin avec une barbe flottante sur son destrier blanc et un sac rempli de cadeaux. Qu'en pensez-vous, Karl ? Elle ferait un triomphe.

— Certes. Je n'arrive pas à imaginer un autre peintre avec son talent et son imagination. Ni une autre façon que la sienne d'aborder ces mythes, les histoires de nos ancêtres nordiques, et de leur donner vie.

Il se tourna vers elle en souriant.

— Personne ne peut l'égaler.

L'historien regarda Bettina, un large sourire fendant ses joues rougies par la bière.

— Que de louanges ! Ne le laissez pas filer, jeune dame ! J'ai l'impression que vous lui plaisez.

Bettina sentit son visage s'empourprer.

— Voulez-vous nous excuser ? demanda Karl. Je dois montrer quelque chose à *Fraülein* Vogel, dans une autre pièce.

Il l'entraîna dans un long couloir couvert du même tapis soyeux, qui semblait absorber les bruits de la fête, et la précéda jusqu'à ce qu'il s'arrête devant une grande porte en noyer, qu'il ouvrit en lui faisant signe de le suivre. Contre un mur se dressait un large lit bateau, du même bois, garni de draps blancs empesés. Il était encadré par deux tables de chevet sur lesquelles de discrètes lampes de Lalique baignaient les lieux d'une douce lumière. La pièce était impeccable, son ameublement d'une parfaite harmonie. Elle embaumait la cire d'abeille et la brillantine de luxe.

Karl s'avança vers une commode d'où il sortit une longue boîte noire, nouée d'un ruban ocre en soie épaisse. Il la lui tendit.

— Pardonnez-moi de vous avoir enlevée ainsi, mais je voulais trouver un moment de calme pour vous donner cela.

Il lui indiqua de s'asseoir sur une chaise basse. La boîte était lourde. Elle tira sur le ruban qui se dénoua et tomba sur ses genoux. Lentement, elle souleva le couvercle… et resta le souffle coupé. L'objet lui était totalement familier et pourtant si inattendu que son cerveau ne réagit pas immédiatement devant ce que ses yeux reconnaissaient. Dans un sarcophage de velours reposait *Le Viking*. Son *Viking*, le glaive à la main, une merveille de porcelaine blanche et brillante.

Presque de la taille de son avant-bras, chaque détail était d'une précision absolue. Du promontoire rocheux sur lequel il se dressait jusqu'à l'épaisse cape qui couvrait ses larges épaules. Les mains tremblantes, elle le souleva de son écrin de velours et le tint devant elle, l'examinant de la tête aux pieds. Elle voulait en absorber chaque détail. Elle le tourna d'un côté et de l'autre, caressa des doigts l'arête tranchante du glaive et la ligne ferme de sa mâchoire. Il était parfait.

Elle leva la figure vers Karl qui attendait, anxieux, devant elle. Les larmes aux yeux, elle était incapable de prononcer une parole.

— J'en ai entendu parler par un ami, dans le bureau de Himmler. Il n'a été livré qu'il y a quelques jours.

Avec un petit rire nerveux, il ajouta :

— Je sais que vous êtes l'artiste originale et que, de droit, cette statue vous revient. Mais, croyez-moi, j'ai dû faire jouer des tas de relations pour l'obtenir. Elles sont extrêmement rares.

Il se tut, comme incertain de la façon de poursuivre. Une larme roula sur la joue de Bettina.

— Je ne sais pas quoi dire, je n'avais rien imaginé de semblable. Comment pourrai-je jamais vous remercier ?

Elle s'empressa d'essuyer sa joue. Se dandinant d'un pied sur l'autre, Karl détourna le regard.

— Je n'ai aucun mérite en ce qui concerne cette œuvre d'art. Elle vous appartient entièrement, à vous et aux talentueux artisans d'Allach.

Elle eut l'impression qu'un gouffre s'ouvrait sous ses pieds. Bien sûr, la statue venait d'Allach. De quel autre endroit aurait-elle pu provenir ? Submergée par l'émotion, Bettina peinait à respirer.

— Je suis désolé. Vous ai-je contrariée ?

— Pas du tout. C'est juste… je ne peux pas vous expliquer ce qu'elle signifie pour moi.

Elle baissa de nouveau les yeux sur la porcelaine et vit le visage de Max qui la regardait. Elle savait, au tréfonds de son être, qu'il l'avait fabriquée de ses propres mains. Qu'il l'avait faite pour elle.

Minuit était passé depuis longtemps quand Bettina regagna son atelier de Neuhausen, seule. Avant de quitter la réception, elle avait cherché Richard, mais il semblait s'être volatilisé. Karl avait insisté pour réveiller son chauffeur et la faire raccompagner. Assise sur la vaste banquette arrière, agrippée à son Viking de porcelaine, elle avait regardé défiler les rues silencieuses.

Elle s'était couchée, mais avait dormi d'un sommeil agité, par intermittence, une conséquence du champagne et de son cerveau en ébullition. Un peu avant l'aube, réveillée en sursaut par un coup hésitant à la porte, elle avait enfilé son peignoir et s'était précipitée pour ouvrir. Appuyé contre le mur, Richard, les cheveux en bataille, les vêtements froissés, murmurait des excuses.

— Je suis désolé de te réveiller. Je ne savais pas si je te trouverais ici, mais j'ai voulu tenter ma chance.

— Ce n'est pas grave. De toute façon, je n'arrivais pas à dormir. Où étais-tu passé ?

— Longue nuit… Je ne vais pas t'ennuyer avec les détails.

— Tu veux un café ?

Il acquiesça avec reconnaissance.

—Alors, raconte.

Il s'assit sur le rebord de la fenêtre et alluma une cigarette. Bettina remplit la bouilloire d'eau.

—La dernière fois que je t'ai vu, tu étais en train de plumer divers *Kommandanten* de leur fortune.

—Ou plutôt l'inverse. Nota bene: ne pas jouer aux cartes avec de vieux briscards, car ils peuvent vous rincer.

—Oh non!

—Ne t'inquiète pas. C'était plutôt inoffensif. Ça les a confortés dans leur sentiment de supériorité, ce qui les a aidés à se détendre.

Elle lui lança un coup d'œil inquisiteur.

—J'en conclus que la soirée a été fructueuse.

—Elle avait bien débuté, grâce à toi. Sans ton introduction, ça m'aurait pris des mois.

Elle lui tendit une tasse de café noir et s'assit à côté de lui.

—Je suis contente d'avoir pu te rendre service.

—Alors, et ta soirée?

—Étrange. J'ai eu l'impression de passer un examen.

—Pour voir si tu avais l'étoffe d'une épouse de nazi?

—Il m'a questionnée à ton sujet.

Richard haussa les sourcils.

—Dans quel sens?

—Je pense qu'il croyait que nous étions ensemble. Je lui ai dit que non, mais je ne suis pas sûre qu'il m'ait crue. En tout cas, il m'a mise en garde.

Richard lâcha un rire nerveux.

—Je n'en doute pas.

—Crois-tu qu'ils te surveillent?

Il aspira une longue bouffée de sa cigarette, puis ramassa un morceau de tabac sur sa langue.

—Je pense que c'est très probable.

— Dans ce cas, tu dois être prudent, Richard.

— Ne t'inquiète pas. Je peux prendre soin de moi. Plus important, comment comptes-tu garder *Herr* Holz sous la main ?

— Je ne sais pas très bien. Pour autant que je sache, aucune représentante de son harem habituel n'était là.

— Tu donnais certes l'impression d'être sa favorite.

— Et il y a autre chose…

Elle se dirigea vers la table de la cuisine pour prendre la boîte noir et or et la lui tendit. Sa cigarette entre les dents, il souleva le couvercle de ses deux mains, dévoilant le Viking de porcelaine. Il lui fallut un long moment pour comprendre ce qui s'offrait à ses yeux. Puis il se mit à rire, incrédule.

— On dirait que tu as percé ! Où diable as-tu trouvé ça ?

— C'est un cadeau de Karl. Apparemment, il est extrêmement difficile de se les procurer. C'était très attentionné de sa part.

— Ce n'est pas non plus comme s'il l'avait faite pour toi, ironisa son ami.

— Ce qui nous amène à la question essentielle. Qui en est l'auteur ? Elle a été fabriquée à Allach, au cas où tu n'aurais pas deviné.

Peu à peu, Richard prit conscience de l'évidence.

— Max ?

— Tu n'as jamais vu les pièces qu'il a sculptées. Mais, pour moi, c'est tout à fait sa facture. En outre, ce serait vraiment une coïncidence étrange. Pourquoi diable quelqu'un d'autre fabriquerait-il une statue de porcelaine basée sur une peinture relativement obscure ?

— Mais tu ne peux pas être certaine que c'est lui. Ne te fais pas trop d'illusions, Betti.

— Tu as raison, je le sais. Mais je ne peux pas non plus l'ignorer.

Des larmes brillaient dans ses yeux. Son visage exprimait sa détermination.

— Je suis convaincue que Max a joué un rôle dans tout ça et que Karl est la clé pour découvrir lequel.

Chapitre 14

Dachau
Octobre 1993

En franchissant les barrières de Dachau, Clara mit les écouteurs du lecteur CD qu'elle avait emprunté à Lotte, avant de quitter Londres.

— Je pense que j'aurai besoin d'un peu de compagnie, avait-elle dit.

Les notes de *Für Alina* lui emplirent les oreilles, si familières qu'elles la réconfortèrent et l'ancrèrent simultanément dans le présent. Ce dont, ici, elle avait vraiment besoin. Elle marchait, les yeux baissés. Des plaques de béton blanc craquelées se déroulaient sous ses pieds. Partout, la mort planait. Cela lui rappelait la marche lente derrière le cercueil de sa mère, lui glaçant le sang.

Le ciel était sombre et brumeux, le froid mordant. Des gouttes d'eau brillaient sur les clôtures en métal. Les visiteurs étaient rares à cette heure matinale. Elle avançait, seule, sur le gravier gris de la cour où se faisait l'appel. Des bribes de vieilles actualités lui revenaient en mémoire. Avec ses couleurs sépia, granuleux, le film tressautait, saccadé. Lotte et elle avaient regardé un documentaire sur Dachau à l'Imperial War Museum, et les images la hantaient encore, gravées dans son cerveau : les corps entassés et contorsionnés comme sur un bûcher funéraire, les yeux des survivants, hébétés, fixant la caméra.

Vu de Londres, pendant qu'elle préparait son voyage, tout cela lui avait paru bien lointain. Mais maintenant, elle était ici, par un jour de semaine ordinaire, l'estomac noué : c'était tout à fait réel. Elle frissonna. Elle avait l'impression que quelqu'un marchait sur sa tombe.

Elle avait vu le portail en fer forgé noir avec l'inscription «*Arbeit macht frei*» («le travail rend libre») se détachant brutalement sur le ciel blanc brumeux. Des mots qui avaient été façonnés par la main forcée d'un déporté : un mensonge plein de cynisme qui prenait vie.

Les sonorités du piano de Pärt étaient d'un réconfort étrange dans cet endroit. Les espaces vides étaient aussi forts que les notes. Tout en marchant, Clara remarqua que le même vide se reflétait sur le site. Les baraquements qui avaient abrité des milliers de prisonniers avaient été détruits et remplacés par le néant, à l'exception des bordures de béton qui en délimitaient les contours. Le sol semblait presque volcanique, comme si la terre avait voulu se purifier par le feu. À la périphérie du camp, elle aperçut une rangée de hauts peupliers, leurs feuilles apportant les seules touches de couleur dans ce monde blanchi.

Perdue dans un isolement presque total, Clara continua sa progression. Elle n'entendait que la musique. À travers le brouillard, des bâtiments barbares parurent se dresser devant elle, menaçants, leurs lignes déchiquetées parfaitement adaptées à cet environnement. Le son soudain d'une cloche dans le monde réel brisa le silence. À son tintement cuivré, anxieux, elle sentit les battements de son cœur s'accélérer.

Depuis qu'elle avait écrit à la bibliothèque du mémorial pour demander si elle pouvait venir la consulter, dans sa quête de réponses, elle avait à maintes reprises imaginé cette journée. Elle avait essayé d'être exhaustive : elle cherchait tous les documents possibles sur Ezra Adler et sa famille, sur les prisonniers internés au sous-camp de Dachau-Allach, sur les travaux de la manufacture de porcelaine.

Dans leurs courriers, les employés s'étaient montrés coopératifs, polis. Mais elle avait compris qu'il n'était pas très utile, dans ces circonstances, d'être trop précis. On trouvait ce que l'on pouvait et l'on en tirait la meilleure conclusion possible. Ils l'avaient prévenue de ne pas se bercer de trop d'espoir. À l'aveuglette, on ne pouvait pas définir la botte de foin que l'on cherchait ni la nature de l'aiguille que l'on souhaitait y trouver.

Lotte avait eu plus de chance. À la British Library, elle était tombée sur un livre sur l'art, en allemand, qui faisait référence à Bettina. Un dictionnaire à la main, Clara l'avait aidée à le traduire.

— Il est dit qu'elle était une élève de Vassily Kandinsky et une expressionniste abstraite qui, l'espace d'une brève période, à la fin des années 1930, a connu une popularité de réaliste romantique pour ses paysages allemands. Ses différentes œuvres et expositions sont répertoriées, mais tout s'arrête subitement en 1942. Aucune référence à la moindre activité notable après cela.

— C'est bien étrange, avait fait remarquer Lotte. Changer aussi radicalement de style pour, tout à coup, cesser complètement de peindre. Que s'est-il passé ?

— Je suis née. Et je suppose que c'est dû à la rencontre avec mon père…

Lorsque Clara arriva au bâtiment qui abritait la bibliothèque du mémorial de Dachau, l'archiviste l'attendait dans son bureau, entourée d'étagères. D'innombrables rayons profonds, remplis de feuilles, de classeurs, de dossiers. La femme, un peu plus jeune qu'elle, était aimable mais réservée. Elle avait manifestement l'habitude du cheminement de ceux qui venaient de loin, en quête de réponses sur leur passé. Elle lui remit ce qu'ils avaient pu trouver grâce aux indications de Clara : son histoire et son avenir réunis dans une boîte d'archives.

— La barbarie ne laisse pas toujours des traces sur papier, lui expliqua-t-elle. Si le Reich avait su efficacement trouver de nouveaux moyens de supprimer la vie humaine, et avait consigné ce processus méthodiquement, les nazis n'étaient pas naïfs. Conscients de ce que les archives racontaient, l'une des dernières actions de la SS avant la libération des camps a été d'en détruire une vaste quantité. Des milliers de prisonniers qui ont travaillé dur et qui sont morts à l'intérieur du camp et de ses annexes, il subsiste peu de détails.

Clara hocha la tête

— *Ich verstehe.* Je comprends.

La langue allemande lui semblait plus qu'étrangère à parler. Cela lui permettait de prendre conscience du temps écoulé depuis la mort de sa mère. Néanmoins, même une seule boîte la remplissait de gratitude.

Elle emporta son butin sur une longue table en bois, sous une fenêtre basse, et étala tous les documents devant elle. Le premier classeur était moins épais que le dossier que lui avait remis Levi Cooper à Santa Monica, plusieurs mois auparavant. Elle en tira les feuilles de papier : d'une finesse extrême, celles-ci étaient couvertes de mots dactylographiés serrés. Elles dégageaient toujours l'odeur de l'archivage, faite de poussière, de légère moisissure, d'encre vieillie et du carton de leur enveloppe.

Les pages étaient presque aussi transparentes que du papier à cigarette. Elle les examina, mais elles ne lui apprirent rien de nouveau. Les données sur les prisonniers y étaient consignées comme elles l'auraient été pour du bétail. Juste des détails cliniques, en noir et blanc. Leurs noms suivis par les numéros de matricule qu'ils étaient devenus, les possessions dont ils avaient été dépouillés et les objets qu'ils avaient laissés derrière eux. Mais, hormis cela, il n'y avait aucune preuve tangible d'Ezra Adler.

Les semaines précédentes, elle s'était immergée dans ses recherches sur Dachau et les sous-camps. Un travail poignant, dont elle avait eu du mal à se détacher. Pourtant, se retrouver sur place, les documents originaux en main, lui procurait une sensation plus étrange encore. Ils ne pesaient rien, mais elle avait l'impression de soulever du plomb.

Le deuxième classeur était rouge. Immédiatement, elle fut fascinée. Il s'agissait de documents se rapportant au transfert d'Ezra Adler, l'été 1941. À mesure que la guerre progressait, l'usine de porcelaine avait perdu beaucoup de travailleurs partis au front. On avait donc fait appel à d'autres camps pour recruter des prisonniers valides, à l'expérience adéquate.

En tant que professeur d'histoire de l'art, Ezra n'était qu'indirectement qualifié pour un tel emploi mais, avec plusieurs autres, on l'avait expédié par train de Buchenwald. Clara savait par Levi qu'il était marié et qu'il avait deux filles. Pourtant, il n'y avait aucune référence à sa famille. Dans sa Cracovie natale, Ezra avait été un universitaire tenu en haute estime. Lors de ses premiers jours au camp, il avait été soumis à des tâches très dures. Quelque temps plus tard, un registre le classait parmi les travailleurs indispensables. Sa ration de nourriture avait été légèrement augmentée, même si elle se limitait toujours à un bol de soupe et à un quignon de pain, matin et soir.

Le troisième classeur, bleu ardoise, était consacré aux camps après la libération, lorsque les soldats américains essayaient de comprendre ce qu'ils avaient découvert. Le nom complet d'Ezra et son âge avaient été notés début mai 1945, peu de temps après l'arrivée des forces alliées. Les archives officielles étaient sommaires. Ce qui n'était guère étonnant, étant donné le choc que les soldats libérateurs avaient encaissé. Les cadavres émaciés, abandonnés. Les rescapés survivant à peine, si près de la mort qu'ils pouvaient à peine bouger, auxquels il faudrait des mois de soins pour retrouver un semblant de santé. Clara s'émerveilla de la force qu'il avait fallu à Ezra Adler pour partir de l'autre côté de la planète et recommencer à zéro.

Après la libération, des Allemands des environs avaient été amenés pour voir les camps et être témoins des crimes commis en leur nom. Les forces alliées avaient voulu élargir le projet pour que d'autres portions de la population puissent les voir de leurs propres yeux. Mais les aspects pratiques avaient contrarié leurs plans. Finalement, seuls les habitants des alentours des camps y avaient été convoqués par files entières pour les charger d'attester de la réalité des faits avant que trop de temps ne s'écoule et n'estompe la terrible vérité. Il y avait des photos de queues d'hommes et de femmes, dans leurs vêtements de tous les jours, attendant de passer, des mouchoirs pressés contre leurs nez. Elle aurait été curieuse de savoir s'ils servaient à essuyer leurs larmes, à les protéger de la puanteur ou à se cacher le visage. Peut-être les trois.

Elle scruta les photos, commençant par les visages des prisonniers. Elle cherchait une preuve de la présence d'Ezra Adler. Après un moment, elle regarda aussi ceux des visiteurs. Sa grand-mère maternelle et son oncle en faisaient-ils partie ? Si c'était le cas, il était peu probable qu'elle les reconnaisse. Ils n'avaient pas d'albums de photos de famille, et Bettina n'évoquait pas souvent le sujet. Pourtant, elle se rendit compte qu'ils devaient avoir vécu dans les environs.

Sa mère lui avait parlé avec affection de Berlin, de Munich, de Weimar, de Dessau. Mais elle n'avait jamais fait mystère de sa haine pour Allach, qu'elle avait qualifié de « trou perdu à la campagne ». Elle avait refusé d'y retourner. Quand Clara avait commencé ses recherches, elle avait été choquée de découvrir la proximité des camps avec la ville natale de sa mère. Pourtant, étrangement, elle n'éprouvait pas de curiosité vis-à-vis de sa famille. Elle avait glané suffisamment d'informations pour savoir que son oncle avait été un alcoolique et un nazi, et sa grand-mère une femme froide et cruelle. Si leur sort laissait Bettina indifférente, il en allait de même pour elle.

Elle se replongea dans la boîte dont elle tira le dernier dossier, consacré au fonctionnement de la manufacture. C'était un épais classeur contenant des photos d'objets en porcelaine, des catalogues, des listes des composants bruts, à la fois humains et minéraux, consommés par la production. Elle eut beau chercher, elle ne vit aucune référence à Ezra ni à Bettina.

En rangeant tous les documents qu'elle avait sortis, elle mesura la distance qu'il avait fallu parcourir de ce camp jusqu'à l'usine de pâte à modeler de Cincinnati et le minuscule appartement dans le quartier Over-the-Rhine. Elle rapporta le carton à l'archiviste qui lui demanda avec douceur si elle avait trouvé ce qu'elle cherchait. Elle en avait appris un peu plus. Pas grand-chose.

Ses pensées revinrent à l'épouse et aux enfants d'Ezra, restées à Sachsenhausen. Et elle lui demanda si elle estimait qu'il valait la peine de s'y rendre. « Peut-être », lui répondit l'employée. Pouvait-elle prendre leurs noms ? La femme les nota, puis s'avança vers l'unique ordinateur de bureau. En frappant quelques touches, on pouvait chercher des millions de noms en l'espace de quelques minutes. Quand elle revint vers Clara, elle lui déclara lentement qu'il y avait une trace d'une certaine Zofia Adler, décédée à Sachsenhausen en 1942.

— Et leurs filles, Amelia et la petite Hanna ? s'enquit Clara.

L'archiviste ne put la renseigner. Elles avaient sans doute été « germanisées », lui dit-elle.

— Vous comprenez cette phrase ?

Clara répondit que non. Patiemment, la femme lui expliqua que de nombreux orphelins des camps avaient été adoptés par des familles allemandes. Vingt mille, peut-être plus. La plupart n'avaient rien su de leurs origines, et il était très probable que les deux fillettes avaient été séparées.

Les yeux de Clara se remplirent de larmes. Même s'il n'était pas rare pour un visiteur, dans cet endroit hanté, de se sentir submergé par l'émotion, l'archiviste eut l'air inquiète.

— Vous vous sentez bien ? lui demanda-t-elle en anglais.

Encore une fois, non sans culpabilité, Clara regretta d'avoir oublié la langue de sa mère.

— Je me demandais... Est-il possible que ma mère ait adopté Hanna ? Elle est née en 1940. Elle aurait donc presque mon âge.

La femme se pencha à travers le bureau et lui tapota la main.

— C'est possible, acquiesça-t-elle.

— Et il n'y a aucune autre trace de ce qui leur est arrivé... Aucune façon de retrouver leur piste ?

Il n'y en avait aucune. Mais, avec ces millions de morts et encore plus de spoliés, pourquoi deux petites Polonaises auraient-elles mérité d'être consignées comme vivantes dans les archives ?

L'archiviste la pria d'attendre encore et tira un document d'un nouveau carton. Il s'agissait, expliqua-t-elle, d'une autre source à laquelle elle avait recours pour les informations liées à la manufacture de porcelaine.

Elle ouvrit un catalogue des porcelaines d'Allach qui datait de 1942. Sur la dernière page s'étalait un cliché de l'homme de haute taille, bien habillé, qu'elle avait déjà vu sur la photo dans la salle de bains d'Ezra Adler. L'homme élégant, avec ses lunettes et son costume de bonne coupe, qui se tenait à côté de sa mère, éblouissante de beauté et de jeunesse.

— *Herr* Ostendorff en a été le directeur artistique de 1925 à 1945. Il vit aujourd'hui à Munich. Il est assez frêle et de constitution fragile, mais il a gardé toute sa vivacité d'esprit. Peut-être se rappellera-t-il *Herr* Adler et pourra-t-il vous fournir plus d'informations. Je peux lui téléphoner et lui demander s'il serait d'accord pour vous rencontrer ?

— Oui, s'il vous plaît ! *Vielen, vielen Dank.*

Chapitre 15

Munich
Automne 1940

Debout sur une estrade couverte d'un moelleux tapis blanc, Bettina portait une robe ivoire aux larges épaulettes faites de couches superposées, comme des pétales de fleur. En raison de toutes les pénuries dues à la guerre, la coupe de la robe était simple par souci d'économie de tissu. Elle avait toutefois été autorisée à une rare touche d'élégance : une traîne.

Une jeune fille équipée de gants de coton blancs l'arrangea et recula d'un pas pour admirer son travail. Bettina regarda son reflet, dans un triple miroir. S'observant sans la moindre émotion, elle avait l'impression d'être une autre. Plus jeune, elle aurait pleuré de se voir choisir sa robe de mariée avec une telle indifférence. Mais cette journée ne ressemblait en rien à celle qu'elle avait imaginée. Elle ne comptait quasiment pas. *Cela fera l'affaire*, songea-t-elle. Des rangées de minuscules perles, cousues à la main, descendaient de sa gorge sur sa poitrine festonnée, et le poids de ces vagues de nacre l'oppressait. Elle y glissa un doigt pour atténuer la sensation d'étranglement.

— Ne faites pas ça ! la rabroua Liesl. Vous allez avoir un cou de dindon.

Allongée dans un transat de velours crème, sa future belle-sœur la toisait d'un œil critique.

— Vous avez beau être plus jeune que Karl, vous n'êtes pas exactement une jeune mariée. Sans parler du fait que vous êtes trop maigre. Vous allez devoir grossir un peu avant le jour du mariage.

— Oui, Liesl.

Elle aurait pu rétorquer par une réflexion sur sa propre maigreur et sur son visage pincé, à la Modigliani. Mais elle passa outre.

C'était dans ces moments qu'elle se demandait jusqu'où elle oserait aller. Quand, par une belle journée d'été, sur le lac, Karl l'avait demandée en mariage, à l'improviste, elle était restée sans voix pendant de longues minutes. Elle avait choisi de dire « oui », parfaitement consciente de le connaître à peine. Et, en plus, de n'éprouver aucun sentiment pour lui. Elle n'était pas son amie, encore moins son amante. Elle n'était pour lui qu'un bel objet qu'il voulait posséder. Elle le comprenait et s'en satisfaisait si cela lui permettait d'être utile de quelque façon que ce soit à Richard et à ses camarades.

Avoir accès à l'influence de Karl et à son cercle s'était révélé encore plus profitable qu'elle l'avait espéré. Richard et Libertas avaient pu étendre leurs opérations de Berlin à Munich, en se servant d'elle comme intermédiaire. Richard lui avait déclaré qu'il était plus sûr pour elle de ne pas savoir ce qu'ils faisaient des données qu'elle rassemblait et des invitations qu'elle pouvait leur obtenir. Il lui avait promis qu'elle contribuait à leur cause. Pour elle, c'était le seul but recherché.

Elle traversait ses journées, concentrée sur le futur, celui où Max pourrait être libéré. Jusque-là, elle était déterminée à se rendre utile. Elle gardait les yeux et les oreilles ouverts, et rédigeait des rapports hebdomadaires, parfois quotidiens, sur tout ce qu'elle entendait. Les appels téléphoniques, des bribes de conversation, les blagues et les rumeurs qui se propageaient. Sans émettre le moindre jugement de valeur sur les informations, elle se contentait de les écrire et de les déposer au siège d'un magazine chrétien, dans des enveloppes libellées au nom du frère de Richard, Peter, dont le rôle semblait être de coordonner leurs efforts. Cela faisait des mois qu'elle avait à peine vu Richard. Chaque fois qu'il venait à Munich, il était toujours occupé et n'avait que peu de temps à lui consacrer.

Bettina s'aperçut que la couturière se tenait à proximité, des épingles serrées entre ses lèvres.

— C'est très bien, merci, Gretl.

Elle lui adressa un petit sourire. Liesl se rallongea dans son transat et lissa soigneusement sa jupe.

— Vous avez remarqué que rares sont les robes en vraie soie ? C'est fatigant de devoir se soumettre à des rationnements aussi stricts. On pourrait penser qu'il y aurait des exceptions pour les mariages des fidèles partisans du parti, et quelques compensations pour les membres de la direction.

— Ça m'est un peu égal, répondit Bettina. Comme vous l'avez souligné, je ne suis pas vraiment de première jeunesse. Karl non plus. Il va devoir partir immédiatement après la réception de mariage. Nous n'avons donc pas besoin d'une grande cérémonie.

Liesl eut l'air horrifiée.

— Au contraire, raison de plus pour en faire un événement. Vous allez certainement passer la nuit dans un bon hôtel ? J'insisterais, si j'étais vous. Vous n'aurez plus jamais ce genre d'occasions.

Elle chercha des yeux Gretl qui finit par réapparaître.

— Aidez *Fräulein* Vogel à retirer sa robe. Puis nous choisirons quelques toilettes de voyage.

Elle se tourna vers Bettina et déclara avec un reniflement de dédain :

— Au moins, les chapeaux ne sont pas comptés sur la carte de vêtements. Nous pouvons donc en ajouter.

Gretl monta sur l'estrade et s'attela à la tâche délicate de défaire les dizaines de boutons de soie qui couraient jusqu'à sa chute de reins. Étrangement détachée, Bettina se laissa déshabiller par une parfaite inconnue, pendant qu'une autre, assise, les regardait. Elle avait beau avoir passé très peu de temps en compagnie de Liesl, sa présence de plus en plus fréquente l'obligeait à partager une certaine intimité avec elle.

— Vous aurez besoin d'une robe neuve pour l'École des mariées. Quand y allez-vous ?

— Je ne sais pas si j'irai. J'aurais au moins dix ans de plus que les autres mariées.

— Oh ! mais il le faut, Bettina. Sinon, cela pourrait donner une mauvaise image de Karl.

Le principe directeur de Liesl était la mesure dans laquelle les actes de Bettina pouvaient affecter le statut de son frère. Ou le sien propre.

— Si je décide d'y aller, ce sera juste avant le mariage. J'ai encore des mois pour me préparer.

— Vous avez une chance incroyable, dit Liesl avec un soupir. Nous n'avions rien de tel à mon époque. J'imagine qu'il doit régner un incroyable sentiment de camaraderie entre ces jeunes filles. Il y a beaucoup de choses qu'on regrette de ne pas avoir connues en tant que jeune mariée. Et, contrairement à vous, je n'ai pas eu le bonheur d'avoir une sœur pour me les enseigner.

Depuis les fiançailles, Liesl avait pris l'habitude de se référer à elle en tant que sa sœur. Toutefois, ce concept de sororité ne semblait pas aller au-delà d'une prise en main des événements et d'une constante dépréciation de sa future belle-sœur. Pourtant, Bettina était déterminée à tenir sa langue et à ne pas s'emporter. Elle n'avait nulle intention de fréquenter une école de formation pour les épouses potentielles des hommes de la SS. Mais elle ne tenait pas non plus à se quereller à ce sujet.

Quand la robe fut totalement déboutonnée, elle la retira. Après l'avoir suspendue, Gretl aplatit la soie à la lumière froide qui passait par la fenêtre mansardée. Liesl la foudroya du regard.

— Ne traînez pas ici, ma fille !

La jeune couturière s'enfuit, comme piquée par une guêpe. Une fois seule avec elle, Liesl ramena son attention sur Bettina.

— Vous aurez besoin de quelques tailleurs, il faudra prévoir des essayages et une jolie *Dirndl*. Une tenue plus traditionnelle pour les journées d'été au lac ou dans les Alpes. Vous n'êtes pas Magda Goebbels, votre statut d'artiste ne vous vaudra pas d'autorisation spéciale. Mon frère n'a pas encore une position dans laquelle vous pouvez n'en faire qu'à votre guise.

Bettina prit de nouveau une longue inspiration et se pencha pour ramasser un peignoir dans lequel elle s'enveloppa. Liesl se mit à chercher la jeune fille qu'elle avait congédiée.

— Où est-elle ? Gretl ?

Celle-ci revint, la peau pâle de sa poitrine marbrée de taches rouges.

— Pourriez-vous au moins nous apporter des rafraîchissements et des magazines, avant de nous abandonner ?

— Naturellement, *Frau* Braemer.

— Avez-vous du champagne ?

Gretl bredouilla une excuse.

— Je crains bien que non. Les restrictions…

Liesl poussa un soupir.

— Je me contenterai de vermouth. À moins que vous n'en ayez pas non plus ?

D'un signe de tête, la couturière indiqua que si.

— Êtes-vous muette ? Et pour *Fräulein* Vogel ?

— Rien pour moi, merci, Gretl.

La jeune fille esquissa une petite révérence et se hâta de sortir.

— Juste ciel, cette fille est simplette ! A-t-elle du sang slave ?

Liesl avait haussé le ton afin de pouvoir se faire entendre au-delà du salon d'essayage.

— Je suis une fidèle cliente depuis des années. Je vais vous dire, Bettina, je ne reviendrai pas s'ils la gardent.

Bettina descendit de l'estrade et alla s'asseoir à côté de sa future belle-sœur. Dans l'espoir de la distraire et qu'elle cesserait de tourmenter Gretl, elle commença :

— Merci infiniment pour votre aide. Je vous suis très reconnaissante.

— Je vous en prie. Je ne fais que mon devoir. Comme vous le savez, il y a longtemps que je me dédie au service de mon frère et à sa carrière.

Elle lui tapota la main.

— Jamais il ne progressera sans l'épouse adéquate. Et Dieu sait que nous comptons tous sur son avancement, d'une manière ou d'une autre.

Gretl revint, accompagnée d'une femme plus âgée, chargée d'un plateau avec une bouteille de vermouth et des journaux. Liesl tendit le magazine *Frauen-Warte* à Bettina et prit un quotidien qu'elle déplia.

— Au moins, maintenant, nos forces occupent Paris. Ce qui devrait nous permettre de nous procurer un champagne décent pour le mariage.

Elle le posa sur ses genoux et tourna la page.

— Un autre raid aérien sur Berlin, annonça-t-elle.

Immédiatement, Bettina pensa à Richard. Il n'avait donné aucun signe de vie depuis plusieurs semaines. Avait-il été pris dans l'un de ces raids ? Elle ne savait même pas s'il était à Berlin et, comme il était toujours par monts et par vaux, c'était loin d'être certain. La dernière fois qu'elle avait eu de ses nouvelles, il était en route pour Francfort et lui avait promis de lui rapporter des *Schnecken* aux graines de pavot. C'était stupide de s'inquiéter, néanmoins.

— Parlent-ils de blessés ?

Liesl était déjà passée à la page suivante. D'une main, elle balaya sa question.

— Vous n'avez pas besoin de vous faire de souci. La Luftwaffe accomplit un travail remarquable pour nous protéger. Cela ne durera pas longtemps.

— Mais Karl dit qu'ils projettent de construire de profonds abris anti-bombes. Cela ne vous donne-t-il pas l'impression que nous nous enfonçons ?

Liesl baissa la voix et siffla à Bettina :

— Je ne devrais pas être obligée de vous le rappeler, mais il ne faut pas parler en public de choses que Karl pourrait vous avoir confiées en privé.

Contrite, Bettina baissa la tête sur son magazine. Elle sentait que Liesl savourait son repentir. Karl l'avait prévenue que sa sœur était déterminée à s'approprier l'organisation de leur mariage.

« Je pense qu'avec les enfants pour seule compagnie, elle s'ennuie. Elle n'a pas eu grand-chose à faire depuis la mort de son mari, et les autres épouses de la SS, à Munich, n'ont pas beaucoup de temps à consacrer à une veuve. Elles n'aiment pas se voir rappeler qu'être mariée à un militaire peut se terminer en drame. »

À ce moment-là, Bettina avait songé que ce serait une bénédiction, mais Karl ne l'avait pas préparée au côté parasitaire de son intérêt pour elle. Il était évident que Liesl utilisait le mariage pour se réintroduire dans la haute société nazie, même si elle ne semblait pas tenir les autres femmes en grande estime. Le mépris qu'elle leur réservait se traduisait par une vaste palette de vocabulaire que Bettina aimait à consigner dans ses lettres à Peter, sachant que Richard et lui seraient amusés par ses piques corrosives.

Sentant soudain le regard scrutateur de Liesl, elle leva la tête. Sans trahir la moindre gêne, sa future belle-sœur lui souriait avec douceur.

— Je ne l'ai jamais remarqué auparavant, mais à la lumière du jour, je dois avouer que vous avez un certain charme, à défaut d'être jolie. Ce qui, en soi, n'est pas un problème. Simplement, vous possédez une sorte de beauté… masculine.

Elle posa une main réconfortante sur son poignet.

— Puis-je me permettre de vous donner un conseil ? Essayez de ne pas croiser le chemin de *Frau* Himmler. Comment cette grosse souillon a-t-elle réussi à attirer le regard de son mari, personne ne le comprend. Saviez-vous qu'elle a déjà été mariée ?

Liesl regarda autour d'elle et baissa la voix.

— Apparemment, Himmler a une très jeune secrétaire dont il s'est entiché. Et vraiment, comment l'en blâmer ? Ce sont des hommes puissants, avec des tas d'autres femmes à portée de main, s'ils en ont envie. Si un homme regarde ailleurs parce que vous ne prenez pas la peine de vous apprêter, vous ne pouvez vous en prendre qu'à vous-même.

Bettina prit note mentalement de ce potin pour son prochain rapport. Gretl revenait en poussant un portant garni de robes et de tailleurs.

— Il était temps, lança Liesl.

Elle se retourna vers Bettina avec un sourire bienveillant.

— Espérons seulement que nous allons trouver là notre bonheur.

Une heure plus tard, Liesl la précéda dans le large escalier de marbre qui menait à la rue. Le chauffeur de Karl les attendait. Éblouies par le reflet du soleil de cette fin d'après-midi sur les fenêtres, elles montèrent en voiture. Liesl avait demandé au chauffeur de faire un détour par le jardin botanique avant de rentrer à l'appartement.

— Il faut que nous profitions au maximum de ces derniers jours de chaleur. L'hiver va arriver sans prévenir.

Le parc était aussi doré que par une journée d'été. Liesl passa son bras sous celui de Bettina, et elles longèrent la fontaine de Neptune, sa statue de granit gris chevauchant un cheval qui se cabrait, son trident sur l'épaule. Tout d'abord, elle parut satisfaite de parler seule, se contentant de commenter la clémence du temps et la beauté des lieux. Mais Bettina sentait qu'elle avait autre chose à dire. Quand elles eurent fait le tour de l'imposant massif, elle décida manifestement que c'était le moment adéquat.

— Puis-je être honnête avec vous ? Je me demande parfois si vous mesurez bien ce dans quoi vous vous embarquez, commença-t-elle.

Prise de court, Bettina ne sut que répondre. Mais, sans un instant de répit, sa future belle-sœur poursuivit :

— Mon frère occupe une place prédominante dans la société. Une place privilégiée qui entraîne de grandes responsabilités. Je m'inquiète pour vous. Vraiment.

Elle eut envie de rire. Liesl ne pensait qu'à ses propres intérêts.

— Quand vous serez mariée, vous allez entrer dans un nouveau domaine. Le Reich d'une femme, si vous voulez. Nous n'avons pas à nous soucier de ce que font les hommes à l'extérieur, dans le monde. Notre royaume est domestique. C'est le foyer qu'ils retrouvent, qui leur apporte réconfort et soulagement.

Elle lui parlait avec la patience d'une mère s'adressant à un enfant obtus.

— Dans le cercle où vous allez pénétrer, les jugements des femmes ont force de loi. Elles influencent leurs maris. Ces hommes ont le pouvoir et en contrôlent l'accès aux autres, ce qui est d'une importance vitale pour Karl. Aussi, pour lui, vous pouvez être soit une aide, soit un obstacle, la sermonna-t-elle. Si vous manquez à vos obligations, cela aura un impact sur nous tous.

— Liesl, ni les potins ni le fait de progresser dans l'échelle sociale ne m'intéressent, se sentit-elle obligée de la rassurer. J'ai mon travail.

— Mais, une fois mariée, vous ne travaillerez plus. Votre seul but sera de donner à mon frère la descendance qu'il désire depuis longtemps.

Bettina avait compris que c'était le véritable plan de Liesl. Elle fut seulement étonnée de l'entendre l'aborder de façon aussi directe.

— Je pense que cela ne vous regarde en rien, répondit-elle sans se départir de son calme.

— Bien sûr que si. C'est impératif. Je refuse de voir ma future nièce ou mon futur neveu élevés par une espèce de mère corbeau qui n'a qu'une hâte : pousser sa progéniture hors du nid si celle-ci la dérange.

Bettina se demanda encore une fois combien de temps elle pourrait survivre dans cet environnement. De tous les côtés, des dangers cachés menaçaient, bien enfouis.

— Votre frère sait qui je suis. Il ne m'a jamais demandé de me soumettre à lui, ni de renoncer à mon travail. En fait, il a activement encouragé ma carrière.

Un bref sourire sans joie se dessina sur les lèvres de Liesl.

— C'est tellement mignon qu'à votre âge vous soyez encore si naïve. Mon frère est un collectionneur de beaux objets, Bettina. Je ne nie pas votre talent. Mais ce n'est pas votre véritable but dans la vie. Quand le moment viendra, vous mettrez vos propres ambitions de côté et vous lui donnerez deux ou trois enfants exquis.

Elle pense m'avoir cernée, songea Bettina. *Que je suis juste un esprit indépendant, qui refuse de se voir dompter.*

— Notre famille a eu la mauvaise fortune de n'épouser que des êtres faibles. Notre force semble les attirer. Sa première femme nous a tous rendu service en mourant sans lui donner d'héritier.

La brutalité de ses paroles fit pâlir Bettina. Liesl continua :

— Aucun mari n'a voulu de vous, et vous avez eu de la chance que mon frère daigne vous choisir. Nous avons tous les deux décelé votre volonté d'acier et nous l'admirons. Mais je vous avertis. J'ai une grande influence sur lui et, si je constate que vous lui manquez de gratitude, je n'hésiterai pas à l'exercer.

Liesl la dévisagea, impérieuse. Elles poursuivirent leur chemin lentement, passèrent devant une plate-bande de violettes et de pensées, le mauve contrastant avec l'orange. Finalement, d'une voix égale, Bettina déclara :

— J'apprécie votre franchise, Liesl. Cela m'aide à comprendre ce que l'on attend de moi. Je vous en prie, laissez-moi vous assurer que ma seule priorité est l'homme que j'aime.

La lettre d'Imre arriva avec la première neige. De légers flocons se mirent à tourbillonner dès que la nuit tomba. S'ils commencèrent par fondre, ils finirent par former une couche impénétrable qui donnait l'impression qu'elle ne disparaîtrait jamais.

Bettina passait de plus en plus de temps sans sortir, seule, ce qui lui convenait. Karl s'absentait fréquemment pour ses obligations liées à la guerre. En général, il partait pour Paris, mais souvent pour Amsterdam, Anvers, Vienne. Maintenant qu'il avait fini de la courtiser, il était tourmenté, souvent moins attentif. La plupart du temps, c'était Liesl qui lui faisait part de ses souhaits : il devait rentrer tel jour, ils devaient dîner à telle heure, avec telles personnes. Le principe était que tous devaient œuvrer sans relâche à élever Karl dans la hiérarchie de la SS. Ce qui englobait le travail de Bettina, ses intérêts. Aussi, chaque fois qu'il était loin, elle se réfugiait avec plaisir dans son atelier, son art, sa vie, en elle-même.

Un matin, quand elle se réveilla, la blancheur lumineuse de la neige baignait l'atelier de clarté. Déterminée à profiter de cette magnifique lumière pour peindre, elle se précipita pour acheter du lait, du café et du chocolat. En revenant, elle trouva l'enveloppe dans sa boîte aux lettres. Surprise de ne pas reconnaître l'écriture, elle la retourna. Elle l'ouvrit en montant l'escalier et y trouva une feuille couverte de quelques paragraphes espacés, rédigés d'une écriture soignée, sous lesquels s'étalait la jolie signature d'Imre en belles lettres rondes.

Ma très chère Betti,

Cela fait une éternité que nous ne nous sommes pas parlé. J'espère que tu me pardonneras. J'hésite à t'écrire de crainte que tu ne me prennes pour une hystérique. Mais j'ai besoin de te demander si tu es au courant des allées et venues de Richard. À Berlin, personne ne l'a vu depuis plusieurs semaines, et Libertas et moi nous faisons du souci pour lui. Aux toutes dernières nouvelles, il

avait l'intention d'aller à Francfort et de passer te voir à Munich. S'il a rencontré quelqu'un et décidé de ne pas revenir à Berlin, s'il te plaît, dis-le-moi, en tant qu'amie. Dis-lui que je ne me disputerai pas avec lui. Je veux juste m'assurer qu'il est en sécurité. Je suis folle d'inquiétude de ne pas savoir où il est.
Avec mon meilleur souvenir,

Imre

En lisant ces mots, Bettina eut une impression de déjà-vu. Vidée de ses forces, elle s'appuya contre le mur.

Depuis combien de temps n'avait-elle pas eu de nouvelles ? Un mois ? Plus ? Elle se rappela qu'il lui avait téléphoné. Contrarié de ne pouvoir la joindre aussi souvent qu'il le souhaitait, Karl avait fait installer un téléphone à l'atelier. Mais Richard avait évité de communiquer avec elle sur ce numéro pour le cas où la ligne serait sur écoute. Aussi avait-elle été surprise, en décrochant, qu'il l'appelle de son hôtel à Francfort.

— Quels sont tes projets pour le week-end prochain ? lui avait-il demandé.

— Je suis occupée. Mais libre comme l'air à partir de lundi.

— J'aurais peut-être déjà été obligé de rentrer à Berlin. Je vais voir comment ça se goupille. Sinon, comment vas-tu, vieille branche ?

Elle avait répondu en riant :

— Tout bien considéré, ça va. Et toi ?

— Aussi bien que possible. Écoute, je dois y aller. J'espère que tu ne m'en veux pas d'avoir appelé, mais je voulais entendre ta voix.

— C'est bon d'entendre la tienne.

— Je suis désolé d'être si bref. Je te donnerai des nouvelles.

— Bien sûr.

D'après ses calculs, cette conversation remontait à quatre semaines. Ce qui n'était pas inhabituel. Mais si ni elle, ni Imre, ni Libertas ne savaient où il était, qui le saurait ?

Le lendemain après-midi, quand Bettina descendit du train à Allach, un frisson d'angoisse la parcourut. Être ici réveillait des souvenirs vivaces de la nuit où Max avait disparu. Elle avait scruté le quai désert, souhaitant désespérément le trouver l'y attendant. Dix-huit mois plus tard, elle était de retour, à la recherche de son ami le plus cher, apparemment tout aussi perdu.

Après avoir lu la lettre d'Imre, elle avait passé des heures à se tourmenter, avant de décider que la seule personne vers qui elle pouvait se tourner était Peter, le frère aîné de Richard. Elle l'avait à peine revu depuis qu'il l'avait aidée, à l'époque où elle en avait eu besoin. Mais, grâce aux rapports hebdomadaires qu'elle lui adressait sur Karl et Liesl, elle se sentait de plus en plus d'affinités avec lui. Certes, elle savait qu'en lui rendant visite elle risquait de les mettre tous les deux en danger. Mais elle n'avait aucun autre recours.

Elle hâta le pas à travers les rues humides. Allach avait à peine changé depuis son départ. Elle releva le col rigide de son imperméable. Ses semelles faisaient crisser la neige poudreuse tombée récemment et qui n'avait pas encore été dégagée. Elle recouvrait en couche épaisse les toits des maisons de banlieue aux volets clos. À un carrefour, des traces de pneus noires se détachaient sur l'asphalte blanchi, éclairées par un soleil d'hiver, bas à l'horizon. Dissimulant son visage de crainte d'être reconnue, elle laissa un side-car passer puis, après avoir traversé précipitamment la rue, ouvrit une barrière dans une haute haie enneigée.

La maison à trois étages, aux volets d'un bleu de Prusse fané, était coiffée d'un toit de tuiles rouges. Un balcon en bois sculpté ornait sa façade en stuc. Ayant perdu leurs parents très jeunes, les deux frères y avaient vécu seuls, Peter s'était occupé de Richard jusqu'à ce que ce dernier parte faire ses études d'art. Heureusement pour eux, ils avaient pu compter sur la fortune familiale.

Bettina retira ses épais gants de laine pour frapper. Au bout d'un moment, elle entendit des bruits de pas rapides. La porte s'ouvrit sur Peter. Il était plus mince que son frère, son physique moins saisissant. Les cheveux blonds coupés en brosse, il avait les yeux bleus et des lunettes. Derrière lui, l'intérieur était plongé dans l'obscurité.

— Peter, je suis désolée d'arriver sans prévenir. Tu permets que j'entre ?

— Bien sûr. Il fait un froid de loup. J'ai du feu dans la cuisine. Viens.

Il la précéda dans un couloir sombre, jusqu'à une petite cuisine encombrée qui paraissait ne pas avoir changé depuis plus de vingt ans. Les murs de couleur crème s'écaillaient. Une table de taille modeste occupait le centre de la pièce, couverte de piles de journaux et de tracts. L'endroit sentait le feu de cheminée et le chou bouilli.

— Tu veux un verre d'eau ?

— Non, rien, merci.

Devant son regard inquiet, elle déclara sans ambages.

— C'est au sujet de Richard. Quand as-tu eu de ses nouvelles pour la dernière fois ?

— Pas depuis quelques semaines. Un mois, peut-être.

Elle sentit son espoir fondre. Ce qui n'échappa pas à Peter.

— Pourquoi ? Que s'est-il passé ?

— J'ai reçu une lettre d'Imre Marken. Apparemment, cela fait quatre ou cinq semaines que personne à Berlin n'a de nouvelles de Richard. Il est parti pour Francfort, puis il a parlé de faire un saut à Munich mais, pour autant que je sache, il n'y est jamais venu. J'espérais que tu saurais où il pourrait être...

Peter retira ses lunettes et se passa les deux mains sur le visage. Devant ce geste qu'elle avait vu si souvent chez Richard, elle sentit le cœur lui manquer. Elle s'assit à la table et respira à fond, plusieurs fois.

— Essayons de ne pas céder à la panique. Il a peut-être dû se cacher. Mon petit frère a plus d'un tour dans son sac, tu le sais.

— Tu as raison, mais cela ne lui ressemble pas de se volatiliser.

— Je connais des gens à Francfort. Nous avons quelques amis communs qui pourraient savoir où il est. Laisse-moi voir si je peux obtenir des informations. En attendant, rentre chez toi et patiente. Je te donnerai des nouvelles dès que j'en aurai.

Elle fit mine de protester, mais il l'interrompit.

— Je te suis vraiment reconnaissant d'être venue. Mais tu ne dois pas recommencer. Sans vouloir dramatiser, si Richard avait été arrêté, nous serions tous en danger. Il préférerait mourir plutôt que dénoncer qui que ce soit, mais il ne serait pas le premier à être obligé de parler. Dieu seul sait ce qu'ils pourraient lui faire.

Malgré sa détermination de rester forte, elle se sentait sur le point de s'effondrer. N'osant même pas répondre, elle se contenta de hocher la tête.

— Si tu as du nouveau, ne cours pas le risque de revenir. Laisse-moi une lettre au siège du *Magazine chrétien*.

Elle prit ses gants sur la table et se leva. Peter lui agrippa la main. Puis, après un instant d'hésitation, il la serra étroitement dans ses bras. Ils restèrent ainsi quelques secondes, puis il recula, gêné. Au moment où elle partait, une pensée soudaine la traversa.

— Je pourrais peut-être voir si Karl pourrait aider. Lui demander de se renseigner. De faire jouer ses relations ?

Peter secoua la tête.

— Non. C'est trop dangereux pour toi, pour Richard. Et s'il revient demain, en pleine forme ?

— Oh, mon Dieu, Peter ! J'espère que oui.

Il esquissa un sourire qu'il voulait rassurant, mais qui ressemblait plutôt à un rictus.

— Si quelqu'un a le bagoupour se tirer d'affaire, c'est bien mon petit frère. Il l'a déjà fait souvent, tu peux me croire !

Quelques jours plus tard, Bettina trouva une enveloppe glissée sous sa porte. Celle-ci avait dû être apportée par un messager, car elle ne portait pas de timbre. Et elle savait que Peter ne prendrait pas le risque de la mettre en danger en se présentant chez elle.

La lettre était brève. Ses amis de Francfort avaient fait tout ce qu'ils pouvaient en essayant de ne pas éveiller les soupçons. Mais personne ne connaissait sa dernière destination ni où il pouvait être maintenant. Il devait être considéré comme disparu, sans que l'on sache s'il était mort ou vivant. Au moment de son passage à Francfort, il y avait eu des raids et des arrestations. Il pouvait avoir été embarqué. Et il était possible qu'il soit prisonnier de la Gestapo quelque part. C'était fréquent. Certains étaient relâchés. D'autres ne réapparaissaient jamais.

Peter lui disait qu'elle n'avait aucune raison d'imaginer le pire. Mais Bettina connaissait la vérité : s'il était en sécurité, Richard aurait remué ciel et terre pour le leur faire savoir. Son silence confirmait qu'il était vraiment dans le pétrin.

Bettina mit le plus grand soin à s'habiller pour le dîner. Elle choisit sa nouvelle robe en crêpe de Chine rouge carmin. Élégante, mais classique. Elle se maquilla d'un peu de blush et de rouge à lèvres. Sans exagérer. Elle voulait jouer la quintessence de la fiancée idéale, ne donner à Karl aucune raison de lui faire le moindre reproche quand elle lui demanderait son aide.

Elle avait espéré un dîner intime, dans un coin tranquille. Mais la brasserie *L'Osteria Bavaria*, bondée, était bruyante. Des officiers aux visages rubiconds entrechoquaient leurs verres en braillant. Le grattement des chaises déplacées et le volume de leurs voix résonnaient sur les surfaces carrelées, et elle sentait une migraine lui vriller les tempes. Elle essaya de la dissimuler de son mieux.

Karl commanda un steak, et elle l'écouta patiemment lui décrire sa journée en détail. Il lui dressa la liste des tâches astreignantes que demandait la réorganisation de la culture, la bureaucratie sans fin nécessaire pour forcer les vaincus à obtempérer.

Elle ne tarda pas à s'agacer de l'entrain qu'elle se forçait à feindre. Elle sentait son rire trop fort, son sourire trop large. Le voyait-il ? Souvent, elle avait l'impression qu'il avait un sixième sens. Mais il paraissait très à l'aise. Elle tenta de rester attentive tout en répétant son texte. Si seulement elle pouvait formuler sa requête avec les mots justes, tout se passerait bien. Quand il commanda une deuxième bouteille de vin, elle sut que le moment était arrivé.

— Karl, chéri, est-ce que je pourrais vous demander un service ?

Il parut surpris. Elle n'avait jamais aucune exigence.

— Bien entendu.

— Je sais que vous êtes terriblement occupé. Donc n'hésitez pas à me dire si cela vous ennuie. Voilà, un de mes amis semble avoir disparu. Cela fait un moment que je ne l'ai pas vu, mais sa fiancée est inquiète. Elle m'a écrit pour voir si je pourrais aider. Or, une humble artiste ne peut pas faire grand-chose. C'est alors que j'ai pensé à vous, qui êtes si important, qui avez tant de relations.

Elle s'interrompit et partit d'un petit rire artificiel.

— Vous l'avez rencontré une fois. Il est venu à la réception que vous avez donnée pour le solstice d'hiver. Richard Amsel ?

Malgré son expression impassible, Bettina perçut que Karl se raidissait. Il s'en souvenait parfaitement. Mais il ne répondit rien. Dans le vacarme de la beuverie des autres clients, ils restèrent assis dans un silence qui s'éternisa. Au bout d'un long moment, elle fut prise d'un besoin impérieux de le combler.

— Comme je vous l'ai dit, je ne l'ai quasiment pas vu depuis des mois. Mais sa petite amie, Imre, est folle d'inquiétude.

Karl la regarda sans sourire, mais lui demanda d'une voix plutôt cordiale :

— Et qu'est-ce qui vous fait croire que je peux vous aider ?

Décelait-il la lueur de panique dans ses yeux ? Elle regrettait d'avoir dit quoi que ce soit. Peter avait eu raison, cela ne pouvait que les mettre en danger.

— La dernière fois qu'il a été vu, c'était à Francfort. J'ai pensé que, peut-être, vous pourriez interroger vos contacts sur place à son sujet. Essayer de savoir s'il s'est mis dans le pétrin.

— Vous pensez qu'il a été arrêté.

Ce n'était pas une question.

— C'est possible, vous ne croyez pas ? On entend parler de ce genre de choses.

Elle but une grande gorgée de vin et avala avec difficulté. Le liquide lui piqua la gorge. Karl pencha la tête de côté et s'enquit, l'air curieux :

— Et qu'est-ce qui vous fait craindre cela, Bettina ?

Elle sourit.

— Une erreur d'identité, qui sait ? Ou… il peut être un peu tête brûlée parfois.

Il baissa le nez sur son assiette et coupa son steak avec précision.

— C'est un homme bien, bredouilla-t-elle alors. Un bon Allemand.

Mastiquant sa viande lentement, méthodiquement, Karl mangeait en silence. Quand, enfin, il parla, il évita son regard anxieux.

— J'ai quelques amis à Francfort, dans la Gestapo. Cela ne me met pas en position très avantageuse, mais je vais leur demander leur aide. Je préfère vous avertir tout de suite : s'il s'est attiré des ennuis, ni vous ni moi ne pourrons lui être d'aucun secours.

Profondément soulagée, elle lui serra la main au-dessus de la table.

— Merci, chéri. Vous êtes très généreux. Vous n'imaginez pas ce que cela signifie… Pour Imre, sa fiancée, bien entendu. C'est une personne tellement adorable, et elle est si anxieuse.

— Comme vous, me semble-t-il.

Le visage toujours impénétrable, il retira sa main.

— C'est un ami, Karl. Rien de plus.

— Je l'espère bien.

Contrariée par sa méfiance, elle se sentit le besoin pressant d'insister.

— Un très vieil et très cher ami. Cela m'a bouleversée, en fait.

Considérant ses paroles, il hocha la tête.

— C'est ce qui arrive quand on fréquente des voyous.

Karl lui avait toujours montré de la politesse et de la considération. Mais, à cet instant précis, il ne lui témoignait aucune chaleur. Elle baissa les yeux sur ses genoux et réarrangea sa serviette. Elle sentait sa bouche devenir sèche et son sourire forcé sur le point de s'évanouir.

Au bout d'un long silence, ils changèrent de sujet. Elle eut toutefois l'impression que l'équilibre entre eux avait imperceptiblement basculé. La donne avait changé. Et elle avait perdu sa sérénité.

Après le dîner à *L'Osteria*, les semaines d'hiver s'étirèrent, interminables. Froides, mornes, sombres. Son humeur s'en ressentait. Au point que même Liesl s'était inquiétée de son apathie et avait fait pression sur Karl pour qu'il l'allège.

Il lui avait demandé de l'accompagner à Berlin pendant quelques jours. Il devait se rendre à Carinhall, la maison de campagne du Reichsmarschall Göring. Karl avait passé des mois à « encourager » un musée parisien à se séparer de quelques pièces de choix qui devaient être offertes à la collection de Carinhall. Le Reichsmarschall voulait les accrocher à temps pour ses fêtes d'anniversaire. Aussi, un voyage dans la capitale avait été organisé à la hâte. Depuis qu'elle avait quitté Berlin, Bettina n'y était pas souvent revenue. À mesure que la date du départ approchait, la perspective de retrouver Berlin la réjouissait de plus en plus. Il y avait de fortes chances qu'elle glane des informations précieuses dans ces cercles de hauts gradés. Elle pourrait envisager de rédiger un rapport. Mais cette idée ne fit que lui rappeler l'absence de Richard, qui lui manquait toujours aussi cruellement.

Karl était venu la chercher à l'atelier de Neuhausen. Toujours impeccable, il ne paraissait pas à sa place au milieu de ses tubes de peinture et de ses palettes. Debout sur le seuil, raide, il la regarda plier ses vêtements dans une petite valise. Lui tournant le dos, elle lui jeta un coup d'œil.

— Je ne sais jamais quoi emporter pour ces occasions.

Il haussa les épaules.

— Faites comme vous en avez l'habitude. Vous êtes toujours très bien. Il y aura des dîners, bien sûr. Quelques sorties à cheval, j'imagine.

La perspective de faire illusion pendant si longtemps la fit défaillir. Elle sentit son enthousiasme fondre.

— Il y aura beaucoup de gens dont vous apprécierez la compagnie. Walter est un marchand d'art, et sa femme, Bertha, est restauratrice de tableaux. Ils vous mettront à l'aise.

Il consulta sa montre.

— Êtes-vous prête ? Je ne veux pas faire attendre le Reichsmarschall.

— Pardon... Presque.

Elle le sentait de plus en plus impatient. Elle prit quelques dernières robes dont celle en crêpe de Chine rouge carmin qu'elle avait portée le soir du dîner à *L'Osteria*. En jetant un coup d'œil à Karl, elle vit qu'il l'avait reconnue. Sans un mot, elle la remit sur son portemanteau et la remplaça par une robe de velours gris.

— À propos, j'ai eu des nouvelles de votre ami.

Il avait adopté un ton détaché, mais froid. Bettina se figea, comme si un faux mouvement de sa part aurait pu l'empêcher de poursuivre.

— Je crains qu'elles ne soient pas bonnes. Il y a un mandat d'arrêt contre lui, mais personne ne sait où il se trouve. Je le soupçonne d'avoir quitté le pays. De s'être planqué pour y échapper.

— Mais jamais il ne..., bégaya Bettina.

— Un homme coupable est prêt à n'importe quoi pour sauver sa peau.

Elle dut se faire violence pour ne pas laisser paraître sa panique.

— De quoi est-il accusé ?

— Je ne peux pas entrer dans les détails. Il suffit de dire qu'il a fréquenté les mauvaises personnes. C'est de la trahison, en temps de guerre.

Elle sentait son regard implacable sur elle.

— Il y a longtemps que je vous ai mise en garde contre lui.

— Je m'en souviens, approuva-t-elle, sachant qu'il s'attendait à l'entendre faire amende honorable. J'aurais dû vous écouter.

Elle se retourna vers le lit pour lui cacher son visage. Le sang battait à ses tempes. Elle s'imagina attraper Karl par les épaules et le secouer pour lui arracher la vérité. S'emparant d'un chemisier de soie, elle l'étala pour en plier soigneusement les manches.

— Je n'aime pas cette couleur sur vous, lui déclara-t-il.

Il prend plaisir à me punir, songea-t-elle.

— Quoi qu'il en soit, il est parti. Et que cela mette un terme à cette histoire. Je ne veux plus jamais entendre prononcer son nom.

Elle continua de plier son corsage. Elle avait l'impression de flotter au-dessus du lit en se regardant. Les larmes lui montèrent aux yeux. Lui tournant toujours le dos, elle sentit une goutte tacher la soie. Elle l'essuya discrètement. Il ne fallait pas qu'il la voie pleurer.

— Oh ! J'ai failli oublier mes bas, murmura-t-elle.

Elle s'empressa de gagner la salle de bains, ferma la porte derrière elle et, de toutes ses forces, mordit la chair tendre de sa paume pour contenir ses sanglots.

Quand ils arrivèrent à Berlin, Bettina écrivit à Peter au siège du *Magazine chrétien* et posta la lettre dans la boîte de l'hôtel. Imaginant l'effet que produirait la nouvelle sur son destinataire, elle la lui annonça aussi délicatement que possible. Elle aurait voulu faire le voyage avec sa missive, être à côté de lui quand il lirait ses mots, même si elle savait que cela risquait de les exposer à un danger plus grave encore.

Elle passa la semaine dans une détresse qu'elle eut peine à dissimuler. Karl y fut indifférent ou volontairement aveugle. À présent que Richard n'était plus une menace pour lui, il voulait sans doute tirer un trait. En outre, ils étaient tellement accaparés par les obligations mondaines du voyage qu'ils n'avaient quasiment aucun moment en tête à tête. Bettina n'avait jamais passé autant de temps en compagnie du gratin nazi. Chaque soir, elle s'endormait en se répétant les informations qu'elle partagerait avec Peter à son retour. Elle était terrifiée à l'idée de les envoyer de Berlin.

Le dernier jour, Karl fut inopinément rappelé à Carinhall. Elle balaya ses excuses d'un revers de main, lui assurant qu'elle allait bien, qu'elle irait visiter une galerie d'art.

Au lieu de cela, elle prit un tramway pour traverser la ville jusqu'à l'école maternelle où elle savait qu'Imre travaillait. À travers la fenêtre renforcée par des bandes de papier collant pour empêcher les vitres de tomber lors des raids aériens britanniques, elle aperçut la jeune femme. Agenouillée, elle parlait à un enfant. De ses jointures, Bettina tapota le verre. Imre sursauta, leva les yeux et, en l'apercevant derrière la fenêtre, blêmit. Quelques secondes plus tard, enfilant un cardigan, elle sortit dans le froid.

— Il est mort ?

— Je ne sais pas.

Craignant de voir leur conversation surprise, elles s'éloignèrent en déambulant sans but dans les larges rues détrempées. Même si elles n'étaient pas vraiment réconfortantes, Bettina lui rapporta mot à mot les paroles de Karl.

— Je suis certaine qu'il en sait plus que ce qu'il m'a dit. Je ne pense pas que Richard quitterait le pays, sous n'importe quel prétexte. Il connaissait les risques, mais il était déterminé à rester.

Emmitouflée dans sa veste de laine, Imre frissonnait. Elle glissa ses mains dans les manches pour les réchauffer.

— Sa chance a tourné, énonça-t-elle, catégorique, sans la moindre émotion.

Quand elles regagnèrent l'école, elles s'étreignirent en silence, sans vouloir se lâcher, comme si, pour la dernière fois, c'était Richard qu'elles serraient contre leur cœur.

À son retour à Munich, Bettina s'enferma dans son atelier, prétextant qu'elle travaillait sur un nouveau projet. C'était un mensonge. Elle passa en fait son temps à dessiner croquis après croquis de Richard, essayant de se souvenir de lui aussi précisément que possible. Comme une façon de le préserver. À la fin de chaque journée, elle brûlait presque tout, de crainte que Karl ne lui fasse une visite surprise.

Les semaines passèrent. Elle n'avait rien à rapporter, mais envisagea néanmoins de retourner au magazine avec une lettre pour Peter. Elle avait un besoin désespéré de parler à quelqu'un qui comprenne son chagrin. Sachant qu'elle devait garder son sang-froid, elle se ravisa.

Liesl s'était jetée à corps perdu dans l'organisation du mariage. Elle avait arrangé que Bettina accompagnerait Karl au vingt et unième anniversaire du parti nazi à la *Hofbräuhaus*. Ce devait être un événement important. Sa future belle-sœur lui annonça même qu'avec un peu de chance elle rencontrerait peut-être le Führer. Quand le jour de la réception arriva, elle se sentait si malade qu'elle supplia Liesl de prendre sa place. Cette dernière accepta en jubilant et, chancelant presque de soulagement, Bettina fut renvoyée dans son atelier.

Elle avait à peine inséré la clé dans la serrure qu'elle sentit une main vigoureuse se plaquer sur son épaule et la pousser sur le seuil. Son cœur faisant un bond dans sa poitrine, elle se retourna, espérant voir Richard. Mais c'était Peter, un doigt sur les lèvres. Il la fit entrer, lui intimant le silence. Une fois à l'intérieur, il ferma la porte et lui fit signe d'allumer son transistor. Elle s'exécuta et régla l'appareil sur la première station qu'elle trouva. Charlie et son orchestre jouant du swing à la trompette, les mots d'argot truffés de propagande.

Le cœur battant à tout rompre, elle le laissa la prendre par les bras. Il se pencha vers elle et, d'un ton pressant, lui chuchota à l'oreille.

— Je suis désolé. J'espère ne pas t'avoir fait peur.

Elle tremblait, mais secoua la tête. Les trombones hurlaient.

— Je suis venu dès que j'ai eu des nouvelles de mon contact.

— C'est Richard ? demanda-t-elle d'une voix étouffée.

Il fit signe que « non ».

— C'est Max.

Sous l'effet de la terreur, les yeux de Bettina devinrent immenses.

— Il est vivant. Il travaille à la nouvelle usine de porcelaine d'Allach, à Dachau. Il y est prisonnier. Mais, au moins, nous savons qu'il est sain et sauf.

— Mais dans combien de temps sera-t-il libéré ?

Le visage sombre, Peter haussa les épaules.

— Ils perdent des hommes à droite et à gauche, qu'ils envoient au front. Max fait partie des prisonniers gardés comme main-d'œuvre spéciale. Ils ne voudront pas le laisser partir.

Elle se sentit défaillir. Il la retint pour l'empêcher de s'écrouler. Quand elle fondit en larmes, il la serra contre lui pour étouffer ses plaintes muettes, absorbées par le bruit des cuivres. Elle avait l'impression d'être un enfant sur la *Teufelsrad*, la « roue du diable » qui vous faisait tournoyer, tournoyer, tournoyer, jusqu'à vous projeter contre le mur et vous laisser, brisé, sur le sol.

Chapitre 16

Dachau
Printemps 1941

La fillette adorait par-dessus tout les lapins géants. Jamais elle n'avait touché de fourrure aussi douce. Les petites touffes en haut de leurs oreilles leur donnaient une apparence tellement comique. C'étaient de beaux gaillards costauds, et il lui fallait toute sa force pour les soulever. Elle avait appelé son préféré Fluffig. C'était un gros mâle. Il prenait toute la place sur ses genoux, son poil duveteux s'étalant sur ses cuisses menues.

Chaque fois que Püppi accompagnait son père au travail, elle lui demandait d'abord si elle pouvait aller voir les lapins dans leurs clapiers. Elle les aimait tous. Mais Fluffig occupait une place à part dans son cœur. Et c'était toujours avec lui qu'elle passait le plus de temps, car c'était lui le plus précieux à ses yeux. Elle se penchait sur lui, ses longues tresses blondes se balançant, lui chuchotait des mots doux en lui caressant les oreilles qu'elle serrait dans ses petits poings, se réchauffant à leur contact soyeux.

Cette fois-ci, avant d'être autorisée à aller voir les lapins, elle avait été emmenée dans le verger pour inspecter les poiriers. Elle y avait profité d'une heure de promenade, s'était hissée sur leurs branches basses, avait fait pleuvoir des pétales de fleurs. Puis elle avait fait le tour du potager, qui était exactement comme celui qu'ils avaient à la maison. Elle avait ramassé des pousses de petits pois et des mini-poivrons, qu'elle avait cachés dans ses poches pour les donner à Fluffig, plus tard.

Pendant leur balade, son père lui avait donné des dragées. Avec leurs couleurs pastel, les confiseries étaient presque trop jolies pour être mangées. Il avait mis un doigt sur ses lèvres. C'était leur petit secret. Il les sortait du fond des poches de son manteau et, d'une main derrière son dos, paume ouverte, les lui tendait tout en conversant avec l'un des messieurs qui semblaient boire la moindre de ses paroles. Quand les gens lui demandaient comment elle s'appelait, elle répondait Güdrun, mais son père l'appelait Püppi, car elle serait toujours sa jolie poupée. Les journées comme aujourd'hui étaient ses préférées, car elle pouvait rester avec lui pendant des heures. Il était si souvent appelé au loin, et lui manquait terriblement. Pourtant, tous les soirs, il l'appelait au téléphone et lui écrivait souvent. Sa mère lui avait expliqué que son travail était d'une importance capitale. Et le patron le faisait travailler plus que tous les autres, ce que Güdrun trouvait terriblement injuste.

Elle comprenait néanmoins qu'elle devait le partager. Qu'il y avait trop de gens qui comptaient sur ses conseils avisés : la moitié de l'Europe, en vérité. Et puis, il y avait des contreparties. À de rares occasions, quand le travail le retenait trop longtemps au loin, il les faisait venir, en avion, là où il se trouvait. Elle courait alors à sa rencontre à travers l'aérodrome, et il l'attrapait et la lançait en l'air.

Aujourd'hui, ils étaient bien plus près de la maison. Ils n'avaient eu qu'à aller à Dachau où vivait son Fluffig adoré. Après le déjeuner, elle avait enfin eu l'autorisation de visiter les clapiers des lapins, empilés comme des appartements dans un immeuble, rangée après rangée, l'un sur l'autre, s'élevant parfois bien au-dessus de sa tête. Dans les cages chauffées, chaque petite boule duveteuse était toute chaude. Malgré son élégance, sa mince veste de velours aux manches bouffantes ne la protégeait pas vraiment du vent froid. Elle se délectait donc de leurs corps douillets, soyeux. Soulevant les lapins de leurs litières, elle les serrait contre sa poitrine et pressait ses joues contre eux.

Dans l'ensemble, les lapins étaient doux et apprivoisés. Certains, peu nombreux, avaient néanmoins une tendance vicieuse ou dépressive qui pouvait les conduire à mordre. Quelques-uns étaient si malheureux de leur emprisonnement qu'ils mangeaient leurs bébés. Mais ces faits de la nature étaient cachés à Püppi, qui ne voulait pas entendre la moindre parole négative à leur sujet.

Elle était occupée à choisir quel animal câliner en premier quand elle remarqua le prisonnier. Un homme pauvrement vêtu, pas rasé, du côté de la cour. Il nettoyait les clapiers qu'il remplissait de foin frais. Elle le regarda avancer la main dans l'un d'eux et comprit tout de suite qu'il avait eu la malchance de choisir l'un des rares lapins qui mordaient. Il laissa échapper un juron, essaya de se libérer des dents pointues et remit sans ménagement l'animal dans sa cage. Fascinée par le sang, la fillette avait observé le déroulement du drame, solennellement, en silence. Elle avait ensuite rejoint son père et lui avait chuchoté quelque chose, en désignant le coupable. Puis elle avait regardé l'homme se faire rapidement emmener, les bras immobilisés derrière le dos, ses pieds touchant à peine le sol. *Bien fait*, avait-elle pensé. *Bon débarras !*

Mais, voyant que l'homme ne revenait pas, elle avait commencé à s'inquiéter. Quand elle avait demandé où il était, on s'était empressé de la rassurer : elle ne le reverrait plus jamais. Craignant qu'il n'ait été puni par sa faute, elle s'était mise à pleurer. Même à onze ans, elle en avait assez vu, assez entendu, pour savoir que, dans cet endroit au moins, tous les hommes n'étaient pas créés égaux.

Ses larmes ne tarissant pas, on avait envoyé chercher son père d'urgence. La secrétaire chargée de s'occuper d'elle savait que, pour sa propre sécurité, elle devait s'assurer que la fillette était toujours contente.

Son père avait trouvé Püppi, Fluffig sur ses genoux, en train de passer un peigne fin dans son pelage. Des reniflements satisfaits s'échappaient de son petit nez rose. Ses larmes avaient laissé des traînées sur ses joues. Quelques hoquets persistants trahissaient encore sa détresse. Il s'était assis à côté d'elle et, doucement, avait caressé sa tête blonde, penchée sur le lapin géant. Elle avait levé les yeux, sa lèvre inférieure gonflée en une moue boudeuse. Rentrant le menton, il l'avait imitée.

—Allons, Püppi. Ne sois pas triste. Si cet individu a fait mal au lapin, il méritait sa punition. Ces petites bêtes sont très précieuses, et leurs fourrures vont tenir chaud à nos courageux pilotes.

Il avait gratté Fluffig entre les oreilles et poursuivi.

—Nous traitons décemment les animaux. Peut-être sommes-nous les seules personnes au monde à le faire. Cela devrait être un réconfort de savoir que nous ne sommes pas insensibles, même avec ces rats humains. Tu ne dois pas t'inquiéter à leur propos. Ce serait un crime de gâcher tes larmes pour eux. Tu comprends ?

Elle avait acquiescé d'un signe de tête. Mais son visage était resté grave. Son père avait alors fait signe à la secrétaire d'apporter les lapereaux. Avec des cris de joie, Güdrun l'avait laissée déposer les minuscules corps tremblants dans ses bras. Elle en avait tellement à sa disposition, pour se divertir à loisir. Des rangées et des rangées de cages empilées.

Tête baissée, les épaules courbées, Max travaillait consciencieusement. Assis à côté de la fenêtre, le soleil lui réchauffant le dos, il fabriquait un candélabre orné de fines ciselures. Une tâche qui ne requérait pas de grands efforts et permettait à son esprit de s'évader. Les formes qu'il lui donnait étaient si familières qu'il aurait pu sculpter quelque chose d'aussi simple dans son sommeil. Ses yeux s'attardaient sur les moindres détails. Il avait remarqué qu'il ne voyait plus assez bien de loin. Aussi s'était-il entraîné à concentrer toute son énergie sur ce qui était juste devant lui. D'un autre côté, il avait rarement l'occasion de contempler l'horizon.

Pour la finition du candélabre, il prit une éponge déchiquetée, presque désintégrée, et la plongea dans un pot d'eau. Puis il entreprit de lisser les contours de l'endroit où la bougie serait placée. Il rêvait de fabriquer une pièce extravagante. Quelque chose de naturel, moins uniforme. Mais c'était devenu rare. La plupart du temps, il devait travailler sur des plaques, des médailles, des bougeoirs ou des gobelets.

En entendant le bruit de pas des gardes approcher, il arrêta son labeur pour se lever à côté du banc, tête baissée, les yeux fixés sur le sol. Il regarda ses pieds, ses bottes rigides, déchirées, poussiéreuses, les semelles usées jusqu'à la corde. Pourtant, il était sacrément content de les avoir. Tout l'hiver, grâce à elles, il avait eu les pieds relativement au sec et, à présent que le soleil avait brûlé la boue, elles le protégeaient beaucoup plus que les sabots ou les savates que portaient tant d'autres. Les passages bordés de barbelés qui conduisaient hors du camp étaient pavés de petites pierres pointues. Et, malgré ses bottes, il sentait leurs arêtes lui faire mal quand, dans la lumière froide du matin, il partait pour l'usine ou qu'il en revenait à la nuit tombée.

Du coin de l'œil, il aperçut les bottes de deux gardes du camp. Bien cirées, elles avaient de lourdes semelles assez propres, étant donné la poussière qui recouvrait tout, à l'intérieur comme à l'extérieur. Les deux hommes discutaient avec le gardien de service, plus jeune. Ils l'avaient trouvé se prélassant sur le seuil de la porte ouverte, jetant des graviers à un chien en quête de restes de nourriture. Pas beaucoup d'espoir dans ce domaine.

Il écouta leur conversation, espérant que le garde de l'usine ne serait pas réprimandé. Mais les hommes du camp semblaient trop occupés pour se donner cette peine. Ils avaient des documents à remplir, des papiers à tamponner et à signer. Ils voulaient que leur collègue réceptionne un nouvel ouvrier pour la fabrique de porcelaine, comme la demande en avait été faite. L'homme était arrivé par le train du camp principal de Dachau, avant d'être envoyé ici.

— Pourquoi ? s'enquit le garde.

— La lettre dit que vous manquez de main-d'œuvre, que vous avez besoin d'ouvriers pour remplacer ceux qui ont été appelés au front. Ils ont donc fait une demande auprès des autres camps pour des prisonniers possédant de l'expérience dans ce genre de travail.

— Et vous l'avez amené ici ?

Avec un haussement d'épaules, ils répondirent :

— Nous avons juste l'ordre de le transférer à l'*Aussenkommando*. C'est ton problème maintenant.

Max pencha légèrement la tête afin de voir le prisonnier sans se faire surprendre à épier. L'homme d'un certain âge n'avait visiblement rien d'autre que ce dont il était vêtu et un baluchon de vêtements. Le garde aboya des questions. Il répondit qu'il venait de Sachsenhausen, qu'il était juif, de Cracovie, et historien de l'art.

Après avoir remis les documents au garde, les soldats du camp s'éloignèrent, satisfaits d'être débarrassés de leur fardeau. Se tournant vers Max, le garde de l'usine lança :

— Mets-le au travail.

Il passa son fusil sur son épaule, roula les papiers et sortit de la pièce d'un pas lourd. Max leva la tête vers le nouveau venu, resté sur le seuil, et lui adressa un sourire triste. Puis il lui tendit la main.

— Max Ehrlich.

— Ezra Adler.

— Bienvenue à la *Porzellan-Manufaktur* d'Allach, Ezra. Vous arrivez d'un autre camp ?

Ezra acquiesça d'un signe de tête. Il survola la pièce du regard, remarquant les candélabres ouvragés, les surfaces couvertes d'argile, les sculptures qui séchaient sur le bord de la fenêtre. Seul le poste de Max était occupé. Il était encore trop tôt pour les ouvriers ordinaires. À part le rustre de gardien présent en permanence, à cette heure matinale, Max était seul avec son travail et ses pensées.

— Vous êtes sculpteur ? demanda Ezra, d'un ton incrédule.

— J'ai travaillé à Allach avant mon arrestation. Vous a-t-on expliqué ce que nous faisons ici ?

L'homme fit « non » de la tête.

— Ils m'ont simplement dit que j'allais travailler dans une usine de fabrication. Avant, j'étais professeur d'histoire de l'art à Cracovie.

Je dois avouer que je ne sais pas grand-chose de la production de porcelaine.

— Vous dessinez ?

— Depuis toujours.

— Eh bien, cela devrait vous mettre en bonne position.

Max lui tendit un seau avec de l'eau relativement fraîche et un chiffon pour s'essuyer les mains. Ezra se lava tant bien que mal, se débarrassant de la poussière et de la suie de son long voyage.

— Alors, comment est-ce, ici ?

— Disons que nous sommes mieux lotis que les prisonniers du camp principal. Mais certaines tâches sont vraiment dures. La corvée du chemin de fer est particulièrement pénible. Il faut tirer des chariots depuis le dépôt. Les gardes désignent deux hommes et les font travailler jusqu'à ce qu'ils s'écroulent.

Ils échangèrent un regard entendu. Visiblement, Ezra espérait ne pas tirer ce mauvais numéro.

— Il y a du bon et du mauvais, poursuivit Max. Faire en sorte que le four soit constamment alimenté est un calvaire pour le dos, mais on dort à côté du feu, ce qui, en hiver, est une bénédiction. Même si, en ce moment, il y fait bien trop chaud.

Il pensa au fourneau avec sa gueule cramoisie et à son ami Stefan qui trimait pour le remplir, couvert de transpiration et de poussière de charbon.

— Vous avez de la nourriture ? À Sachsenhausen, nous n'avons presque rien depuis l'hiver.

Ezra était maigre et avait le teint grisâtre. Ses clavicules saillaient sous l'uniforme du camp. Max se sentit coupable de sa chance. Il avait tout le temps faim, certes. Mais, au moins, il recevait une ration de pain et de soupe tous les jours, si maigre soit-elle.

— Il y a un peu de poisson dans la soupe le dimanche. Et si vous arrivez à mettre la main sur de l'argile en rab, vous pouvez fabriquer un objet à échanger : un peigne, une petite cuillère peut-être. Un fermier du voisinage me donne une pomme de terre contre une pipe en argile chaque fois qu'il a besoin d'une neuve. Mais soyez vigilant. Les gardes cassent tout ce qu'ils trouvent, et s'ils croient que vous avez fabriqué l'objet à partir d'argile volée… Certains d'entre eux sont de vrais salauds.

Il entendit les pas de leur garde qui revenait, maussade. Le visage sombre, l'air contrarié, il grogna à l'intention d'Ezra :

— On dirait bien que tu vas rester ici à préparer l'argile. Et toi, ne reste pas planté là, ajouta-t-il avec un signe en direction de Max. Montre-lui comment faire.

Il retourna sur le seuil et alluma une cigarette. Max observa brièvement Ezra. Il ne devait pas être tellement plus âgé que lui. Mais il avait déjà les tempes grisonnantes et une barbe poivre et sel.

— Nous ferions bien de nous y mettre.

Max le conduisit vers un banc sous lequel se trouvait un sac d'argile enveloppée pour l'empêcher de sécher. Max en prit un gros bloc et en fit une boule.

— Savez-vous comment pétrir l'argile ?

Ezra regarda Max d'un air grave. D'une voix profonde et solennelle, il répondit :

— Je peux vous raconter des tas de choses sur les origines du graffite dans la poterie byzantine, si vous le souhaitez. Mais je ne pense pas avoir jamais touché une boule d'argile de ma vie.

Max partit d'un éclat de rire sonore. C'était la première fois depuis des semaines qu'il se sentait l'esprit un peu léger. Il frappa le dessus de la table avec l'argile.

— En fait, il faut vraiment essayer d'en expulser l'air pour s'assurer qu'elle est prête à être modelée.

Il recula pour laisser Ezra poser ses mains sur la matière. Celui-ci avait des paumes larges, des doigts forts et épais.

— Mon grand-père était boulanger. Peut-être que j'aurai un don naturel pour cette discipline.

— Les gènes n'oublient pas, renchérit Max en souriant.

Ezra se mit à l'ouvrage avec ardeur. Peu à peu, la salle se remplit des ouvriers venus de la ville. En général, rares étaient ceux qui adressaient la parole à Max. Dès qu'ils le pouvaient, les deux hommes en uniforme rayé discutaient à voix basse, échangeant des bribes de leurs histoires. Max lui racontait sa vie d'architecte et de sculpteur avant son arrestation. Le professeur Adler parlait de l'université de Cracovie. Ni l'un ni l'autre ne semblaient vouloir aborder des sujets plus personnels. En lui décrivant son transfert de Sachsenhausen, Ezra avait seulement mentionné sa famille, qu'il avait été forcé de laisser là-bas.

— Je ne peux que supposer qu'elles y sont toujours. Je ne les ai pas revues depuis le jour de notre arrivée, confia-t-il en continuant à travailler l'argile. Nous avions tous été entassés dans des trains comme du bétail, pendant des heures. Aussi, quand nous en sommes descendus, nous avons d'abord été soulagés d'être dehors. Puis les nazis ont séparé les hommes des femmes. Tout est allé si vite que nous ne nous sommes pas dit au revoir. Quand je me suis retourné, je ne voyais qu'Amelia. Elle me faisait un signe ou me tendait la main. Je n'ai jamais su. J'ai pensé qu'ils allaient nous enregistrer séparément, puis nous réunir le même jour… Mais je ne les ai jamais revues. C'était il y a huit mois. Un rabbin m'a raconté qu'il avait entendu que Zofia et les filles étaient toujours ensemble. Et puis ils m'ont transféré ici, sans avertissement. J'ai demandé aux hommes de mon *Steube* de faire passer un message à Zofia. Mais c'est entre les mains de Dieu, désormais.

Il enfonça ses poings dans la matière épaisse. Il n'y avait rien à ajouter.

Quand ils regagnèrent le camp, ce même soir, Ezra se vit attribuer une couchette dans un autre *Steube* que celui de Max. Ils étaient néanmoins tous les deux logés dans la section juive, séparés des Russes, des Tziganes, des homosexuels avec leurs triangles roses et des opposants politiques. Tout le monde ici était catalogué : par son genre, par sa race, par sa nationalité, par son matricule, par son statut de travailleur, sa bonne ou sa mauvaise santé. Tous étaient considérés par les gardes comme des sous-hommes. Pourtant, certains semblaient mériter une position plus élevée que d'autres. Les criminels, pour qui Dachau avait été construit à l'origine, y détenaient le pouvoir, et la cruauté leur était si naturelle que les gardiens les laissaient faire.

Le lendemain matin, Max et Ezra furent réunis à 6 heures pour se rendre à l'usine. Ils passèrent des gardes du camp à ceux des chantiers extérieurs, qui rugissaient les ordres comme des bergers allemands aboyant au bout de leurs chaînes. Ici, les prisonniers étaient utilisés pour un plan précis, et les faire travailler était dans l'intérêt des autorités. Il n'était donc pas question de tester les limites de cette main-d'œuvre.

Chaque jour, à la première heure, vingt-quatre d'entre eux étaient conduits à l'usine. Chaussés de simples sabots d'un bois qui n'était pas sculpté mais sommairement taillé, ils avançaient dans la chaleur, sous la pluie, dans la poussière et la boue. Très souvent, leurs propriétaires, qui pouvaient à peine les garder aux pieds, clopinaient pour éviter de les perdre dans la terre sableuse. Le soir, ils rentraient au camp par la même route et si, pour une raison quelconque, il en manquait un ou deux, ceux qui les comptaient ne versaient pas une larme.

À partir de 8 heures arrivaient les ouvriers qui venaient de la ville. Installés sur des bancs, ils fabriquaient des lanternes pour le prochain solstice d'hiver, des assiettes, des saladiers, des candélabres, des statues. Accrochée au-dessus de chaque poste de travail, une petite lampe en émail l'éclairait. Une salle était réservée aux jeunes filles et aux femmes. Leurs doigts agiles s'infiltraient dans les moindres interstices afin de lisser chaque objet et le préparer pour le four. Le roulement du processus de fabrication était tel qu'à chaque poste des dizaines de pièces étaient travaillées, une à une, passant d'étape en étape en une progression constante.

Les prisonniers de Dachau étaient dispersés autour du bâtiment, certains dans les ateliers, d'autres dans la cour. Stefan, l'ami de Max, travaillait dans la cave où les immenses fours circulaires restaient allumés jour et nuit. Il les entretenait et chargeait sur ses épaules les plateaux de bois, profonds, remplis d'assiettes, de saladiers, de tasses.

Jusqu'à l'arrivée d'Ezra, Max avait été le seul détenu alloué à l'atelier de sculpture. Aussi se réjouissait-il d'avoir de la compagnie. Il débuta la journée par son candélabre, tandis qu'Ezra s'attaquait à la corvée matinale de transporter l'argile pour qu'elle soit prête à être glissée dans les moules. Il y avait des tâches qu'il fallait recommencer dès qu'elles étaient terminées : nettoyer et débarrasser l'argile, soulever des sacs remplis d'ingrédients bruts, transporter les planches sur lesquelles reposaient les lourdes pièces achevées. Des allers-retours, sans cesse répétés.

Pour l'un comme pour l'autre, pouvoir parler de sujets différents en travaillant fut un profond soulagement. Ils partageaient la même passion de l'art, ce qui les aidait à s'envoler au-delà des hauts murs de l'usine. Ezra raconta à Max qu'à Sachsenhausen il avait l'habitude de se distraire l'esprit en se rappelant les musées qu'il avait visités dans le passé. Il se revoyait franchir l'entrée, reprendre un chemin qu'il avait emprunté des dizaines d'années auparavant, s'attarder devant son tableau préféré, essayant d'en retrouver le moindre détail.

— Il y a quelque chose de sacré dans cette paisible contemplation. C'est un peu comme être au temple. Cela rapproche de Dieu. Vous devriez essayer.

— Je n'ai jamais été très pratiquant, expliqua Max. Mais j'aime cette idée d'évasion, même en imagination. Surtout par une journée comme celle-ci.

Le Reichsführer-SS, Heinrich Himmler en personne, devait venir visiter l'usine, pour la première fois depuis plusieurs mois. L'endroit était en effervescence. Toute la main-d'œuvre avait passé des semaines en préparatifs : les prisonniers et les ouvriers avaient nettoyé, rangé, ciré, balayé pendant des heures la poussière d'argile blanche omniprésente, qui semblait s'infiltrer dans chaque recoin du bâtiment et qui, dans les années à venir, coûterait la vie à nombre d'entre eux.

À 10 heures précises, un groupe important de quinquagénaires commença à franchir les grilles. Ils semblaient tous porter du marron de différentes teintes : une palette allant de la couleur du tabac à celle de la tourbe. Costumes en tweed et macintoshs en laine et coton huilé. Tous étaient bien nourris, à l'aise, pleins de bonhomie, et se gratifiaient de tapes dans le dos comme des écoliers en sortie scolaire.

Un homme, seul, se détachait du groupe. Heinrich Himmler portait un uniforme gris ardoise, absolument impeccable. Sa chemise au col amidonné était d'un blanc immaculé, et ses bottes montant jusqu'aux genoux, parfaitement cirées, étincelaient. Quand il rentrerait à son bureau, plus tard ce même jour, son aide de camp trouverait de la poussière d'argile blanche dans chaque fibre de sa tenue. Il faudrait battre ses vêtements et polir le cuir des bottes pour l'expulser.

Une fois dans l'usine, il ouvrit la marche et passa de salle en salle, ses accompagnateurs s'empressant autour de lui. Comme l'invasion d'une armée de fourmis guerrières. Ils avançaient ensemble, serrés, les mains derrière le dos, la tête penchée en avant afin de pouvoir regarder sans jamais toucher. Himmler observait tout de ses petits yeux perçants, un lorgnon sur le nez. Quand il parlait, les autres hommes l'écoutaient. Quand il plaisantait, ils s'esclaffaient un peu trop fort, avec des rires un peu forcés.

Chaque surface était envahie de porcelaines délicates, prêtes à être inspectées, disséquées, discutées, jugées. Puis, d'un accord tacite, le groupe passait à la suite. Joviaux, attentifs, souriants, les hommes en marron bavardaient avec les surveillants, l'oreille toujours tendue vers le personnage central. Ils examinaient les tables de travail auxquelles étaient assises les jeunes filles aux nattes parfaites et aux tabliers propres. Derrière elles, sur des étagères, s'étalait une multitude de *Julleuchter* inachevés. Même si le solstice d'hiver n'était que dans plusieurs mois encore, les hommes en marron savaient que les Allemands, dociles, respectueux de la tradition, ne tarderaient pas à se précipiter dans les magasins, car ne pas en avoir une de ces pièces chez eux ternirait leur réputation.

Toujours plein de sollicitude, le Reichsführer discutait occasionnellement avec certains des ouvriers, se renseignant sur le moindre détail. Quand il se penchait pour écouter leurs réponses chuchotées, les bretelles de cuir qui sanglaient son torse craquaient. Même si personne n'osait jamais croiser son regard, il les assurait que les objets qu'ils fabriquaient étaient appelés à jouer un rôle important dans la vie des Allemands. Qu'ils seraient chéris et conservés pour les années à venir. Avant de quitter chaque salle, il déclarait à ses occupants qu'ils n'étaient pas de simples artisans exerçant un art noble, mais qu'ils contribuaient aussi à la renaissance de l'âme de la nation et de la dignité du peuple allemand.

Tout le long de la visite, un homme de haute taille se tenait à ses côtés. Dans son costume gris, Holger Ostendorff ne riait pas aussi souvent que les joviales fourmis. Il semblait tendu, méfiant. Qui aurait pu l'en blâmer ? En tant que chef de la SS du Reich, Himmler contrôlait son destin, comme celui de chaque homme, chaque femme, chaque enfant du pays. Holger était un citoyen de Munich, né avec le siècle, un amoureux de la porcelaine. À cet instant précis, il discutait escrime.

— À bien des égards, Holger, c'est le sport ultime. C'est un duel dans sa forme la plus pure. Deux combattants face à face, en garde, dépouillés de tout sauf leur talent et leur force. Ce sont des qualités que nous devrions célébrer. Que Nagy s'y mette. Il fait toujours un excellent travail dans ce domaine.

Comme toujours, ce n'était pas une question. C'était un ordre. Depuis longtemps, Himmler était le propriétaire majoritaire des Porcelaines d'Allach. À présent, le SS avait donc pris de facto le contrôle de l'usine et de tout le processus de fabrication. Son secrétaire, qui n'était jamais loin, sortit d'une de ses poches un carnet relié en cuir et prit note.

À mesure que la visite progressait, Holger quittait rarement du regard le visage de son visiteur, comme s'il essayait de déchiffrer son humeur ou de prévoir sa prochaine requête. Il se surprit à observer son menton et sa mâchoire qui disparaissaient dans son cou alors que la ligne de ses cheveux s'élevait très au-dessus de ses lunettes. S'il n'avait pas été d'une ténacité aussi agressive, il avait le genre de visage que l'on associait à la faiblesse. Mais personne n'osait en plaisanter. Même derrière son dos. Il était tout sauf faible. Et réputé pour sa cruauté capricieuse que tout le monde redoutait.

C'était lui le centre de gravité du groupe. Quand ils sortirent inspecter les alentours, à la fin de la visite, tous se resserrèrent autour de lui, mais il marchait comme s'il était seul. Il s'arrêta au bord du fossé profond comme un gouffre, pour admirer le travail. Un sombre mirador se profilait sur le ciel, et l'espace était entouré de plusieurs clôtures parallèles, de différentes hauteurs, chacune surmontée de barbelés, des épines tranchantes comme des lames de rasoir sur un fourré de ronces.

Himmler se remit à parler haut et fort. Il expliqua qu'étant donné que tant de travailleurs avaient été appelés au front, il serait nécessaire, pour l'avenir de l'usine, d'avoir recours aux prisonniers comme main-d'œuvre. Il ne les qualifiait pas d'hommes puisqu'il refusait de les considérer comme des humains. Néanmoins, ils constituaient des rouages indispensables à la machine. Des éléments doués de mouvement, faits pour les gros travaux comme charrier des sacs de sable ou soulever des cuves de barbotine. Ne serait-il pas extrêmement pratique que ces deux composantes soient réunies en un même lieu ? La fabrication et le déplacement des produits ? Ils étaient d'accord. C'était un plan d'une efficacité remarquable. Qui ne pouvait que fonctionner car, au-delà des matériaux, les déportés représentaient une main-d'œuvre illimitée.

Holger émit un toussotement, qu'Himmler interpréta parfaitement. La visite touchait à sa fin. Souhaitaient-ils passer un moment à l'intérieur ? Une petite bière fraîche pour se revigorer, peut-être ? Ils s'avancèrent tous comme un seul homme, les planètes poursuivant leur course en orbite autour du Soleil.

Les murs épais, incurvés, de la pièce qui les accueillit, étaient tapissés de vitrines dans lesquelles étaient exposés les travaux les plus récents de l'usine. Avec le plafond en dôme à l'éclairage tamisé, on avait l'impression d'être dans une chapelle sainte, consacrée au culte de la porcelaine : les reliques du Reich.

Dans l'espace où flottait l'âcre fumée des cigares, la secrétaire de Holger circulait avec des bouteilles de bière et un vin de Moselle bien frais, ouvert spécialement pour l'occasion. C'était une bonne bouteille. Pourtant, la plupart des membres de l'assemblée, coutumiers de l'intolérance du Reichsführer pour ceux à qui l'alcool faisait perdre la raison, limitèrent leur consommation.

« C'est un vice, mais on peut le surmonter. Avec de la discipline, de la volonté, on arrive à presque tout. Par exemple, je suis droitier. Alors je m'assure de pratiquer le tir de la main gauche afin de compenser toute faiblesse de ce côté. »

Tout en pontifiant, Himmler examinait les objets exposés dans les vitrines. Il prit le catalogue de l'année à venir. La couverture arborait un tambour et un beau vase géométrique, rempli de fleurs printanières. Tout en le feuilletant, il commentait le travail des différents artistes, tour à tour admiratif et critique. Quand il tombait sur une pièce qu'il n'aimait pas, son menton s'enfonçait encore plus dans son cou de dindon, et il secouait la tête d'un air déçu.

Il félicita Holger : le catalogue reflétait un pays en guerre. Seules les figurines de chiens dépassaient en nombre les figurines militaires. Un petit buste du Führer lui arracha un cri de joie et, devant un soldat au visage pensif, coiffé d'un casque, il ne tarit pas d'éloges.

— J'aime ce personnage. Vous avez su capter son humanité. Les soldats ressentent très profondément leur mission. Nous devons nous efforcer de trouver un moyen d'exprimer leur noblesse.

La tête penchée sur l'épaule de Himmler, Holger écoutait ses louanges avec soulagement. Soudain, il s'arrêta devant une image du Viking qu'il examina. Holger se souvint de ses instructions au photographe. La figurine devait être prise sur un socle noir, contre un arrière-plan de la même couleur, de façon à rehausser les détails sculptés par Max.

— Ah, le mystérieux Viking !

Himmler était connu pour sa fascination pour la mythologie nordique. Pourtant, Holger fut surpris de constater qu'il connaissait bien le tableau.

— C'est incroyable de penser qu'une femme ait pu peindre une telle représentation de la virilité. Ce bon vieux Karl Holz s'est entiché d'elle, d'après ce que j'ai cru comprendre. Elle a du talent. Le sculpteur aussi, d'ailleurs. Vous avez la pièce sous la main ?

Holger adressa un signe à sa secrétaire. Elle s'avança vers l'une des vitrines dont elle sortit la figurine qu'elle tendit à Himmler. Il l'allongea au creux de son bras et, lui souriant, la berça comme s'il s'agissait d'un bébé.

— Quelle finesse dans l'exécution ! Qui est le sculpteur, Holger ? Debitsch ?

— Non, Reichsführer. Je ne crois pas. Il faut que je consulte mes archives. Nous avons tellement de grands artistes qui travaillent avec nous actuellement.

Il sentit les petits yeux perçants de Himmler le scruter.

— L'année dernière, mon bureau était envahi de gens qui cherchaient à s'en procurer un exemplaire. Apparemment, elles étaient en nombre insuffisant. Je ne comprends vraiment pas pourquoi. Il me semble que nous vous fournissons tout ce qu'il vous faut.

Holger essaya de ramener la conversation sur un terrain plus sûr. Il y avait eu un léger retard, reconnut-il, mais les pièces s'étaient plutôt bien vendues. Peut-être le Reichsführer aimerait-il voir quelques-uns des nouveaux modèles ? Mais Himmler refusa de se laisser distraire. Il retourna la statuette pour l'examiner scrupuleusement.

— Ramener les nations nordiques au bercail est la clé de nos efforts de guerre. Et une telle pièce en dit long. Il me semble que vous ne m'avez pas répondu. Qui l'a sculptée ?

Pétrifié, Holger garda un moment le silence. Les autres hommes, qui avaient toujours une oreille tendue vers leur chef en uniforme, remarquèrent le changement de ton et cessèrent leurs bavardages.

— Vous avez perdu la mémoire ?

Himmler se tourna vers la secrétaire et lui lança d'un ton cassant :

— Allez voir qui c'était.

— Ce ne sera pas nécessaire, dit Holger en posant une main rassurante sur l'épaule de la jeune femme terrifiée.

Se tournant vers Himmler, il essaya de reprendre son sang-froid.

— Je pense m'en souvenir. Le sculpteur en question est un ancien architecte de grand talent. Comme vous pouvez le voir, il a un œil étonnant pour les détails.

Holger se savait acculé. Il n'avait d'autre issue que de dévoiler l'identité du sculpteur.

— En fait, il s'agit de l'un de nos prisonniers, Reichsführer. Son nom est Max Ehrlich.

Himmler esquissa un rictus.

— C'est un Juif ?

Toujours immobile, Holger lui adressa un petit signe de tête. Une fois de plus, Himmler se tourna vers la secrétaire qui, livide, était restée à proximité, les yeux élargis par la peur.

— Allez le chercher.

La jeune femme sortit à la hâte. Himmler s'installa à la table et, lentement, prit un cigare, plaça le bout dans un coupe-cigare dont il actionna la lame. Le moignon roula sur la nappe damassée blanche.

— Je refuse qu'un *Untermensch*, qu'un sous-homme, sculpte ces figures héroïques, Holger.

Les « r » de Himmler résonnaient comme un roulement sourd de tambour militaire.

— Je suis déjà un homme très occupé. Et, pourtant, vous me donnez encore plus d'obligations. À l'avenir, j'insiste pour avoir un droit de veto sur toutes les commandes.

Un coup timide à la porte signala le retour de la secrétaire.

— Entrez.

Elle poussa le battant et précéda Max dans la pièce. Son uniforme rayé était couvert d'argile sèche. Il passa une main sale dans ses épais cheveux châtains, et ses yeux firent le tour de la pièce pour finalement croiser ceux, emplis d'appréhension, de Holger.

Himmler fit claquer ses doigts et, son regard désormais assombri par l'angoisse, Max se tourna vers lui. Avec un geste en direction de la figurine, Himmler demanda :

— C'est toi qui as fait ça ?

Avec un signe d'assentiment, Max enfonça ses mains dans les poches de sa veste.

— Comme j'étais juste en train de l'expliquer à *Herr* Ostendorff, nous ne pouvons pas tolérer que des Juifs sculptent les héros du Reich. C'est impossible. Néanmoins, ton travail est excellent. Je ne vois aucune raison de t'empêcher de continuer à sculpter. Mais uniquement des animaux et des objets inanimés, c'est compris ?

Max regarda Holger qui confirma d'un bref hochement de tête.

— Oui, Reichsführer.

— Ma fille, Güdrun, aime beaucoup les lapins angoras que nous élevons ici. J'aimerais voir ce que tu pourrais faire en prenant l'un d'eux comme modèle.

Un autre geste d'encouragement plein d'anxiété de Holger poussa Max à répondre :

— Merci, Reichsführer.

Himmler se détourna de Max, le congédiant d'un geste. La secrétaire le fit immédiatement quitter la pièce.

Himmler tapota le bout de son cigare dans un cendrier de porcelaine. La fine poudre grise y tomba, dévoilant une extrémité ronde, incandescente. Il ramena son attention sur Holger.

— Nous avons besoin de plus de bière. Un peu de pain liquide pour mes *Kameraden*, avant notre retour à Munich.

Holger acquiesça d'un signe et s'inclina devant lui.

— Oh, et Holger ?

Le Reichsführer ramassa le Viking, le regarda un moment, puis le lança sur l'épais coton blanc. La figurine tomba lourdement sur la table, sans se briser.

— Nous ne pouvons absolument plus avoir ces modèles en circulation. Détruisez les moules.

Il écrasa violemment son cigare sur la statue, et les braises se répandirent sur la porcelaine froide et blanche.

Obersalzberg
Été 1941

Il était tard. Assise seule devant sa coiffeuse, Bettina regardait son reflet. Son visage était nu, dépourvu de tout maquillage. Un visage qui, s'il avait perdu la fraîcheur de sa première jeunesse, était encore assez beau pour faire tourner les têtes. Elle avait une jolie ossature, des yeux d'un gris limpide, et des cheveux bruns, légèrement ondulés, encadraient ses traits délicats.

Même au cœur de l'été, l'air de la montagne était assez frais pour colorer ses joues de rose vif. Il était sain, tonique, et sentait bon l'eau pure des torrents et l'herbe grasse des verts pâturages.

Comme tant d'autres aspects de cette journée, le Platterhof n'avait pas été son premier choix pour une réception de mariage. Des mois auparavant, quand l'organisation de l'événement ne semblait encore qu'un mirage, elle avait suggéré Paris ou Berlin. Mais Liesl s'était montrée inflexible. Un mariage à l'Obersalzberg consoliderait leur statut. N'était-ce pas leur but, après tout ?

À cette époque, naïvement, Bettina avait imaginé que la cérémonie serait annulée ou encore entravée, d'une manière ou d'une autre. Jamais elle ne se serait figurée assise devant une coiffeuse à contempler son avenir, à côté d'une robe de mariée posée sur un portemanteau, dans un hôtel rempli d'invités endormis. En arrivant, elle s'était réjouie que Liesl ait insisté pour cet endroit reculé, au sommet d'une montagne. Le paysage respirait la sérénité. Les forêts étaient denses, les prairies en pente douce parsemées de fleurs sauvages mauves, orange, blanches. Les vallées résonnaient du tintement des clarines.

L'hôtel lui-même avait un charme désuet. Le toit en pente raide tombait sur une colonnade qui contournait tout le bâtiment, niché à flanc de montagne. L'intérieur, tapissé de pin du sol au plafond, était imprégné du parfum de la sève.

Toute la journée, Liesl avait été dans son élément : elle avait composé des bouquets, discuté du repas du mariage, donné des instructions aux musiciens, le tout avec une précision militaire. Il y avait assez de fioritures pour contenter les goûts les plus sophistiqués et suffisamment de rites religieux pour satisfaire les traditionalistes. Elle avait pris grand soin de mettre ses propres enfants aux premières loges. Friedrich devait se tenir à côté de Karl, et Julia serait la demoiselle d'honneur de Bettina. La fillette, ravie de sa robe *Dirndl*, avait tournoyé sur place. Mais elle avait rechigné en voyant la couronne de fleurs dont sa mère avait décidé de la coiffer. Bettina prévoyait des larmes. Tout en sachant que ses propres yeux resteraient secs.

Elle n'aurait personne pour la conduire à l'autel. Après l'annonce de ses fiançailles, elle avait eu une conversation aussi brève que sèche avec sa mère et Albrecht. Ils lui avaient écrit dans l'espoir d'une réconciliation. Et elle avait pris un malin plaisir à les repousser en leur répondant que leur présence au mariage n'était pas souhaitée et ne serait pas tolérée s'ils essayaient d'y assister quand même.

Même si la révélation de Peter l'avait anéantie, une fois le mariage lancé, il était apparu impossible de l'annuler. Au fil des jours, elle s'était approchée pas à pas de cette coiffeuse, de ce miroir, de la journée fatidique et de la vie qui l'attendait après. Elle s'était laissé entraîner dans le sillage de Liesl et de la force de sa volonté, lui abandonnant toutes les responsabilités. Sans Max, sans Richard, elle était à la dérive.

Peut-être était-ce l'air frais et sain ou l'odeur acidulée du pin, mais l'arrivée à la montagne lui avait donné un regain d'énergie. Elle avait l'impression d'avoir été aspergée d'un verre d'eau sur le visage et se sentait enfin vivante, revigorée, lucide. Sa situation qui, à Munich, lui était floue, confuse, lui était apparue avec clarté : tout cela était pure folie. Elle avait perdu Max, et Richard avait disparu. Aussi imparfait qu'il soit, Karl ne méritait pas un mariage vide de sens, sans amour.

Toute la journée, elle s'était comportée en automate, souriante, sans cesser d'ourdir son plan. Elle avait son passeport, ses papiers, sa valise. Tout ce dont elle avait besoin pour s'échapper. Puisqu'elle savait qu'elle ne voulait pas de ce mariage, quel était l'intérêt de prolonger ce calvaire ? Dès qu'elle l'avait pu, elle s'était retirée dans sa chambre et avait mis dans sa valise tout ce dont elle aurait besoin.

Consciente de l'ironie de la situation, elle avait passé le tailleur neuf prévu pour le voyage de noces. Elle irait à pied à la gare et prendrait le train transportant les cargaisons de lait. Avec un peu de chance, quand on découvrirait son absence, elle serait déjà au beau milieu de la Suisse. Assise devant sa coiffeuse, elle attendait que les derniers invités soient allés se coucher. Elle écouta les voix qui montaient de la cour, sous ses fenêtres. Sentimentales, un peu pâteuses, elles avaient une pointe d'agressivité.

Pour la première fois depuis très longtemps, Bettina revit l'atelier qu'elle avait partagé avec Max sur le campus de Dessau. À quand cela remontait-il ? Quinze ans ? Elle avait de la peine à comprendre comment le temps avait pu filer aussi vite. Et même si, depuis, tout en elle avait été altéré par les événements, elle avait toujours l'impression d'être cette jeune étudiante.

Elle se revoyait, assise dans une flaque de soleil, regardant Max qui travaillait aux premiers croquis de la maison qu'il prévoyait de leur construire. Au fil du temps, son projet était devenu de plus en plus grandiose, ambitieux. Mais, ce jour-là, son dessin était simple, il ressemblait un peu à la petite maison de Goethe dans le parc sur l'Ilm. Les murs blancs, percés d'innombrables fenêtres pour que, toute la journée, les pièces soient inondées de lumière et qu'ils puissent suivre la course du soleil à travers les bouleaux qu'ils planteraient. Imaginer une maison pour eux avait été sa façon de lui faire la cour. Ils avaient un futur à construire ensemble. Elle ne s'était jamais sentie intimidée par ce que cela impliquait. Pour elle, passer sa vie avec lui coulait de source.

Un coup bref mais violent à la porte la tira de sa transe. Elle n'attendait personne. Elle n'avait ni ami, ni famille, venu assister au mariage, et Liesl avait couché les enfants tôt pour s'assurer qu'ils seraient sages lors de la cérémonie.

— Qui est là ?

— C'est moi, répondit Karl d'une voix rauque.

L'espace d'un instant, elle demeura pétrifiée. Elle ne comprenait pas. Pourquoi venait-il la voir ? Puis, sentant une poussée d'adrénaline, elle se leva d'un bond, enleva ses chaussures et déboutonna à la hâte sa veste et sa jupe qui s'étalèrent sur le plancher.

Elle se rendit soudain compte qu'elle avait à peine vu Karl de la journée. Si le mariage, à la déception évidente de Liesl, n'avait pas attiré les grands pontes du parti, il réunissait néanmoins des hommes qui se considéraient comme essentiels dans l'effort de guerre. Ils regrettaient d'avoir quitté Munich. Mais, en cette dure époque de vaches maigres, leurs épouses étaient enchantées de faire bombance aux frais de la princesse. Se voyant contraints de tirer le meilleur parti de la situation, les maris avaient réquisitionné des salles pour tenir des réunions et s'étaient réunis par groupes pour disséquer l'offensive sur la Russie et l'opération Barbarossa.

Elle s'enveloppa dans son vieux kimono de soie et se précipita vers la porte avant qu'il frappe de nouveau. En lui ouvrant, elle vit immédiatement qu'il était soûl. Ses cheveux grisonnants, habituellement peignés et disciplinés, avaient glissé sur l'un de ses yeux qui brillaient d'une sombre intention. Elle le repoussa, d'une main sur son torse.

— Vous n'êtes pas censé être ici.

— Oh, allez ! Tout le monde est parti se coucher. Je veux juste boire un dernier verre avec vous. Avant que vous deveniez ma femme.

Il brandit la bouteille de schnaps qu'il avait sous le bras. Le récipient était presque vide. Puis, repoussant sa main, il entra en titubant dans la chambre et, s'écroulant sur le lit, lui tendit l'alcool. Elle referma doucement la porte, prit une tasse en porcelaine sur la commode, la lui donna et l'aida à garder la main stable quand il y versa le liquide. Ensuite elle se rassit à sa coiffeuse et but une petite gorgée.

— Je pense que vous êtes ivre, fit-elle remarquer.

— Je pense que vous avez sans doute raison.

Il retira ses bottes. Elle se pencha, les ramassa et les rangea soigneusement, côte à côte. Quand elle se retourna, il la regardait en arborant une moue boudeuse. Avec cette expression puérile, ses joues rouges et moites, il était à peine reconnaissable.

— Bettina, m'aimez-vous ?

Sa question la prit tellement au dépourvu qu'elle ouvrit la bouche pour répondre, mais qu'aucun son n'en sortit. L'air solennel, il l'observait sous ses paupières alourdies.

Elle finit par bredouiller :

— Bien sûr. Bien sûr que je vous aime, ajouta-t-elle avec plus de conviction.

Il secoua lentement la tête, un chagrin exagéré se peignant sur son visage luisant.

— Liesl avait raison. Elle m'a dit que vous ne m'aimiez pas.

Agacée par la référence à sa sœur, elle lâcha :

— Liesl peut aller au diable !

Il agita la main dans un geste de dédain.

— Ce n'est pas grave. Elle dit que ça n'a pas d'importance.

— Vraiment ?

— Puis-je vous avouer quelque chose ?

Il la regardait d'un air timide, jaugeant sa réaction.

— Je vous en prie.

— Je ferais tout aussi bien d'être honnête, reprit-il, les yeux à présent humides. Tout cela était l'idée de Liesl. Elle m'a persuadé de vous demander en mariage.

Abasourdie, Bettina laissa échapper un petit hoquet. Karl leva la main pour protester.

— Je n'avais pas l'intention de me montrer déplaisant. Elle vous admire. La première fois qu'elle vous a rencontrée, elle m'a dit : « Voilà celle qu'il te faut. Pas une chiffe molle, une femme qui a du tempérament. »

Il s'interrompit, perdu dans ses souvenirs, puis reprit d'un air songeur :

— Je pense souvent qu'elle aurait mieux réussi que moi, qu'elle se serait hissée plus haut, si elle avait été un homme. Elle a tellement plus d'ambition.

Bettina croisa les jambes et but une nouvelle gorgée de schnaps.

— Ainsi, vous n'aviez pas voix au chapitre sur le choix de votre épouse ?

Il s'allongea sur le lit, le regard fixé au plafond recouvert de lattes de pin.

— J'ai compris le bien-fondé de son idée. Je veux un enfant, j'ai donc besoin d'une femme. De l'épouse adéquate. Parfois, Liesl me connaît mieux que moi-même. Elle a fait vérifier votre lignée d'ancêtres pour s'assurer qu'il n'y avait que du sang pur.

Écœurée, Bettina se demanda ce que Liesl avait bien pu découvrir encore. Sa relation avec Max ? Impossible. Sinon, elle aurait été emprisonnée. Karl était bien trop soûl pour déceler la panique dans son regard. Elle la dissimula par un sourire sardonique.

— J'en conclus que mes ancêtres ont passé l'épreuve ?

— Dans le cas contraire, nous ne serions pas ici.

Il lui coula un regard en coin.

— Je répète ma question : m'aimez-vous ?

— Vu les circonstances, est-ce que c'est important ?

C'était la première fois qu'elle le voyait sous ce jour. Karl, qui jamais ne trahissait la moindre émotion. Il poussa un soupir et l'enveloppa d'un regard désolé.

— Pour moi, oui. Je répétais le serment, la partie où « nous jurons d'être les flammes pour le Saint Empire germanique », déclama-t-il d'une voix forte. Cela me fait penser au feu qui brûle en vous. C'est ce que vous êtes pour moi, Bettina. Vous éclairez ma route.

Il ferma les yeux. La pièce tournait autour de lui.

— Il semblerait que je sois tombé amoureux de vous, et je voudrais que vous m'aimiez aussi. Je ne m'attendais pas à ressentir cela, mais c'est ainsi.

Elle se leva et, lentement, s'approcha du lit. Elle était totalement désorientée que cet homme qui la remplissait de dégoût, de terreur même, puisse soudain paraître si puéril. Non seulement il était faible, mais il était totalement sous la coupe de sa veuve de sœur.

Il renifla, et demanda d'un ton larmoyant :

— Que puis-je faire pour que vous m'aimiez ?

Elle s'assit et noua ses bras autour de ses jambes. Elle savait qu'elle devait simplement le congédier, remettre son tailleur et partir. Monter dans le train et s'enfuir aussi vite, aussi loin que possible.

Au lieu de cela, elle s'allongea à côté de lui et le regarda, repoussant sa mèche rebelle.

— Je vais essayer de vous aimer. Je ne peux pas faire de promesses.

Mais, d'abord, vous devez me permettre une chose. J'ai besoin de produire une autre œuvre. De tenir entre mes mains l'une de mes créations. Mon art fait partie de moi.

Il se mit à rire. Frustrée par sa réaction, elle secoua la tête.

— Je ne cherche pas à vous amuser.

— Je sais. Mais moi qui pensais que toutes les femmes considéraient la maternité comme l'œuvre ultime. Il n'y a que vous pour la voir comme un second choix.

— Je savais que vous ne comprendriez pas, lâcha-t-elle dans un soupir.

Karl se rassit, très droit, et s'efforça de paraître sobre.

— Désolé. Vraiment désolé. Qu'attendez-vous de moi ?

Jamais elle ne l'avait vu aussi sincère, aussi vulnérable. L'idée de partir sur-le-champ lui traversa l'esprit. Ce serait si facile. Tellement plus facile que ce qu'elle s'apprêtait à faire.

— Je veux concevoir une œuvre concrète, tangible. Un objet comme la sculpture que vous m'avez offerte. Vous avez des relations à Allach. Pourriez-vous organiser une rencontre avec l'artiste qui a sculpté mon *Viking* ? Afin que je puisse créer quelque chose moi-même ?

Soudain un peu nauséeuse, elle scruta son visage. Soupçonnait-il une ruse ? Mais il cligna des yeux, solennellement. Puis il hocha lentement la tête.

— Bien sûr, mon amour. Ce sera mon cadeau de mariage, rien que pour vous.

Chapitre 17

Munich
Octobre 1993

Quelque part entre Dachau et Munich, il se mit à pleuvoir. Le brouillard glacial du matin se transforma en un crachin persistant, et Clara regretta d'avoir opté pour des ballerines et un imperméable léger. Se guidant à l'aide d'une carte touristique en papier, elle prit le tram pour Marienplatz. Elle essaya de la replier tant bien que mal, la rangea dans son trench pour ne la consulter qu'en cas de nécessité. Le crachin se transforma en pluie, menaçant de la détremper avant qu'elle ait trouvé sa destination.

Quand elle descendit du tramway, elle fut emportée par la foule des Munichois qui, tête baissée, parapluies ouverts, passait devant le Théâtre national de Bavière. Personne ne semblait prêter attention à ses colonnes imposantes, à ses frises opulentes. Esquivant les flaques qui reflétaient le halo des réverbères baroques, elle leva les yeux pour les regarder.

Elle se sentit soudain perdue dans cet océan de parapluies noirs et bleus que ballottait la foule de leurs propriétaires en se hâtant. Elle la traversa à contre-courant et, libérée de ce flot humain, se retrouva seule dans une rue latérale bordée de hauts hôtels particuliers en pierre grise. Avec leurs fenêtres ouvragées et leurs pignons, ils semblaient sortir tout droit d'un livre d'illustrations pour enfants, comme si l'architecte n'avait pas pu résister à les enjoliver.

Le bâtiment qu'elle cherchait s'élevait sur quatre étages. Très étroit, il n'avait que la largeur d'une pièce. Elle parcourut le panneau en cuivre à côté de la porte. Le nom qu'elle cherchait figurait au sommet : « Ostendorff », imprimé en caractères élégants sur une carte crème. Elle pressa la sonnette et attendit que le crépitement de l'interphone lui indique la présence de quelqu'un. Une voix féminine, plutôt jeune, lui demanda si elle avait un paquet à livrer. Si c'était le cas, elle lui ouvrirait pour qu'elle le laisse dans le hall.

Dans son allemand haché dont elle était toujours aussi honteuse, Clara essaya d'expliquer qu'elle n'était pas là pour livrer un colis, mais qu'elle espérait être attendue. Quelques heures auparavant, l'archiviste de Dachau avait téléphoné pour annoncer sa visite. L'appareil s'éteignit, et elle écouta le silence, se demandant si elle devait sonner de nouveau. Finalement, elle perçut un nouveau crépitement d'électricité statique.

— *Wie heißen Sie*?

— Clara Holz.

L'interphone se tut encore une fois. Sous les trombes de pluie, elle leva les yeux vers les fenêtres. Aucun signe de vie. L'avait-on oubliée ? La femme finit par lui parler de nouveau. Clara devait pousser la porte fort et entrer. Elle les trouverait au dernier étage.

La serrure électronique s'ouvrit dans un bruit strident. Clara donna une forte poussée et trébucha dans l'obscurité fraîche du vestibule sombre, d'une élégance discrète, même s'il semblait un peu délaissé. Ce n'était pas un endroit pour les nouveaux riches qui voulaient de l'opulence partout, même dans les parties communes de leurs résidences, mais un immeuble de vieille famille, où tout était demeuré inchangé pendant un siècle parce que c'était beau et que ça pouvait rester ainsi.

Derrière la rangée de boîtes aux lettres ouvragées et de casiers, elle s'était attendue à trouver un ascenseur, peut-être une relique d'avant-guerre avec une grille et des portes coulissantes. Au lieu de cela, elle était devant des marches marbrées de noir et une rampe en ferronnerie. D'abord large, l'escalier se rétrécissait avant de devenir un modèle en colimaçon, abrupt. Quand elle eut monté quatre étages, Clara, essoufflée, sentait ses muscles la brûler. Elle prit une profonde inspiration et frappa à la porte. Immédiatement, elle entendit un bruit de pas se rapprochant. Une jeune femme lui ouvrit et lui fit signe d'entrer. Les cheveux tirés en queue de cheval, elle portait une blouse bleue et un jean : l'uniforme classique d'une employée de ménage. Manifestement, contrairement à ce que Clara avait pensé en entendant sa voix, elle n'était ni la fille ni la petite-fille.

La jeune femme la précéda dans un long couloir. L'appartement était étroit, mais profond. Chaque mur était couvert de cadres : des dessins d'oiseaux exotiques, des rangées d'aquarelles botaniques. Des huiles étaient accrochées, seules ou par paires, certaines disposées symétriquement, d'autres au petit bonheur. Sur une table trônait une collection de coraux, sur une autre un globe de mariée français, le velours rouge de son coussin moelleux devenant rose avec le temps. Sur chaque surface était exposé un objet d'un goût exquis, associé à un bouquet de fougères ou à un vase de dahlias dans des teintes de brun et de crème. L'ensemble respirait l'élégance innée d'un esthète qui, toute sa vie, avait consacré son goût et son argent à choisir des pièces à son image.

La jeune femme fit alors entrer Clara dans une pièce qui pouvait être une bibliothèque ou un bureau. Il y flottait une odeur de feu de cheminée mêlée à celle, entêtante, de bougie à l'encens. Des étagères d'acajou étaient tapissées de livres, du sol au plafond. Deux profonds fauteuils de cuir encadraient l'âtre. Des guéridons aux pieds fragiles ployaient sous le poids d'autres livres, encore. Beaucoup d'entre eux étaient restés ouverts avec des notes entre leurs pages. C'était une pièce de travail. Loin d'être ostentatoires, les livres étaient une ressource, lus par une personne sérieuse dont l'esprit valorisait l'exercice.

— *Warten Sie hier, bitte.* Veuillez attendre ici.

Son accompagnatrice referma doucement la porte derrière elle. Quelques instants plus tard, Clara entendit le bruit d'un aspirateur dans une pièce éloignée. Elle frissonna. Son imperméable était trempé, et elle sentait que ses cheveux humides commençaient à friser. Le craquement d'une bûche qui brûlait attira son attention. Elle se tourna vers le feu pour se réchauffer, et son regard fut immédiatement attiré par le tableau au-dessus de la cheminée. Dans un lourd cadre ouvragé, l'œuvre la plus célèbre de sa mère, *Le Viking*, s'offrait à ses yeux.

Le choc de se trouver devant l'original pour la toute première fois fut tel, qu'elle en oublia presque l'étrangeté de sa présence en ces lieux. N'en ayant vu que des reproductions, elle fut frappée de le découvrir beaucoup plus grand qu'elle l'avait imaginé. Il occupait le mur entier, sur toute la largeur du manteau de cheminée.

Il y avait une forte dissonance entre la réalité et la peinture que, depuis tant d'années, elle se représentait en pensée. L'idée qu'elle s'en faisait n'était basée que sur des photos ou des reproductions bon marché. Quand elle était étudiante, elle en avait acheté une, mais ne l'avait jamais accrochée. La dimension mélodramatique de la scène l'avait un peu gênée. Elle évoquait la couverture d'un roman à l'eau de rose, trop tourmentée, pompeuse, pour ses goûts simples et juvéniles.

Elle ne s'était pas attendue à une palette de teintes aussi sombres, aussi extrêmes... Les versions qu'elle avait vues devaient être dénaturées, atténuées. L'original était éclatant, ses couleurs presque criardes par endroits. Des tons qui conféraient à la scène un étrange sentiment de mauvais présage. C'était la surface labourée d'une mer démontée, les lourds nuages ondoyant dans le ciel, denses, pleins d'énergie.

Au centre se dressait une silhouette masculine : le *célèbre* Viking, face au vent qui lui fouettait les cheveux et soulevait la fourrure qui lui couvrait les épaules. Il était beau, certes, mais trop ordinaire pour être vraiment héroïque. Ses traits étaient réguliers, son menton volontaire. Pourtant, il ne lui paraissait pas arrogant. Il semblait résigné à son destin, ne cherchant pas à lutter. Ce n'était pas un mythe. C'était un homme réel.

Elle était tellement absorbée par la contemplation du tableau qu'elle ne se rendit compte qu'elle n'était plus seule qu'en entendant quelqu'un toussoter derrière elle. Elle pivota sur ses talons, s'attendant presque à se trouver nez à nez avec le Viking en personne. C'était juste un homme frêle. D'un âge avancé, il était grand et mince, avec une barbe blanche et des lunettes à monture d'acier. S'appuyant sur une canne, il était vêtu d'un blazer fauve, agrémenté d'une pochette de soie. La tête penchée sur le côté, il l'observait. Dans un anglais impeccable, malgré son accent allemand, il finit par dire :

— Ma chère Clara, quel bonheur de vous revoir ! Vous n'imaginez pas à quel point j'ai attendu ce jour. Je pensais qu'il n'arriverait jamais.

Chapitre 18

Dachau-Allach
Automne 1941

La mine sombre, le garde s'avança vers Max, son fusil sur l'épaule. Il agrippait un sac de toile sale et déchiré d'une main, dont le contenu lourd oscillait. Il le lâcha sur la table où il atterrit avec un bruit sourd.

— Ostendorff t'envoie ça.

Max cligna des yeux. Cela faisait des mois qu'il recevait occasionnellement de petits cadeaux secrets cachés dans une brique creuse de ventilation, dans le renfoncement du mur, sous son poste de travail. Il était convaincu que Holger en était l'auteur. Par une journée glaciale, quelques semaines après qu'il eut commencé à travailler à Dachau-Allach, Holger était venu le voir, invoquant le prétexte d'inspecter l'un de ses travaux en cours. À l'époque, ils n'avaient pas inventé le moyen de communiquer. Pourtant, tout en sachant que le directeur n'y était pour rien, Max était furieux de cette situation. Une distance s'était installée entre eux, chacun apprenant à composer avec les changements provoqués par son arrestation.

Ne sachant visiblement pas comment réagir, Holger était venu le trouver. Il était accompagné de son lévrier, Marthe, à qui Max était très attaché. Elle s'était affalée aux pieds de ce dernier, reniflant de sa truffe humide l'air que laissaient échapper les trous d'aération.

Ce jour-là, il faisait un froid mordant, et Max avait la chair de poule. Holger avait dit d'une voix forte :

— Vous allez geler avec ce courant d'air. Vous devriez bloquer cette brique.

Après son départ, Max s'était agenouillé pour examiner la brique. Voyant qu'elle pouvait être retirée, il avait découvert un trou profond, sec, dans le mur. Tout au fond, roulée en boule, se trouvait une paire de mitaines en laine, ainsi qu'une petite barre de chocolat. À cette vue, il avait senti son cœur faire un bond dans sa poitrine. Il s'était empressé de remettre la brique en place, de crainte que cela ne soit un piège. Il avait laissé passer plusieurs jours avant de rassembler son courage et de rapporter les mitaines dans son *Steube*. Il avait laissé le chocolat et s'était autorisé à en savourer un carré par jour. Jamais il n'avait rien connu de plus délicieux.

Il avait pensé que cela s'arrêterait peut-être là. Néanmoins, il vérifiait tous les jours et, arrachant l'un de ses cheveux blancs, de plus en plus nombreux à ses tempes, il le plaçait entre la brique et la cavité. Un beau jour, il remarqua que le cheveu avait disparu. Soulevant la brique, il avait trouvé une pomme. Une semaine plus tard, une lamelle de viande séchée et, plus tard encore, une boîte d'allumettes. Il avait donc continué. Parfois, il s'agissait de choses utiles, qu'il pourrait échanger comme du tabac, un couteau de poche. Parfois, de friandises : un sac en papier contenant des abricots secs, des cerises aigres. Si les cadeaux étaient sporadiques, ils semblaient souvent coïncider avec les périodes où, pendant plusieurs semaines d'affilée, le temps était exécrable. Ou encore, celles où la maladie frappait le camp, emportant les prisonniers affaiblis par la malnutrition.

Il était parfaitement conscient de ce qui arriverait si la cachette était découverte. Être en possession d'un article interdit, comme un outil ou un couteau, était considéré comme particulièrement grave et répertorié dans le *Lagerordnung*, le code détaillant les sanctions infligées par les gardes. Se faire prendre avec de la contrebande pouvait être puni de quarante-deux jours d'isolement dans une cellule au lit dur, avec pour toute nourriture des rations d'eau et de pain, et deux repas chauds par semaine. Si un gardien mal luné décidait que vous l'aviez contrarié, la sentence pouvait être bien pire encore.

Convaincu que Holger était son bienfaiteur, Max sentit son moral remonter. Partager ce petit acte de rébellion marqua le début de leur lent chemin vers la réconciliation.

Le garde poussa le sac crasseux dans sa direction.

— Vas-y. Regarde dedans. Mais je te préviens. Tu n'as pas le droit de le manger.

Après l'avoir examiné avec la plus vive méfiance, Max finit par entrouvrir le haut du sac et jeter un coup d'œil à l'intérieur. À la vue d'un grand lapin blanc, mort, il eut un mouvement de recul.

— Tu as intérêt à mettre le turbo. Ils veulent récupérer la fourrure et la peau avant qu'il se décompose. Je reviendrai le chercher dans deux jours maximum.

Resté seul, Max sortit l'animal et l'allongea sur la table. Il avait la bouche et les yeux ouverts. Injectés de sang, ils étaient d'un rose choquant. Il ne devait pas être mort depuis longtemps. Son corps était encore mou et ses longues oreilles duveteuses plaquées contre son dos. Max le redressa dans l'espoir de lui conférer une apparence vivante. Il savait pertinemment qu'il pourrait recréer les proportions et les détails de l'animal. Mais donner l'illusion de la vie sur le papier serait une gageure. Laquelle, néanmoins, le changerait agréablement des assiettes et des urnes. Il prit donc son carnet à dessins et son crayon et, l'œil aiguisé, se mit au travail.

Pendant plusieurs journées, la douceur revint sur Dachau, comme un deuxième été. La puanteur du lapin pourrissant ne tarda pas à devenir intolérable. Des gaz lui gonflaient l'estomac, et un fluide rouge coulait de ses yeux, tachant sa fourrure de traces de larmes d'un rouge pâle. S'endurcissant, Max profitait de l'avoir encore devant lui pour se concentrer sur chaque détail. L'animal mort gisait sur un flanc, raide, mais sur le papier, il l'avait reproduit le dos arrondi, prenant appui sur ses quatre pattes, comme prêt à détaler.

L'odeur nauséabonde était tellement insupportable à l'un des plus jeunes gardes, du nom d'Erich, qu'il avait pris l'habitude de s'asseoir à même le sol, devant la porte. Si Max ne finissait pas rapidement, il l'avait menacé d'une raclée et lui avait juré qu'il allait jeter le cadavre puant dans le four. Ce qui n'était bien sûr que des menaces en l'air. Le garde qui avait apporté le lapin lui tordrait le cou s'il les mettait à exécution. Avec l'hiver qui approchait, il n'était pas question de gaspiller un produit si précieux. Depuis l'offensive sur la Russie, le besoin de vêtements chauds se faisait urgent.

Les effets de la poussée à l'Est se faisaient ressentir dans tout le camp. Jour et nuit, des prisonniers soviétiques affluaient par les grilles de Dachau. Certains à pied, d'autres se déversant depuis des convois de camions ou du ventre d'acier d'un train de marchandises. Ils apportaient avec eux les poux et le typhus, et occupaient chaque couchette de leurs baraquements à quatre, prenant des tours pour dormir. Max les voyait arriver, leurs visages burinés, épuisés, leurs pardessus couverts de boue russe. Les gardes semblaient considérer que leurs vies ne valaient rien. En l'espace de quelques semaines, un grand nombre d'entre eux furent abattus ou affamés, leurs effectifs diminuant à vue d'œil. Toute cette brutalité envahissait les rêves de Max qui, malgré sa fatigue, dormait d'un sommeil agité, loin d'être réparateur.

À mesure que l'automne progressait, de plus en plus d'ouvriers de l'usine étaient appelés au front. Mais, grâce à l'afflux de Russes, les machines ne connaissaient jamais de pénurie de main-d'œuvre. Les artisans qualifiés étant plus difficiles à remplacer, Max et ses compagnons d'infortune ne tardèrent pas à découvrir qu'ils étaient censés compenser leur perte et ajouter leur travail à leurs propres tâches.

De temps à autre, une nouvelle fournée de prisonniers compétents arrivait. De Flossenbürg, de Mauthausen, de Neuengamme.

La plupart étaient dans un sale état, brisés. Pourtant, les conditions de détention à Dachau-Allach leur firent l'effet d'une légère amélioration. Avec le temps, beaucoup récupérèrent et apprirent les ficelles du métier avec Max, Ezra et Stefan, ainsi qu'avec la bonne dizaine d'autres désormais familiers de chaque étape de la production.

Quand Erich avait informé Max qu'il était convoqué dans l'atelier de l'étage, il avait supposé qu'il allait se voir confier une nouvelle équipe d'ouvriers à former. Les déportés représentaient à présent un tiers de la main-d'œuvre et, sans eux, l'usine cesserait de tourner. Max se félicitait toujours des renforts.

Après avoir donné ses croquis finals du lapin à Ezra, il gravit l'escalier, à la suite d'Erich, et traversa le bâtiment. Les deux hommes étaient soulagés d'échapper à l'odeur écœurante de la cave. Le jeune garde le laissa grimper la dernière volée de marches seul, jusqu'à la salle aérée où travaillaient les sculpteurs et les maquettistes. Rempli de pièces à grande échelle – urnes, bustes, figurines –, cet endroit, qui n'était pas souillé par la présence des prisonniers, avait bien plus du véritable atelier d'artiste que d'une usine : c'était la vitrine d'Allach. En comparaison avec ses propres quartiers, humbles et humides, Max avait l'impression de monter au paradis.

Quand, arrivé en haut des marches, il ouvrit la porte, il resta un instant ébloui par la clarté. À sa grande surprise, il vit qu'il n'était attendu par aucune nouvelle recrue fatiguée. Une silhouette solitaire se tenait au milieu de la pièce. Lui montrant le dos, une femme était penchée sur la sculpture d'un ours debout. Elle portait une veste de tailleur cintrée vert paon dont les lourds plis paraissaient absorber la lumière. En l'entendant approcher, elle se retourna. L'espace d'un instant, il fut saisi de panique. Il était impossible qu'elle soit réelle. Avec sa peau diaphane, elle semblait avoir été sculptée dans l'albâtre. C'est alors qu'elle respira profondément et, un sourire hésitant flottant sur ses lèvres, chuchota :

— Bonjour, Max.

Il sentit ses jambes se dérober sous lui. Ses genoux fléchirent, et il dut prendre appui sur la table la plus proche. Il baissa les yeux sur sa main qui agrippait le bord comme s'il avait sous les yeux un fantôme. Celle-ci lui parut rustre, grossière. Comme si Rodin l'avait arrachée à l'argile brute.

Incrédule, il releva la tête. Elle était toujours là. Mais une ombre d'inquiétude avait chassé son sourire.

— Je suis vraiment désolée. Je n'avais pas l'intention de te faire peur. Ça doit être un sacré choc.

Il se rendit compte qu'il avait totalement oublié le son de sa voix. Son timbre si doux, si bas. Comment avait-il pu laisser cela se produire ?

Debout devant lui, elle était la même, et pourtant il y avait quelque chose de différent en elle. Une élégance opulente, comme jamais sa Bettina ne l'avait été.

— Holger me l'avait déconseillé. Mais je ne voulais pas que nous nous retrouvions dans son bureau, au milieu de tous ces gens grouillant autour de nous. Alors j'ai insisté.

Doutant toujours de son existence, il la vit s'avancer vers lui. De sa main chaude, elle effleura la sienne. Puis elle prit ses doigts entre les siens. Durcis par l'argile, dont il n'arrivait jamais à se débarrasser complètement, il préférait ne pas imaginer leur effet sur sa peau douce.

— Dis quelque chose, l'implora-t-elle dans un murmure. Tu es fâché ?

Il sentit ses yeux s'inonder de larmes et secoua la tête. D'une voix rauque, il parvint à répondre « non », avant de sangloter.

Elle l'enlaça et l'attira contre elle. Elle n'était que velours, douce comme de la mousse. Un moment, ils restèrent ainsi. Sentant ses bras noués autour de lui comme si elle ne devait jamais le relâcher, il respirait par saccades. Quand, finalement, il reprit son souffle, il se détacha de son étreinte avec un sentiment de honte. Il était conscient de sa maigreur : il n'avait plus que la peau sur les os. Ce qu'elle n'avait pas pu manquer de remarquer quand elle l'avait serré contre son cœur.

—Seigneur ! Quel bonheur de te voir !

Elle essuya une larme d'un revers de main avant d'aller chercher son sac dont elle sortit un mouchoir de lin pour se tamponner les joues.

—Pardonne-moi, s'excusa-t-elle, incapable de soutenir son regard.

Il y avait trop à dire. Elle prit une profonde inspiration et essaya de reprendre ses esprits.

—Nous n'avons pas beaucoup de temps, tu comprends. Les directeurs ont insisté pour se joindre à nous, mais j'ai supplié Holger de nous accorder un moment en tête à tête.

Il esquissa un faible sourire.

—Je persiste à penser que tu pourrais être un mirage.

—Je te promets que je suis réelle. Exactement la même qu'avant.

Non, pas tout à fait, songea-t-il. Elle détourna de nouveau les yeux.

—Je ne peux même pas imaginer ce que tu as traversé.

Il avait l'impression qu'elle ne supportait pas de le regarder. Au lieu de cela, elle contemplait l'horizon bas, les bâtiments à un étage qui s'étalaient sur des kilomètres, la terre nue, couverte d'un labyrinthe de fils de fer barbelés.

Max remarqua qu'elle frissonnait. Pourtant, la journée était chaude. Bettina croisa les bras. Il se rapprocha d'elle et prit sa main dans la sienne. C'est alors qu'il perçut l'éclat d'une alliance en or. Comme s'il l'avait brûlée, elle lui arracha sa main et l'enfonça profondément dans sa poche. Puis elle recula d'un pas.

—Holger ne va pas tarder.

Sentant la distance entre eux, il se creusa l'esprit pour trouver les paroles qui pourraient la ramener vers lui.

—Ton plan a fonctionné.

Elle fronça les sourcils, perplexe.

—Le passage de l'expressionisme abstrait au romantisme réaliste.

—Ah çà !

Elle laissa échapper un petit rire.

— Ça te va bien de dire ça ! Apparemment, l'architecte avant-gardiste est aujourd'hui le porcelainier de Dachau.

Elle marqua un silence et reprit.

— Dès que j'ai vu le Viking, j'ai su que c'était toi. Il était d'une telle justesse. Tu as toujours possédé une maîtrise et une précision remarquables. Je te les ai souvent enviées.

— Tu es la créatrice de l'œuvre d'art. Je n'ai fait que la reproduire.

Elle l'observa d'un air spéculateur.

— As-tu compris qu'il était inspiré du dernier nu que j'ai fait de toi ?

— J'avais deviné.

Elle se détourna de nouveau. Il la suivit.

— Tu as entendu ? Himmler me fait sculpter un lapin pour sa fille.

— Holger me l'a dit. Il prétend que cela pourrait te sauver la vie.

— Je ne sais vraiment pas.

— Il semble te vouloir tout le bien possible. C'est pour moi un immense soulagement.

— C'est exact. Il n'a toujours voulu que mon bien. J'ai failli lui demander de t'écrire pour moi, mais je ne voulais pas prendre le risque de te mettre en danger.

— J'ai pensé que tu aurais essayé de me faire parvenir des nouvelles par la ferme.

Il la regarda, abasourdi.

— Mais… C'est Albrecht qui m'a arrêté.

Devant sa pâleur soudaine, il ajouta :

— Tu l'ignorais ?

— Je n'en avais pas la moindre idée.

À son tour, elle s'effondra, mais il la retint.

— Tu n'étais pas responsable. J'ai tellement de choses à te raconter.

— Et vice versa. Mais, encore une fois, nous n'avons que très peu de temps.

Elle lui agrippa la main et l'enveloppa d'un regard intense.

— J'ai un plan qui va me permettre de continuer à venir te voir. Je veux que nous travaillions sur un projet commun. Qu'en dis-tu ?

— Tu crois que c'est possible ?

— Ne sais-tu pas que je suis maintenant une artiste adorée du nouveau Reich ?

Ses joues s'empourprèrent. Elle était gênée soudain. Et s'il la croyait vaniteuse ?

— Je m'avance peut-être un peu mais, en principe, Himmler est d'accord. Quant à Holger, il est follement enthousiaste. Tu n'as pas vu mes travaux récents. Mais je peins un animal dans chacun de mes paysages. Un autoportrait, en quelque sorte.

— Je t'ai toujours cherchée, dans chacune de tes œuvres.

Comme s'il avait pu oublier. Elle sourit, reconnaissante qu'il se souvienne.

— Ils veulent commander une petite série d'animaux en porcelaine, inspirée de ces tableaux. Je peindrai, tu sculpteras.

Elle scruta son visage.

— Alors, qu'en penses-tu ?

Avant qu'il ait eu une chance de répondre, la voix sonore de Holger les interrompit. Lui qui parlait d'ordinaire si doucement approchait avec une vigueur inhabituelle, ses pas lourds résonnant dans l'escalier de fer. Max et Bettina se séparèrent d'un bond. Elle se retourna vers la table. Parfaitement immobile, il baissa la tête, ses mains jointes devant lui. L'attitude du prisonnier, soumis et obéissant.

Holger entra vivement dans la pièce, précédant les autres de quelques mètres. L'air soulagé de voir que Max et Bettina gardaient leurs distances, il lança :

— Ah, *Frau* Holz. Je suppose que tout est en ordre ?

En entendant le nom, Max ne put s'empêcher de jeter un coup d'œil à Bettina, et sentit qu'elle avait une conscience aiguë de son regard interrogateur.

— Si Max est satisfait, je le suis aussi.

Tous les yeux se tournèrent vers lui.

— Très satisfait, bredouilla-t-il.

Le visage de Bettina s'éclaira d'un sourire radieux.

— Alors, moi aussi. Merci, *Herr* Ostendorff. Les choses ne pourraient aller mieux.

Holger s'adressa alors à Max d'un ton éloquent.

— Vous pouvez retourner à votre poste.

Celui-ci acquiesça d'un brusque signe du menton et, la tête toujours baissée, s'empressa de quitter l'atelier. Arrivé sur le seuil, il se retourna malgré lui. Une main gracieusement tendue, Bettina saluait les personnes que lui présentait Holger. Elle était l'image même du raffinement, de l'élégance. Elle était en train de rire, quand ses yeux croisèrent les siens. Elle soutint son regard jusqu'à ce que la porte se soit refermée sur lui et qu'il l'ait de nouveau perdue.

Photo : la célèbre peintre allemande, Frau Holz, ex-Fräulein Vogel, à la manufacture de porcelaine d'Allach. L'artiste porte un tailleur vert bouteille, une jupe et une veste à la mode, cintrée, à larges épaules, à taille de guêpe. Les revers sont agrémentés de perles d'un noir de jais, et elle est coiffée d'un exquis bibi en panne de velours.

Le photographe avait installé Bettina au centre de la salle, les plus petites pièces en évidence au premier plan et les plus importantes, plus spectaculaires, au fond. Les tableaux naturalistes et ruraux avaient été disposés stratégiquement.

Plus tard, le secrétaire de rédaction avait ajouté des légendes enthousiastes, célébrant la beauté de la jeune mariée rougissante, immortalisée au cœur de l'empire d'Allach, prête à donner vie à son art, avec l'aide de leurs talentueux artisans.

La nouvelle collection comprendrait une ménagerie de porcelaine, chaque animal inspiré par l'un de ceux de ses célèbres tableaux. L'exposition itinérante du grand art allemand avait permis aux habitants des diverses provinces de découvrir son nom. Ses sujets champêtres et son remarquable réalisme lui avaient gagné de nombreux adeptes. Ils achetaient des reproductions sur cartes postales de son agneau délicat, du lièvre dévalant un champ ou d'un passereau gazouillant sur sa branche.

Herr Ostendorff, l'un de leurs directeurs artistiques, responsable de la conception de ce projet pour un public allemand reconnaissant, représentait Allach.

« Nous sommes honorés que *Frau* Holz ait accepté de participer à cette collection et nous nous réjouissons de travailler étroitement avec elle dans les mois qui viennent. »

Quand le journaliste demanda s'il était prévu de reproduire l'œuvre la plus célèbre de *Frau* Holz, *Le Viking*, il fut surpris d'apprendre qu'un nombre limité en avait été créé l'année précédente, mais que les figurines n'étaient plus disponibles. Néanmoins, ces nouvelles pièces seraient peintes par *Frau* Vogel en personne, ce qui leur conférerait une place unique dans l'histoire déjà impressionnante d'Allach.

Himmler, qui avait donné sa bénédiction à cette association, avait hâte de découvrir les nouvelles réalisations. Bien qu'aucune autre pièce ne soit encore visible, *Herr* Ostendorff était enchanté de présenter en avant-première un lapin en porcelaine, commande personnelle du Reichsführer. On pouvait voir ce ravissant objet dans le catalogue en cours et l'acheter dans les boutiques d'Allach.

Pendant que *Frau* Holz posait pour de nouvelles photos, le reporter la bombardait de questions : que pouvait-elle dire de sa vie de jeune mariée ? Très agréable, mais un peu solitaire : son mari, accaparé par la guerre, allait être muté à Paris pour les trois prochains mois. Que pensait-il de sa collection ? Il était très content pour elle et impatient de la découvrir à son retour. Comment trouvait-elle le temps de travailler tout en entretenant un foyer aimant dans la résidence des Holz, au cœur de Munich ? C'était un magnifique cadeau que pouvoir conjuguer sa vie familiale et la création d'objets dont elle décorerait sa maison !

Quand le journaliste l'interrogea sur ses recettes préférées, elle partit d'un grand éclat de rire. Comme n'importe quelle autre jeune mariée, elle se consacrait, en dépit des pénuries, à nourrir son mari de plats frugaux mais variés. Elle aimait cuisiner le *Eintopf*, un ragoût de poulet et de pommes de terre. Cette recette lui était particulièrement utile en cette époque de rationnement.

— En outre, c'est le seul plat que je sais cuisiner, même si je ne le réussis pas toujours très bien, plaisanta-t-elle.

Déclaration que le secrétaire de rédaction décida d'omettre dans l'article final.

Avant que l'équipe du magazine *Frauen-Warte* prenne congé, *Herr* Ostendorff demanda une dernière photo.

— Je pensais à une chose : seriez-vous d'accord pour prendre une rapide photo de groupe ? Pour notre service marketing.

Tout au long de l'interview, deux hommes étaient restés à proximité, leurs cahiers de dessin et leurs modèles préliminaires à la main. C'étaient les ouvriers qui devaient sculpter les pièces dans l'argile, expliqua *Herr* Ostendorff. Une fois par semaine, *Frau* Holz viendrait à l'usine pour peindre à la main les pièces terminées.

Il leur avait fait signe d'approcher pour venir se placer à la droite de *Frau* Holz, tandis qu'il se mettait à sa gauche. Dans un effort pour se rendre présentables, les deux hommes avaient, de leurs mains poussiéreuses, discipliné leurs cheveux et lissé les blouses propres qu'ils devaient porter pour la photo. *Frau* Holz, rayonnante, était l'image même de la beauté et de la sophistication.

— Pourrez-vous m'envoyer quelques copies, s'il vous plaît ? avait demandé *Herr* Ostendorff.

Plus tard, dans la chambre noire, quand le photographe avait montré au secrétaire de rédaction les tirages pour qu'il fasse son choix, la photo avait provoqué des exclamations admiratives.

— Elle est vraiment très jolie, là. Éclatante, avait dit le photographe.

— C'est vrai. Dommage qu'il y ait ces deux-là, avait répondu le secrétaire de rédaction. On voit parfaitement leurs uniformes sous leurs blouses. On ne peut pas publier ça. Donne-moi plutôt une photo d'elle seule.

À partir de là, tous les mardis, le chauffeur de Karl conduisait Bettina depuis les larges avenues de Munich aux routes militarisées de Dachau-Allach. Par la vitre de la berline BMW noire, elle regardait défiler les rues détrempées dont les flaques d'eau envoyaient des reflets sur les ailes de la voiture.

La première usine d'Allach ne suffisant plus à la production depuis longtemps, une seconde usine avait été construite, dans l'enceinte du camp d'entraînement et de formation de la SS. Tout en roulant à travers le camp, Bettina observait les visages des officiers et des gardes qui marchaient par groupe de deux ou trois, et se demandait si son frère en faisait partie. La rage de savoir qu'Albrecht était responsable de l'emprisonnement de Max, de la destruction de sa propre vie, la dévorait intérieurement. Elle devait se contrôler de crainte de se laisser entièrement consumer. Elle se répétait qu'elle aurait sa revanche. Pour le moment, elle ne devait se consacrer qu'à Max.

Quand le chauffeur arrivait à proximité de Dachau-Allach, il commençait à ralentir, passait devant les miradors qui bordaient l'étroite route longeant l'usine. Le massif bâtiment était blanc, le soubassement saillant comme un quai de gare. Deux escaliers flanquaient les extrémités. Mais peu d'importance avait été accordée à l'esthétique. Le besoin de clarté l'avait emporté de loin sur toute autre considération. Tous les murs étaient percés de dizaines de fenêtres géantes, à cadres de métal. L'hiver, les pièces étaient glaciales ; l'été, il y régnait une chaleur torride. L'ombre était rare aux alentours. Les branches des quelques cèdres, à proximité, s'affaissaient.

Le chauffeur s'arrêtait devant le bâtiment et escortait Bettina jusqu'à la porte où l'attendait la secrétaire de Holger. La jeune femme la saluait puis la précédait le long d'un couloir central qui, comme une artère, partageait l'usine en deux. Bettina la suivait, retirant manteau, gants et chapeau tout en marchant.

À mesure qu'elle avançait, elle passait devant toutes les étapes du cycle de fabrication de la porcelaine. La pierre angulaire en était la métamorphose du gris tourterelle de l'argile au blanc immaculé des figurines terminées, patinées. Des salles en enfilade y étaient entièrement consacrées : des étagères de pin étaient remplies du sol au plafond de pots, d'assiettes, d'urnes et de vases, leur pâleur diaphane donnant l'illusion de fantômes d'objets domestiques. Toute couleur avait été drainée de leur surface.

Dans une salle, on fabriquait les moules dans lesquels l'argile serait pressée, conservée, réduite, pour reproduire les objets. Dans une autre, on tassait l'argile dans les moules pour fabriquer l'anse d'une urne, ou bien prendre l'empreinte d'une déesse blême qui, drapée dans sa robe, tenant les mains de ses sœurs d'ivoire, décorerait la frise d'un vase.

Au bout du couloir commençait leur rapide descente vers le sous-sol. Là, les fenêtres étaient plus étroites, le travail un peu moins propre. C'était la salle des machines, où la suie noire se mélangeait à la poussière blanche pour recouvrir chaque surface d'une poudre grise qui se déposait en tournoyant sur le sol, comme les résidus d'un crématorium.

C'était là que travaillait Max. Bien en dessous du spacieux atelier où la séance de photos avait eu lieu. Dans la pièce qui lui était allouée, des abat-jour émaillés, gris, se balançaient sous un plafond bas, et de petites fenêtres carrées laissaient entrer peu de lumière. Ses voisins étaient des ouvriers trop âgés pour être soldats, spécialisés dans les travaux les plus délicats, dont les mains sculptaient des entrelacs dans le fond d'un saladier orange. Ces modeleurs avaient des décennies d'expérience. Pourtant, au mieux, ils étaient considérés comme des artisans et n'avaient pas le même statut que les sculpteurs à l'étage au-dessus. Seul Max avait atteint ces sommets, jusqu'à ce qu'il tombe en disgrâce et atterrisse à la cave.

La secrétaire de Holger avait vivement conseillé à Bettina de s'installer en haut, avec les autres artistes. Là, celle-ci pourrait peindre les pièces avant de les renvoyer à Max. Mais Bettina avait insisté pour descendre au sous-sol et travailler avec lui, sur place. Holger avait accepté volontiers. Personne n'avait voulu discuter, ni avec lui ni avec la célèbre artiste venue rejoindre leur équipe. Et surtout pas les gardes qui avaient assez à faire. Il y avait tellement de prisonniers du camp qui travaillaient maintenant à l'usine, qu'ils devaient les tenir aussi fermement que possible.

Ce petit coin retiré ne tarda pas à devenir l'endroit de production de la ménagerie, ce qui signifiait que Max et Bettina y étaient souvent seuls. Les premiers jours, les travailleurs de la pièce voisine et les gardes avaient été intrigués par la présence d'une femme. Mais la curiosité due à la nouveauté n'avait pas tardé à s'estomper. Ils étaient méfiants envers elle, trop intimidés pour lui parler directement.

Après avoir décidé du plan avec Bettina, le directeur artistique avait négocié pendant une ou deux semaines. Au début, Himmler avait paru hésitant. Mais il était tellement enchanté du lapin qu'avait sculpté Max pour Güdrun qu'il avait fini par accepter, sa seule condition étant que toute œuvre de Max soit portée au crédit de Holger.

Ezra Adler avait été promu pour aider Max et Bettina. Il était à leur disposition pour préparer l'argile, les peintures, pour vernir et cuire. Il était très méticuleux. Mais c'était son amour profond de l'art qui contribuait à faire de leur collaboration un projet vraiment artistique. De sa voix paisible, il leur parlait du symbolisme et de toutes les significations qui pouvaient être attribuées à chaque pièce. Leur projet s'enrichissait de son érudition, les ramenant à leur époque du Bauhaus, quand ils créaient de l'art pour l'art.

Ce travail les soutenait tous de manière surprenante. Il galvanisait les deux hommes, leur redonnait le goût de la vie, même en l'absence de Bettina. L'effort de dessiner, sculpter et modeler chaque animal exigeait plus de temps que la peinture. Et tôt, le mardi matin, ils attendaient impatiemment d'entendre le bruit de son pas dans l'escalier.

Comme chaque animal de porcelaine était inspiré d'une créature des tableaux de Bettina, Ezra étalait les photos, les dessins et les prototypes sur lesquels ils avaient travaillé pendant la semaine. Elle les examinait et leur suggérait des modifications. C'était une oreille de lièvre un peu trop longue, la patte d'un oiseau maladroite, la posture d'une souris trop gauche. Cette faune sortait tout droit de son imagination, et elle tenait à garder sa représentation fidèle.

Une fois les pièces terminées, elle s'attelait au minutieux processus de les peindre. Ezra lui aménagea un poste de travail spécial, en tirant le meilleur parti possible de la lumière du sous-sol. Assise, elle peignait chaque animal posé à hauteur de ses yeux. Après plusieurs essais, ils avaient décidé de les peindre avant le vernis, avec les détails qui apparaissaient sur le tableau. Mais il avait fallu des semaines d'essais. La profondeur et la teinte des couleurs changeaient avec chaque cuisson. Bettina, qui n'avait pas l'habitude de travailler des pièces en trois dimensions sur une surface aussi poreuse, finit par maîtriser les textures inconnues et développa sa propre technique. Ce travail d'équipe lui permit d'apprendre à connaître Ezra qui la charmait tout autant par sa bonté que par sa culture. Pendant qu'ils tentaient ensemble de recréer les couleurs d'un lièvre bondissant dans la brume qui s'élevait d'un champ labouré, qu'elle avait peint l'année précédente, il lui parlait d'art en toute simplicité.

—Max me dit que ces animaux sont vos autoportraits. Êtes-vous une sorte de mutationniste ?

Elle éclata de rire.

—En quelque sorte, oui.

—Vous savez, ce genre jouit d'une longue et noble tradition en art : la thérianthropie. Certains voient ainsi les peintures rupestres.

Chaque animal symbolise une chose différente, en fonction de la façon dont vous l'avez représenté. Votre lièvre, par exemple. Les Hollandais ont toujours aimé les peindre. Du moins, les lièvres morts : *Voluptas carnis*. Pour remplacer le péché de chair.

Elle se sentit rougir. Le visage d'Ezra se fendit d'un large sourire.

— Je plaisantais. Quel artiste ne voudrait pas ajouter ainsi une petite pincée de sel dans son œuvre ?

Tout en parlant, il posait sur une longue planche épaisse tout le travail de la journée, prêt à partir au four pour la première cuisson.

— Il y a eu *Le Lièvre* de Dürer, bien sûr. Vous savez, celui dont l'œil reflète une fenêtre ? Peut-être pour suggérer qu'un animal sauvage peut être attrapé.

Il agita un doigt.

— La Torah affirme que ces créatures sont impures, car elles ruminent, mais n'ont pas le sabot fendu. Toutefois, j'ai entendu des rabbins dire qu'elles représentent la Diaspora. À vous de choisir, je suppose. Qu'en pensez-vous, Max ?

Outre le lapin et le lièvre, ils avaient prévu un mulot, un merle, un corbeau et une taupe. Chacun d'eux était à une phase d'avancement différente. Mais le lapin, qui était basé sur celui qu'avait sculpté Max pour Güdrun Himmler, était maintenant achevé. Une fois qu'ils auraient décidé de la palette des couleurs, Bettina pourrait commencer à le peindre. Il resterait principalement blanc. Si elle avait hâte de se lancer, elle craignait qu'il ne constitue pas un grand défi. C'était un petit animal si simple.

— Il ne faut pas mettre la charrue avant les bœufs, avait conseillé Ezra. De toute façon, à quoi bon se presser ? Max et moi n'avons nulle part où aller.

À dire vrai, quand elle avait commencé à peindre, elle avait été contente d'avoir ce lapin pour trouver ses marques. La tâche s'était avérée plus difficile que prévu, et elle devait apprendre à contrôler son pinceau pour obtenir l'effet souhaité. Ils firent sans succès de multiples tests de couleurs pour reproduire le ton de rose exact des yeux. Chaque essai qui revenait du four était une déception.

— Nous allons persévérer, l'avait rassurée Ezra.

Une fois par semaine, elle arrivait dans la pièce du sous-sol, tirée à quatre épingles, et souriait, radieuse. Le voyage aller lui donnait le temps de se préparer. Aussi, quand elle descendait dans le petit atelier, elle était prête à être celle que Max attendait. Pendant le trajet du retour, en revanche, elle décompressait, et ses angoisses et ses tourments remontaient à la surface.

Les premières semaines, chaque fois qu'ils se retrouvaient seuls, Max et elle s'étaient ré-apprivoisés avec gêne. Au début, ils parlaient peu. Mais, au fil du temps, ils s'étaient ouverts et avaient commencé à échanger. D'abord sur le travail, puis sur d'autres détails de leur vie. Des détails qu'ils sentaient pouvoir partager tout en se protégeant de vérités plus dures.

Toutefois, ils n'avaient pas tardé à retrouver la cadence familière de leurs conversations. Les vieilles blagues qu'ils avaient oubliées, les bizarreries et les souvenirs qui leur revenaient lentement à l'esprit. Finalement, Bettina lui avait timidement demandé de lui parler de sa vie au camp. Et elle avait écouté, sans intervenir. Ses paroles étaient parfois si difficiles à entendre qu'elle glissait une main dans sa manche et enfonçait ses ongles dans la peau de son bras. La douleur physique la distrayait de celle dans laquelle la plongeait son récit.

À la fin d'une longue journée, quand elle quittait le sous-sol, elle gagnait le bureau de Holger et frappait à sa porte, hébétée. Il l'attendait avec un petit verre d'un alcool sorti de son tiroir du bas, pour l'aider à renforcer sa détermination.

— Je ne peux pas supporter de le laisser là.

— Vous faites tout ce qui est en votre pouvoir. Vos visites lui donnent de la force.

N'ayant aucun autre recours, elle décida alors qu'envers et contre tout elle allait rester gaie et positive, pour ne pas l'inquiéter ni lui fournir des raisons supplémentaires de souffrir.

Le mardi suivant, Bettina se réveilla pleine d'une toute nouvelle énergie. Même si une partie d'elle-même lui donnait l'impression de regretter une vie qu'elle ne pouvait avoir, elle allait apporter de la joie dans leur sombre entresol. Elle se dirigea vers sa penderie et en tira une veste crème, en laine basque, une paire de gants en cuir naturel, une écharpe chaude et une cape pour la protéger de la neige fondue.

Quand elle arriva dans leur atelier, Ezra l'y attendait, les yeux brillants d'excitation. Depuis sa dernière visite, il avait travaillé sur de nouveaux échantillons de couleur dont la cuisson avait été un succès. Il les lui tendit pour qu'elle les approuve.

— Ils sont magnifiques, Ezra. Merci infiniment.

— Ne me remerciez pas. C'est Stefan qui mérite vos compliments.

Ensemble, toute la semaine, Stefan et Ezra avaient préparé et cuit des dizaines de prototypes. Finalement, ils étaient tombés d'accord sur le ton de rouge rosi pour l'œil du lapin : une framboise liquide qui luisait légèrement et pétillait de vie.

Max, Ezra et Stefan avaient formé une espèce de confrérie. Ils s'occupaient les uns des autres, faisaient leur possible pour s'aider à rendre leur vie supportable. À Stuttgart, Stefan était apprenti maçon et tailleur de pierre. Mais, au lieu d'utiliser ses compétences, les gardes avaient jugé très amusant de l'affecter au four qu'il chargeait de pelletées de charbon.

« Ils ne le trouveront jamais, ce salaud, dans le noir ! »

C'était un labeur difficile, salissant, éreintant. Mais, tout comme Max, Stefan avait la capacité de penser et de planifier en trois dimensions. Il était devenu si habile pour remplir le four et maximiser l'espace qu'il n'avait pas tardé à se retrouver préposé à la cuisson des pièces les plus délicates, les plus précieuses. Max insistait pour qu'ils ne travaillent avec personne d'autre.

S'exhortant à ne pas songer que chacune des étapes franchies les rapprochait de la finalité du projet et, par conséquent, de sa séparation d'avec Max, Bettina déclara alors :

— Enfin, nous pouvons commencer.

Sur une base d'un blanc crayeux, elle entreprit de peindre chaque partie du corps du lapin de plusieurs couches des couleurs adéquates : gris-brun de la soyeuse fourrure sur le nez du lapin, une nuance chair entre ses griffes, un rose nacré à l'intérieur de ses oreilles, la framboise diaphane de ses prunelles. Quand elle eut fini les parties solides, là où la couleur était la plus dense, elle passa à la technique de l'aquarelle, où la pigmentation s'éclaircissait. Avec plusieurs couches, elle pouvait récréer la texture du duvet de son museau et de son ventre.

Une fois le premier lapin terminé, elle demanda à Ezra de l'emporter au four afin qu'elle puisse vérifier sans attendre que les couleurs fonctionnaient. Par la suite viendraient d'autres glaçages, d'autres cuissons qui altéreraient les teintes, leur permettraient de s'intensifier graduellement, de s'embellir. Mais celle-ci serait le tournant, celle qui leur indiquerait s'ils étaient sur la bonne voie.

Après de longues heures assis devant la porte, Erich, le jeune gardien, s'ennuyait. L'air indolent, il s'étira et accepta d'accompagner Ezra à travers le bâtiment.

Dès qu'ils furent partis, Bettina regagna son bureau, impatiente de s'attaquer à la deuxième pièce. Elle était désireuse d'affiner encore sa technique et résolue à trouver le bon équilibre entre l'opaque et le transparent. Alors qu'elle travaillait, absorbée par la minutie de sa tâche, elle en oublia tout le reste.

Soudain, venant de nulle part, une tache de couleur vive s'étala sur la table et gicla comme une larme cramoisie sur la tête du lapin. Elle sentit une goutte mouillée sur sa propre joue et, baissant les yeux, vit qu'une seconde goutte était tombée sur la poitrine de sa veste crème. Avec un cri d'effroi, elle se toucha la figure. L'extrémité de ses doigts brillait d'une couche de peinture lie-de-vin.

Après un moment de silence total, elle regarda Max, stupéfaite. Assis de l'autre côté du bureau, son pinceau dégoulinant d'une main, l'autre plaquée sur sa bouche, il la dévisageait. Ahuri par sa propre bêtise, il avait les yeux écarquillés de surprise. Elle éclata de rire.

— Quelle mouche t'a piqué ?

L'air toujours aussi ébahi, il passa une main sur son front.

— Je suis désolé. Vraiment. Je ne sais pas ce qui m'a pris.

Elle baissa les yeux vers la poitrine de sa veste. La laine blanche avait absorbé la goutte qui formait une tache comme si elle avait reçu une balle tirée en plein cœur. Pâlissant de culpabilité, Max ramassa un chiffon propre et le plongea dans un seau d'eau. Puis, une paume sur l'épaule de Bettina, il en tamponna le tissu, sans aucun résultat.

Elle sentait ses doigts trembler sur son bras. Elle posa délicatement sa main sur la sienne.

— C'est ma faute. Je ne sais pas où j'avais la tête quand j'ai choisi cette veste.

Lui prenant le chiffon, à son tour, elle essaya d'effacer la tache. Mais elle savait que c'était peine perdue.

— Jamais je ne porterais ce genre de vêtement pour travailler en temps normal. Je voulais juste me faire belle pour toi.

Il garda sa main sur son épaule.

— Si tu te souviens, le soir où je suis tombé amoureux de toi, tu étais juchée sur un escabeau, en bleu de travail.

— Je me souviens. Mais j'étais beaucoup plus jeune, à l'époque. En tous points.

Elle rougit en pensant à la jeune fille naïve, ombrageuse, qu'elle était alors. Hautaine et colérique.

— Quand je t'ai revue, quelques heures après, tu ne portais rien du tout.

Un soupir imperceptible étira ses lèvres, et elle noya son regard dans les profondeurs de ses yeux d'un noir d'ébène. Il l'attira contre lui, sa chaleur suffisant à cautériser ses blessures.

De ses doigts, elle chercha sa peau, ses ongles effleurant son dos. Il pressa sa bouche contre la peau blanche, satinée, de son cou. Ensemble, ils trébuchèrent, puis se séparèrent. Elle s'avança vers la porte et jeta un coup d'œil dans le couloir. Voyant qu'il n'y avait pas âme qui vive, elle la ferma doucement derrière elle et la bloqua de son corps. Il la plaqua contre le battant, la soulevant dans ses bras afin qu'elle puisse le ceinturer de ses jambes. Elle lâcha un gémissement qu'elle essaya d'étouffer, en vain. Le danger ne faisait qu'exacerber leurs sens.

Soudain, elle sursauta et poussa un petit cri en entendant un bruit à l'extérieur. Il se figea.

— Je t'ai fait mal ?

— Non.

Elle tendit l'oreille. Le silence revint.

— Continue, le pressa-t-elle urgemment. Ne t'arrête pas.

Ce fut ce qu'il fit. Ils se retrouvèrent, et, comme chacun d'eux l'avait, intrinsèquement, toujours su, ils comblèrent le dernier fossé entre eux. Le profond soupir qui échappa à Max fut amplifié par le silence.

Encore noyée dans une brume de volupté, Bettina entendit le claquement d'une porte au-dessus d'eux, puis des pas qui entamaient leur longue descente. Même en se déshabillant l'un l'autre à tâtons, ils n'avaient pas totalement perdu leur vigilance. Ils se séparèrent à la hâte et se rhabillèrent. Elle examina la pièce du regard pour s'assurer que tout était bien à sa place. Que rien ne pourrait éveiller les soupçons. Puis, lissant ses cheveux et redressant sa jupe, elle regagna sa chaise.

Qui aurait imaginé que la terreur puisse être un aphrodisiaque ? Que, dans un contexte aussi désolé, elle puisse encore éprouver du plaisir ? Ils s'étaient embrasés l'un en l'autre comme du mercure et avaient dû reprendre leurs esprits à une telle vitesse qu'ils étaient encore bouleversés. Max passa derrière son bureau, les sourcils froncés par l'inquiétude. Elle lui chuchota vivement :

— Tu as perdu quelque chose ?

Il secoua la tête, l'air désorienté.

— Juste mes esprits.

Ils étaient tous les deux si anxieux que leur nervosité leur donnait envie de rire de tout. Le simple bruit d'Erich ouvrant la porte suffit à Bettina pour piquer un fou rire qui lui fit venir les larmes aux yeux. Précédant Ezra, le garde entra. Déconcerté par son hilarité, il demanda :

— Tout va bien, *Frau* Holz ?

— Tout va bien, merci, Erich, le rassura-t-elle en essuyant ses joues. Je crains d'avoir fait des saletés en votre absence. N'est-ce pas, Max ?

Elle montra les gouttes couleur bordeaux qui éclaboussaient toujours la table, le lapin et sa veste.

— Vous ne devez plus jamais partir. On ne peut pas me faire confiance quand je suis seule.

Ezra et Max aidèrent Bettina à nettoyer les dégâts tant bien que mal. Mais, malgré leurs efforts, le lapin et la veste furent irrécupérables. Las des bêtises des deux idiots dont il avait la responsabilité, Erich était sorti faire un tour pour fumer et se dégourdir les jambes.

Quand ils regagnèrent leur bureau, laissant Ezra ranger, Max chuchota de nouvelles excuses à Bettina.

— Je ne sais vraiment pas ce qui m'a pris. Tu étais la concentration même et, tout à coup, je me suis senti d'humeur espiègle.

— L'esprit de Loki, dit-elle en souriant et secouant la tête. Je pensais te connaître, mais visiblement tu me réserves encore des surprises.

— Apparemment.

Un frisson la traversa.

— Max, nous ne pouvons pas recommencer. Et si nous nous étions fait prendre ?

— Mais ça n'a pas été le cas.

Au fil des heures, ils communiquèrent par bribes chuchotées et langage codé. Dès que quelqu'un approchait, ils se taisaient puis, quelques minutes plus tard, reprenaient là où ils s'étaient arrêtés. Des sujets qui avaient paru trop douloureux étaient à présent comme des cicatrices fraîchement refermées. Encore sensibles, mais que l'on pouvait explorer.

— Tu es revenue pour moi, dit-il.

— Bien sûr.

— Je ne sais pas combien de temps j'aurais encore tenu si tu n'étais pas venue.

— Maintenant que je sais où tu es, rien ne pourra m'éloigner de toi.

Ils reprirent leur tâche, mais peinèrent à se concentrer. Quand Bettina leva les yeux, elle vit que Max lui souriait. Elle lui rendit son sourire et lui montra le lapin pour qu'il l'examine. Malgré les nombreuses couches de peinture blanche dense, les gouttes cramoisies semblaient ne pas vouloir disparaître.

— Je suppose qu'elles finiront par partir, déclara-t-elle avec un soupir. Mais je l'aime bien tel quel, à vrai dire.

Max tourna la tête pour regarder.

— Bizarrement, il était exactement comme ça quand je le dessinais.

Il sortit ses croquis du lapin de Güdrun Himmler.

— Ils m'ont apporté un vrai lapin angora comme modèle. Mort, bien sûr. Il avait ce filet de liquide rouge qui lui coulait des yeux, comme s'il pleurait du sang, comme un stigmate.

Il étala les dessins sur la table.

— Au camp principal, ils les élèvent pour leur fourrure. Il y en a des centaines. La rumeur dit qu'ils sont mieux traités que les prisonniers.

— N'est-ce pas la parfaite métaphore pour cet endroit maudit ? murmura Bettina en regardant l'ombre d'Erich qui fumait une cigarette devant la porte.

Max eut un reniflement moqueur.

—Les gens parlent des déportés qui sont traités comme des animaux. Si seulement les nazis pouvaient leur montrer la même clémence. Ils nous enferment, nous affament. Ils nous parquent dans des baraques glaciales, bondées, au cœur de l'hiver. Mais ils s'assurent que leurs lapins ont des repas copieux et des clapiers chauffés.

Il crachait ses mots.

—Ils séparent les familles, ils nous font travailler jusqu'à l'épuisement, ils nous privent de notre liberté, tuent sans la moindre hésitation. Ils abattent les plus faibles, les malades, ou les expédient vers Dieu sait quel pire sort encore.

Voilà plusieurs semaines désormais qu'ils s'étaient retrouvés. Mais jamais elle ne l'avait entendu s'exprimer ainsi. Sa voix montait à mesure que sa colère flambait.

—Cet endroit est une ferme humaine. Non, pire, bien pire, un abattoir.

Elle jeta un coup d'œil derrière elle, de crainte qu'Erich ne surprenne leur conversation.

—C'est la stricte vérité. Au lieu de leur fabriquer ces jolis animaux de compagnie si proprets et mignons, nous devrions utiliser notre art pour dénoncer la réalité de cet enfer.

Il tourna les pages de son cahier de dessin, lui révélant image après image le lapin qui se décomposait, qui pourrissait, devant elle. Ses yeux enfoncés, creux, pleuraient du sang. Sa fureur était contagieuse.

—Les chasseurs et les proies, dit-elle. Un rat dans un piège, un lièvre déchiqueté à mort par une meute de chiens.

—Dachau-Allach. Là où le bétail va à l'abattoir sur ses deux jambes.

—Nous devrions utiliser ce support comme moyen de montrer chaque forme de torture pratiquée ici : la famine, l'empoisonnement, les exécutions par balles, l'entravement. Je les imagine déjà tous.

Les yeux scintillants, Bettina renchérit :

— Et si nous prenions les sculptures sur lesquelles nous travaillons et les transformions en art véritable pour dévoiler au monde ce qui se passe ? Une subversion de la prétendue « pureté » de cette forme d'art nazie. Qui est tout sauf pure. Oublie le four, ce sont ces œuvres que l'on devrait faire brûler dans un crématorium.

Elle parlait si vite, ses pensées se bousculaient.

— Je pourrais sans doute les faire sortir d'ici clandestinement. Néanmoins, elles ne verraient probablement jamais la lumière du jour. Ce qui ne nous empêche pas d'aller de l'avant avec ce projet. Même si ce n'est que pour nous. Comme *Le Viking*. Le simple fait de savoir que tu en es le modèle d'origine était si important pour moi. Cela m'a toujours donné de la force.

Elle était à bout de souffle.

— Oh, Max, nous aurions sauté sur une telle occasion quand nous étions plus jeunes. Ce sera notre manière de résister. Sinon, autant mourir tout de suite.

Il l'écoutait intensément.

— Mais cela ne changera rien.

— Nous devons diriger cette douleur, cette colère quelque part. Lui donner une forme, ajouta-t-elle. Richard a toujours dit que nous devions nous battre. Mais j'étais terrorisée. Je me sentais si seule. Maintenant, c'est différent. Avec toi, je sais que je peux tout endurer. Quel autre choix avons-nous ?

Elle insista, suppliante.

— Nous avons tous les deux besoin d'un objectif, d'une autre cause pour laquelle vivre, qui puisse nous aider à tenir. Si cette guerre finit, quand elle finira, comme elle le devra nécessairement, alors nous serons ensemble et aurons gardé nos âmes intactes. Promets-moi que tu vas y réfléchir ?

Il secoua la tête.

— Je n'ai pas besoin de réfléchir, Betti. Je sais que nous devons le faire. Je n'ai jamais été plus sûr de quoi que ce soit.

Chapitre 19

Munich
Octobre 1993

Le vieil homme regarda Clara, qui était toujours abasourdie.

— Je ne voulais pas vous faire peur. Venez vous asseoir, Clara.

Il s'avança, frêle et raide, vers les deux fauteuils devant la cheminée et s'installa dans l'un d'entre eux. Puis il tapota l'autre siège et lui fit signe de le rejoindre.

— Et maintenant, reprenons. Comment avez-vous entendu parler de moi ? Votre mère vous envoie, j'imagine.

Il prit appui sur la canne entre ses jambes, ses mains noueuses couvertes de veines saillantes. Clara s'assit à son tour, sur le bord du fauteuil, prête à s'enfuir d'un instant à l'autre.

— Je crains que ma mère ne soit morte il y a trois ans.

Herr Ostendorff hocha la tête d'un air résigné. Clara supposait que, pour quelqu'un de son âge, apprendre un décès était une nouvelle assez fréquente.

— J'en suis désolé. J'espérais que vous me diriez qu'elle était vivante, qu'elle allait bien. J'aurais aimé la revoir. Je l'aimais profondément.

Clara fronça les sourcils d'un air étonné.

— Je ne veux pas vous offenser, mais elle ne m'a jamais parlé de vous. J'ai juste appris votre existence à partir d'une photo prise en 1941. Je ne serais même pas ici si l'archiviste de Dachau n'avait pas suggéré que vous pourriez m'aider.

— Elle m'a téléphoné pour m'avertir de votre venue. Mais, bien entendu, je connaissais déjà votre nom.

— Mais comment ? Ma mère m'a raconté très peu de choses sur la vie qu'elle menait avant de déménager à Londres. J'ai toujours senti qu'il y avait un pan entier de son passé dont j'ignorais tout.

— Elle pouvait être très énigmatique, concéda Holger avec un sourire. Mais dites-moi, vous vous êtes présentée comme Clara Holz. Vous ne vous êtes jamais mariée ?

— Mariée, puis divorcée. J'ai donc repris le nom de ma mère.

— Je suis si surpris que Bettina l'ait conservé.

— Vous connaissiez son mari, Karl ?

— Je ne l'ai rencontré qu'une ou deux fois. Je ne l'aimais pas beaucoup. Il n'était pas digne d'elle. Ce que je le soupçonnais de savoir.

Avec un haussement d'épaules, Clara répondit :

— Elle en parlait rarement aussi. Pendant de nombreuses années, elle m'a fait croire qu'il était mon père. Elle ne m'a avoué la vérité que par accident. Par la suite, j'ai trouvé une lettre de lui qui a confirmé mes soupçons. Il savait qu'il n'était pas mon vrai père. Même si, apparemment, ma mère ne lui a jamais dit qui c'était.

Clara baissa les yeux. Elle se sentait sur le point de fondre en larmes. *Herr* Ostendorff l'observa avec attention. En dépit de ses multiples réserves, elle décida de se confier à lui.

— Une seule fois, elle a fait référence à mon père biologique en l'appelant « le porcelainier de Dachau ». C'est tout ce que je sais. Ensuite, elle est morte. Depuis, j'essaie d'identifier de qui il s'agit et de quoi elle parlait. Ce qui m'a conduite à Cincinnati où habitait un homme du nom d'Ezra Adler. J'ai trouvé une photo datant de 1941, de lui avec ma mère et vous. Je suis donc partie pour Dachau, et me voilà ici.

Elle plongea son regard dans ses yeux d'un bleu délavé.

— Je suis donc venue vous demander comment vous connaissiez ma mère et, peut-être, plus important, comment vous connaissiez Ezra Adler.

Il sembla déconcerté.

— Mais pourquoi vous intéresseriez-vous à Ezra ?

— Je crois qu'il pourrait être mon père. Le porcelainier dont ma mère parlait.

— Oh non ! Pas Ezra. Il avait deux filles, mais toutes les deux sont mortes en déportation. Sa femme aussi. J'en suis certain. Il l'a appris une fois libéré. Il est allé à Sachsenhausen pour les chercher, mais elles étaient mortes depuis longtemps à ce moment-là. Il me l'a écrit et me l'a dit avant de partir pour les États-Unis. Après cela, je n'ai plus jamais eu de nouvelles.

Clara se sentit étrangement démunie en entendant l'histoire qu'elle avait commencé à échafauder se démanteler. Quelque part, le spectre d'Ezra en tant que père l'avait incitée à avancer dans sa quête. Maintenant, elle n'avait plus rien.

Herr Ostendorff posa alors sa main à la peau parcheminée sur la sienne. Ses iris pâles étaient remplis de regret.

— Mais vous êtes venue pour des réponses, et tout ce que j'ai fait, c'est accroître votre incertitude. Laissez-moi vous aider, si je le peux.

Il se pencha vers elle.

— Votre père s'appelait Max Ehrlich, et c'était mon ami le plus cher.

Clara le dévisagea, bouche bée. Elle n'était pas sûre de bien comprendre.

— Attendez, bredouilla-t-elle.

Les mains tremblantes, elle sortit la photo de son sac. Puis, la mettant sous ses yeux, elle montra du doigt l'homme brun entre sa mère et Ezra Adler.

— C'est lui ? C'est Max ?

Sa voix se brisa. Le vieil homme prit la photo et la tint à bout de bras.

— C'est bien lui. C'est votre père, Max.

Son visage s'illuminant d'un sourire rayonnant, il reprit :

— Je me souviens bien de ce jour.

Clara était impatiente d'examiner de nouveau la photo, mais Holger ne la lâchait pas.

— Vous n'imaginez pas comme vous lui ressemblez ! Sans même connaître votre nom, j'aurais su qui vous étiez.

Il regarda le tableau au-dessus de la cheminée.

— Vous n'avez jamais vu la ressemblance vous-même ?

Elle se tourna vers le portrait, son cœur battant à tout rompre. Malgré les différences distinctes, la similitude était indéniable. Elle avait toujours reconnu les traits de sa mère dans les siens. Les lèvres en forme de cœur, les sourcils arqués. Mais elle voyait à présent, dans le visage masculin qui lui faisait face, sa mâchoire, son long nez droit, ses yeux graves.

Herr Ostendorff rassembla ses forces et se leva. Il traversa la pièce en direction d'une large armoire qui occupait tout un mur entre les fenêtres puis tira les portes laquées, dévoilant la vitrine à l'intérieur. Celle-ci contenait une collection d'animaux de porcelaine, tous délicatement peints à la main. Les sujets étaient entourés d'éclats de porcelaine blanche, cassée.

Sa voix lui parvint comme venant de très loin.

— C'est votre héritage, Clara. Cette collection et le portrait de votre père par votre mère. Pendant des décennies, j'ai aspiré à les partager avec le reste du monde. Mais j'attendais que Bettina me donne sa permission. Maintenant, c'est à vous de décider.

Chapitre 20

Dachau-Allach
Printemps 1942

La terre inlassablement piétinée de Dachau ne montrait que peu de signes du printemps qui bourgeonnait. À une dizaine de kilomètres de là, les parcs de Munich étaient couverts d'arbres en fleurs. Mais rien ne poussait sur ce sol poussiéreux.

Une file de chariots sortait des garages, chacun d'entre eux tiré par des hommes harnachés comme des chevaux. Souvent, ils étaient remplis de terre et de gravier mais, aujourd'hui, ils contenaient les cadavres de ceux qui avaient été trop épuisés pour continuer. Leurs membres pâles semblaient creux, comme des os d'oiseaux, assez légers pour pouvoir s'envoler. Un chargement sacré qui était profané, entassé comme du bois flotté érodé par la mer.

À Dachau, la mort passait inaperçue. Il n'y avait ni rite de passage, ni dignité accordée aux derniers jours, ni funérailles, ni période allouée au deuil, au chagrin. La cruauté était monnaie courante. À tout instant, n'importe où, une vie pouvait être anéantie sous vos yeux. La mort arrivait soudainement et prenait tant de visages que les prisonniers devenaient presque insensibles. Elle vous surprenait lors d'un appel matinal ou sur le chemin du travail. Et, quand elle frappait, la fin était rarement héroïque. Après ce qu'ils avaient enduré, certains l'accueillaient comme une bénédiction.

Seul dans le sous-sol baigné de la lumière de l'aube, Max regardait les chariots défiler, à travers la fenêtre. La vue ne lui en était que trop familière, mais il continuait à y prêter attention. Il priait pour les défunts, même sans savoir pour qui il adressait ses prières. Il le faisait dans l'espoir que quelqu'un le ferait pour lui quand viendrait son heure. Cependant, s'il tombait un jour malade, il serait probablement emmené à Hartheim. Il éprouvait un certain réconfort à l'idée qu'il pourrait mourir en terre autrichienne, mais il savait que, là-bas, personne ne prierait pour lui.

S'il craignait toujours la mort, il ne la trouvait plus choquante. Ne rôdait-elle pas partout ? D'autres terreurs, plus violentes, occupaient sans relâche ses pensées. Elles le rattrapaient quand il imaginait son monde sans Bettina. Elle incarnait l'espoir. Sans elle, il mourrait.

À l'usine, les cris, le fracas des métaux qui se cognaient, indiquaient que la journée démarrait. Le temps n'était pas au recueillement. Pour ceux qui en étaient capables, la vie n'était que travail.

Un peu plus tard, penché sur son labeur, les épaules tendues, Max entendit le bruit des pas de Bettina qui descendait l'escalier. Pour la première fois depuis des heures, son moral remonta un peu. C'étaient ces moments qui donnaient un semblant de sens à la vie. Les journées passées sans elle, il était comme apathique et ne se sentait revivre qu'en sa présence.

Elle s'arrêta pour saluer Ezra et s'enquérir de sa santé, puis lui demander s'il avait eu des nouvelles de Sachsenhausen. Il écrivait deux fois par semaine sans jamais obtenir de réponse. Bien qu'il lui soit impossible de savoir si Zofia recevait ses lettres, il choisissait de continuer à écrire et à espérer, à parler de son travail à ses filles, à feindre l'optimisme, en prévision du jour où ils seraient de nouveau tous réunis.

Bettina ôta son manteau et enfila sa blouse de peintre. Les ravissants tailleurs à veste cintrée qu'elle avait portés lors des premières semaines étaient désormais relégués dans sa penderie. Ils appartenaient à *Frau* Holz. Dans sa blouse, elle était sa Bettina.

Elle esquissa un sourire timide.

— Bonjour, Max.

Cette formalité le ravissait presque. Elle signifiait que le temps qu'ils allaient passer ensemble avait commencé. Avant même qu'il ait eu le temps de dire ouf, elle serait partie.

— Bonjour, Bettina. Vous allez bien ?

— Très bien, je vous remercie.

Bien que Max soit certain qu'Ezra comprenait les sentiments qui les liaient, Bettina et lui continuaient à feindre, à moins d'être seuls. Quelquefois, néanmoins, cette comédie était au-dessus de leurs forces.

— Je suis si contente de vous voir.

Elle avait parlé avec une telle sincérité qu'ils ne purent s'empêcher d'échanger un long regard amoureux. Discret, Ezra se retira pour gagner l'extrémité de la pièce où il se mit bruyamment, avec vigueur, à pétrir l'argile.

Bettina tendit une main à travers le bureau et effleura les doigts de Max.

— Tu m'as tellement manqué, murmura-t-elle.

Les heures qu'ils partageaient étaient désormais vécues avec une grande intensité. C'était en partie dû à leur effort commun. Ils avaient commencé à fabriquer leur ménagerie secrète : cette création unique, personnelle, qui les aidait à renouer avec leur véritable identité artistique et avec ce qu'ils représentaient l'un pour l'autre.

Les occasions du moindre contact physique étaient rares et espacées. Cependant, ils n'étaient pas totalement chastes. Même si leur intimité retrouvée pouvait causer leur perte, ils étaient toujours attirés l'un par l'autre, incapables de résister. Sur le moment, la brève récompense semblait contrebalancer le danger. Après, ils étaient tous deux dévorés par la culpabilité, terrifiés des conséquences s'ils étaient découverts. Chaque fois, ils juraient que c'était la dernière et gardaient leurs distances jusqu'à ce que cela devienne intolérable. Et ainsi continuait le cycle.

Bettina retira sa main et entreprit de préparer ses pinceaux. Malgré Ezra qui chantait d'une voix forte en travaillant, elle chuchota :

— J'ai pensé à une nouvelle pièce à ajouter à la ménagerie secrète.

Leur collection privée avait commencé timidement : une souris de porcelaine prise dans un vrai piège, le cou rompu, une goutte de sang tachant ses moustaches et ses dents. Ils y avaient travaillé alternativement jusqu'à ce qu'ils l'estiment finie. Max l'avait cachée dans la cavité, derrière la brique de ventilation.

Il y avait aussi un lapin, un lièvre et un corbeau. Ces deux derniers projets avaient été sujets à quelques discussions. Par commodité, il fallait que ce soit une variation des créatures de la collection officielle. Néanmoins, Bettina voulait lui insuffler une signification plus profonde.

— La manufacture produit de l'art qui raconte une histoire. Sur la guerre, sur le prétendu mode de vie allemand. Cette histoire est un mensonge. Par exemple, nous savons qu'il se fait sur le dos du travail forcé, ce que le public ignore. Mais les gens la gobent, voilà tout.

— Apparemment, répondit Max.

— Cet article que j'ai fait pour le magazine *Frauen-Warte ?* C'était de la propagande, pure et simple. L'intérêt, c'est que cela nous permet d'être ensemble, en travaillant pour le régime. C'est ce qui fait que notre projet est si important : il doit aider à combattre le chant des sirènes.

— C'est notre seul moyen de lancer un avertissement.

— J'ai retourné en tous sens dans ma tête ce concept du chant des sirènes qui, quelque part, me donnait l'impression d'être complice. Cela me rappelait un souvenir de jeunesse que je n'arrivais pas à cerner. Et puis, soudain, il m'est revenu. Quand nous étions enfants, j'ai vu Albrecht faire quelque chose que je n'ai jamais oublié.

L'expression de Max s'assombrit. À la pensée du frère de Bettina, il se sentit écumer de rage.

— Je devais avoir onze ou douze ans et lui quelques années de plus. Il avait attrapé un petit oiseau dans les bois, derrière la ferme. Je pense que c'était une grive. Peut-être un rossignol. Il me l'a offert dans une cage en me disant que c'était notre secret. Je savais que mes parents m'auraient obligée à le relâcher, alors je l'ai gardé dans la cave, en couvrant sa cage pour qu'il ne chante pas.

Son regard se perdit sur le paysage nu.

— Je l'aimais tellement. Je déterrais des petits vers et des chenilles pour le nourrir, je le laissais sautiller sur mon doigt. Mais, au bout de quelque temps, il a commencé à dépérir dans la cave. J'ai dit à Albrecht que nous devrions le relâcher, mais il a refusé. Puis un jour, quand je suis descendue, la cage avait disparu. Je savais qu'on l'avait enlevée. Je me suis précipitée en courant dans les bois. Je l'ai cherché, cherché. L'oiseau n'était nulle part. Et puis je l'ai entendu se mettre à chanter. Ce ne pouvait être que le mien, c'était tellement beau.

Max imaginait parfaitement la scène.

— Il m'a fallu un certain temps pour les trouver. Albrecht était à côté de la cage qui était suspendue à un arbre. Avec, autour d'elle, trois ou quatre autres oiseaux qui pendaient aux branches, contorsionnés, mourants. Je ne comprenais pas ce que je voyais. Mais il s'est fait un plaisir de me l'expliquer.

Elle pinça ses lèvres pâles.

— Il avait accroché la cage à l'arbre et enduit les branches qui l'entouraient de colle forte. Quand il avait retiré le tissu qui recouvrait la cage, la pauvre grive était si heureuse de voir le ciel pour la première fois depuis des semaines qu'elle avait chanté à tue-tête. Les autres oiseaux, attirés par ses trilles, étaient venus se percher à côté d'elle pour écouter. Quand ils avaient essayé de reprendre leur envol, il était trop tard. Ils avaient paniqué, avaient battu des ailes, jusqu'à ce que tout soit collé : leurs plumes, leurs ailes, leur bec.

Le souvenir la fit frissonner.

— Il n'a pas essayé de te le cacher ?

— Il se contentait de les regarder se débattre. Et ils finissaient par mourir. Il m'a alors menacée de me frapper si je racontais à ma mère ce qu'il avait fait, à quel point il était cruel. C'était, c'*est* un sadique. Nous sommes bien placés pour le savoir.

L'air consterné, elle reprit :

— Tu n'imagines pas comme je m'en veux de t'avoir fait croiser son chemin.

— Ce n'est pas ta faute. Tu n'es responsable de rien.

Un long moment, elle garda les yeux baissés, attendant que son sentiment de culpabilité s'estompe, que sa fureur retombe. Quand elle releva la tête, Max dessinait. Il poussa l'image dans sa direction, à travers le bureau.

— Je pourrais apporter quelques simples modifications au merle que nous avons sculpté pour la collection principale, si c'est ce à quoi tu pensais ?

Elle acquiesça avec reconnaissance.

— C'est exactement la façon dont je l'ai vue. Pouvons-nous redresser un peu la branche sur laquelle elle est perchée ? Je vais peut-être utiliser l'article de *Frauen-Warte* comme papier mâché, pour la recouvrir. Et quelque chose qui peut durcir comme le verre pour dégouliner des plumes, du bec, des ailes.

— Je vais voir ce que je peux trouver.

Elle lui pressa la main.

— Je pense que nous avons peut-être là nos golems, Max. Tu te souviens ?

Avec un sourire, il répondit :

— Bien sûr.

— Nous les moulons et nous les modelons ensemble pour leur donner vie, afin qu'ils puissent nous offrir leur protection.

— Avec un peu de chance, ils nous protégeront vraiment.

— Je l'espère, car nous en avons bien besoin.

Quelques jours plus tard, Bettina retourna à l'usine, à l'improviste. Ce n'était pas un mardi, comme d'habitude, mais elle avait dit au chauffeur de Karl que, maintenant qu'ils approchaient de la date de l'exposition, elle avait besoin de travailler plus souvent. Max et Ezra, enchantés de la voir, lui montrèrent une planche avec les dernières pièces à cuire tout en parlant avec excitation de la façon dont elles pourraient être exposées. L'inspection de Heinrich Himmler n'était plus que dans quelques semaines et, dans cette perspective, la production s'accélérait. Chaque printemps, un certain nombre d'articles étaient choisis pour être inclus dans le catalogue de l'année suivante, pour la production de masse. Max et Ezra étaient certains que leurs travaux en feraient partie.

Avec un sourire, elle hocha la tête. Mais elle paraissait distraite. Ses joues n'étaient pas aussi roses que d'habitude. Max voyait qu'elle avait hâte de pouvoir lui parler seule à seul. Ezra le comprit, car il annonça qu'il était temps pour lui de porter les pièces au four, pour la cuisson.

—Dis à Stefan d'en prendre soin! cria Max après lui.

Après son départ, il se fit un silence oppressant. Bettina était pâle. D'une voix étouffée, elle commença:

—Mon amour...

Max sentit immédiatement son corps se raidir. Lutter ou fuir?

—Qu'y a-t-il?

Elle lui prit les mains.

—Ce n'est pas une mauvaise nouvelle... J'ai repoussé le moment, mais je ne peux plus attendre. Me promets-tu que tu seras heureux?

Les nerfs tendus comme des cordes, Max hocha solennellement la tête.

—Je promets.

Bettina déglutit.

—Je crois que je suis enceinte.

Un instant, il se demanda s'il avait bien entendu. Mais l'expression d'espoir mêlé de terreur de Bettina lui confirma ses propos.

—Oh, Betti.

Hésitant, il ajouta:

—Tu te sens bien?

Elle lui pressa les mains si fort qu'il esquissa une grimace de douleur.

— Oui. Sincèrement. Mais je suis morte de peur, bien sûr.

Il le percevait à sa voix. Mais il voyait aussi en elle une étincelle de joie. Il eut l'impression qu'un gouffre s'ouvrait sous ses pieds.

— Oh, Max. C'est un tel choc! Je sais.

Bettina scruta son visage.

— Qu'y a-t-il? Parle-moi.

Il hésita, ne sachant pas très bien comment formuler ses propres appréhensions.

— Je pensais juste à la dernière fois, quand nous habitions à Berlin.

C'était resté pour elle un souvenir douloureux. Mais elle le regarda, implorante.

— Je suis vraiment beaucoup plus mûre. Je voulais attendre pour être sûre. La dernière fois, je crois que mon corps n'était pas prêt. Aujourd'hui, il l'est.

Il savait qu'elle avait besoin de son soutien, même s'il était totalement désemparé.

— Oh, Betti Je n'arrive pas à y croire! Mais c'est une merveilleuse nouvelle. Merveilleuse.

Soulagée enfin, elle laissa échapper un flot de paroles.

— N'est-ce pas? J'ai mis un temps fou à réussir à y croire. Pourtant, pendant des semaines, j'ai été vraiment malade.

Un pâle sourire flottait sur ses lèvres.

— Comme tu es courageuse!

Elle soutint gravement son regard.

— C'est angoissant, je sais, mais nous pouvons faire face, j'en suis certaine, maintenant. Cela nous donne toutes les raisons d'espérer. Nous pouvons encore avoir tout ce dont nous avons toujours rêvé. La maison que tu avais imaginée pour nous, la famille. Simplement, il faut que nous restions forts.

Max comprit qu'elle essayait de se convaincre elle-même autant que lui.

— Et maintenant ? demanda-t-il.

— Je continue à venir ici, et nous continuons à survivre. À un certain moment, il faudra bien que le monde mette un terme à cette folie et retrouve un semblant de normalité.

En lui-même, Max pensa : *Tu ne sais pas jusqu'où le pire peut aller. C'est un gouffre sans fond.*

Avec autant de désespoir que d'optimisme dans la voix, Bettina poursuivit :

— Nous pouvons survivre à cela, j'en suis convaincue maintenant. Je vais demander une annulation de notre mariage à Karl, et nous pourrons repartir de zéro, ailleurs, comme nous l'avions toujours prévu.

Max regarda dans le couloir, vérifia encore une fois les fenêtres, puis il s'avança vers elle et la prit dans ses bras. Elle ferma les yeux et se pressa contre lui alors qu'il continuait à surveiller, inquiet de ce qu'il aurait pu rater, de ce qui attendait invisible, tapi dans l'ombre.

Quand Ezra revint du four, il trouva Max et Bettina qui travaillaient côte à côte, les yeux brillants.

— Que se passe-t-il ? demanda-t-il. Vous vibrez tous les deux comme les cordes d'un violon.

Ils sourirent, énigmatiques, gardant leur secret. Ezra pliait sous le poids de la planche sur ses épaules. Max bondit pour l'aider à la redresser. En grognant un peu, ils la placèrent tous les deux sur la corniche, sous la fenêtre, où ils pouvaient ensemble inspecter le travail à la lumière.

— Qu'est-ce qui est arrivé à l'agneau ? demanda Bettina.

— Il s'est encore brisé dans le four. Stefan me prie de vous transmettre ses excuses. Il pense qu'il a été pris par l'humidité.

Il esquissa un geste en direction des autres figurines.

— En revanche, les autres sont réussies, vous ne trouvez pas ?

— Pas mal, répondit Bettina.

Malgré tout le travail qu'ils y avaient consacré, Max voyait que, pour elle, seule comptait désormais leur production à caractère subversif.

Elle avait des idées pour beaucoup d'autres sujets, et il devenait de plus en plus difficile de les cacher.

Max était visiblement sous surveillance constante, mais son rôle était minime et, la plupart du temps, il pouvait le jouer en gardant son air ordinaire habituel. Il faisait toujours plusieurs prototypes pour chaque pièce de la collection principale. Il ne restait donc plus qu'à les modifier, changer ce qu'il fallait pour les transformer et en faire leurs homologues de l'ombre. La grive musicienne était un bon exemple. Une fois qu'il eut complété sa silhouette, il n'eut qu'à y apporter quelques ajustements. Il tourna l'aile, la patte et le bec jusqu'à ce qu'elle semble coincée par la colle, comme l'avait décrite Bettina. Il lui fabriqua une nouvelle branche, un peu plus large que sa jumelle officielle. Enfin, il y attacha l'oiseau et remplaça la colle par une couche de résine claire.

La contribution de Bettina prenait un peu plus de temps, selon le concept. Coller les morceaux de journal de propagande pour créer un effet de papier mâché et peindre les petites pièces de porcelaine ne lui poserait pas vraiment de problème, mais trouver un endroit où travailler sans être dérangée était un véritable défi. Même si Karl était parti pour Paris tout de suite après le mariage, Liesl avait insisté pour rester avec elle dans l'appartement de Munich. Sa présence permanente et celle des deux enfants signifiaient qu'elle n'avait que très peu d'intimité. Prenant de grands risques, elle apportait les pièces une à une à son atelier pour les peindre, et vivait dans la terreur perpétuelle d'être découverte. Elle n'osait pas les y laisser, aussi les rapportait-elle clandestinement à l'usine.

Pour commencer, ils les avaient cachées derrière la brique de ventilation. Mais l'espace était réduit. En outre, ils ne voulaient pas que Holger puisse les y trouver. Un matin, en voyant un gros pigeon des bois voler sous les combles et s'installer dans la charpente du plafond, Bettina avait trouvé la solution. On l'entendait roucouler pendant des heures sans le voir, jusqu'à ce que le garde monte avec un balai pour le chasser. Au fil des semaines, ils y avaient dissimulé des pièces, jusqu'à en avoir quatre, chacune à un stade d'avancement différent. Ils étaient en train d'en ajouter une cinquième. Une de plus, et ils risquaient d'être découverts.

À la fin de la journée, Bettina avait pris Max à part.

— J'ai réfléchi à notre ménagerie. Avec le bébé... peut-être devrions-nous tout arrêter. Karl rentre de Paris le mois prochain, et j'ai l'intention de le quitter à ce moment-là. Je ne sais pas ce qui arrivera ensuite, mais je suggère que nous finissions de travailler sur ces cinq-là et qu'après nous attendions la suite.

— Quoi que tu décides, je te suivrai, acquiesça-t-il.

Ils levèrent alors les yeux vers la charpente dans laquelle ils avaient caché au monde leur acte de résistance.

La semaine suivante, Bettina, souhaitant passer autant de temps que possible avec Max sans éveiller les soupçons, vint à l'usine deux fois plus souvent que d'habitude. Le temps leur était compté. La collection officielle était presque complète et prête à être inspectée. Si Himmler n'aimait pas ce qu'ils avaient fait, leur avenir était en jeu. Sinon, ils pourraient obtenir une nouvelle commande et cimenter leur partenariat professionnel de façon durable. Max serait presque indispensable, et Bettina aurait enfin un revenu décent, indépendant. Karl était encore à Paris pour un mois. Ils avaient ainsi l'impression d'avoir le filet de sécurité nécessaire. Elle avait pris la décision de quitter son mari. La perspective de le lui annoncer la remplissait toujours d'appréhension, mais elle avait conditionné son esprit à planifier l'avenir.

— Je vais louer un endroit où habiter et m'assurer de pouvoir y cacher la ménagerie secrète. Nous pouvons agrandir la collection, peut-être même faire sortir les pièces clandestinement et les exposer, après ta libération.

La passion de Bettina pour leur projet restait intacte.

— Quand nous pourrons recommencer sans danger, je sais exactement quoi faire de la taupe. Nous pourrons l'accrocher à des barbelés.

Max eut l'air perplexe.

—J'oublie toujours que tu es un garçon de la ville. Les régisseurs le font pour prouver le nombre de vermines qu'ils ont tuées. Ils pensent que cela décourage les autres taupes. On en voyait partout. Des rangées de cadavres, se décomposant sur les barbelés.

Max tressaillit. L'image était dure.

—Oui. C'est une bonne idée, approuva-t-il toutefois.

Toute la journée, l'atelier avait été en effervescence. Ils avaient à peine eu l'occasion de passer un moment ensemble. Ezra et Stefan entraient et sortaient pour contrôler la cuisson finale de plusieurs figurines. Chacune était sculptée par Max, peinte par Bettina et vernie par Ezra. Maintenant, la collection était quasiment complète, presque prête à être présentée au Reichsführer en personne.

Quand ce même soir Bettina prit congé, Ezra et Erich étaient tous les deux présents. Elle dut donc se contenter d'échanger un regard éloquent avec Max. Aspirant à un contact, même très bref, elle laissa tomber ses gants en allant à la porte, afin de pouvoir le frôler en se relevant. Elle quitta alors la pièce et, une fois dans l'escalier, tourna la tête dans l'espoir de l'apercevoir encore une fois. Mais déjà la porte était refermée. Elle s'enveloppa dans son manteau et frissonna au souvenir de sa dernière caresse fugace.

Quand elle sortit du bâtiment, le soleil n'était pas totalement couché. Les journées étaient plus longues. Stimulée par la perspective du printemps, elle rentra à Munich.

En pénétrant dans le vestibule de l'appartement de Karl, elle trouva Liesl en train de lancer des ordres et les domestiques qui couraient en tous sens. La pièce était envahie de malles, de cartons, et les femmes de chambre transportaient des piles de linge propre. Étonnée par toute cette agitation, Bettina regarda autour d'elle.

—Que diable se passe-t-il ?

Sa belle-sœur la foudroya du regard.

—Je pourrais vous poser la même question. Où diable étiez-vous ?

— À Allach. Je travaillais.

— Je ne suis pas votre secrétaire, Bettina. En général, vous y allez une fois par semaine. Quand Karl a téléphoné et m'a demandé où vous étiez, je n'ai pas su quoi lui répondre.

— Il vous a dit quand il rappellerait ?

— Votre mari est en route. Il rentre à la maison, Bettina. Il se demande sans doute où sa femme est allée vagabonder.

— Mais il n'est pas censé revenir avant des semaines ! protesta Bettina.

Liesl plissa les yeux.

— Je pense que vous voulez dire : « C'est merveilleux, mon mari rentre enfin à la maison. »

Sa belle-sœur la scruta alors de la tête aux pieds, remarquant la blouse de travail poussiéreuse, ses cheveux tirés en arrière. Elle saisit le bras d'une femme de chambre qui passait avec du linge propre.

— Ursi, allez faire couler à bain pour *Frau* Holz.

Puis elle se retourna vers Bettina, les lèvres pincées.

— Vous pourrez au moins essayer de vous rendre présentable.

Après son bain, elle s'habilla. Karl, qui était arrivé entre-temps, buvait du café en compagnie de Liesl, au milieu d'un essaim d'activité. La femme de chambre était en train de défaire ses bagages, tandis que la gouvernante le mettait au courant de toutes leurs dépenses en son absence. En voyant Bettina apparaître, il la congédia d'un geste et salua son épouse avec effusion. Sans crier gare, il se pencha pour l'embrasser et, devant son mouvement de recul, se mit à rire.

— Désolé, désolé. Tellement maladroit de ma part.

— Pas du tout.

Elle lui tendit la joue qu'il embrassa dûment.

— Comment s'est passé votre voyage ? lui demanda-t-elle.

— Long et fatigant. Je suis content d'être à la maison.

Avec un rire cristallin, Liesl intervint.

— Et nous, nous sommes ravies que tu sois rentré. N'est-ce pas, Bettina ?

Elle sourit, ses lèvres sèches découvrant ses dents.

— Bien entendu.

— Veux-tu monter te rafraîchir ? s'enquit-elle alors en prenant son frère par le bras. J'ai pensé que nous pourrions dîner tous ensemble.

— En fait, Liesl, j'avais plutôt envie de dîner en tête à tête avec Bettina. Cela ne t'ennuie pas trop ?

Elle se força à sourire.

— Bien sûr que non ! Suis-je bête ! Je dînerai avec les enfants. Cela vous donnera l'occasion de vous retrouver.

Quand Karl se fut lavé les mains et débarbouillé, il revint. Tous deux s'assirent à la table de la salle à manger, couverte d'une nappe en lin blanc. Le couvert avait été rapidement réarrangé pour deux personnes. La gouvernante avait préparé un ragoût de lapin crémeux, accompagné de pommes de terre bouillies et d'asperges. Karl ouvrit une bouteille de champagne millésimé qu'il avait rapportée de Paris en lui annonçant qu'il en attendait d'autres. Il lui versa un verre et porta un toast.

— *Zum Wohl!* Allez-y, buvez !

Elle s'exécuta avec réticence et prit une petite gorgée, qu'elle avala, consciente du regard de Karl sur elle.

— Comment allez-vous ? lui demanda-t-il.

— Bien. J'ai été occupée. Et vous ?

— Je ne me suis jamais senti aussi bien.

Karl coupa délicatement un peu de viande qu'il mastiqua dans un silence pensif. Au bout d'une minute, il leva les yeux, comme surpris d'avoir trouvé quelque chose à dire.

— Liesl me dit qu'elle avait presque perdu votre trace. Qu'avez-vous fait en mon absence ?

— J'ai travaillé, surtout. Je suis allée finir la collection à l'usine d'Allach. Nous la montrons à Himmler dans quelques semaines.

— Bravo ! la félicita-t-il avec chaleur. Vous vous êtes amusée ?

— À vrai dire, cela a été une sacrée expérience.

— Bien, bien.

Elle voyait qu'il était distrait. Feignant l'enthousiasme, elle demanda :

— Bon, racontez-moi Paris. C'est bien plus excitant !

— Tout s'est bien passé, répondit-il avec un sourire. En fait, on pourrait dire que cela a même été un triomphe.

— C'est merveilleux, Karl. Je suis tellement heureuse pour vous.

Bettina ne l'avait jamais vu aussi animé.

— Hildebrand Gurlitt m'a invité à embarquer dans une nouvelle aventure parisienne. Je dois l'aider à acquérir de l'art pour le nouveau Führermuseum qui sera construit à Berlin. Je suis sûr que je n'ai pas à vous expliquer à quel point il s'agit d'une incroyable occasion pour moi.

Bettina faillit éclater de rire devant sa poitrine gonflée et son autosatisfaction si flagrante. Elle se maîtrisa et se composa une expression de surprise ravie.

— Seigneur !

— C'est un honneur, mais je pense l'avoir mérité. Le fait que mon dévouement à mon devoir m'ait tenu éloigné de mon épouse n'est sans doute pas passé inaperçu.

— Bravo, chéri. Quand devez-vous repartir ?

Il parut amusé.

— *Liebchen*, je crois que vous ne comprenez pas. Nous avons fait suffisamment de sacrifices.

Elle le regarda, les sourcils froncés par la perplexité.

— Je serai basé à Paris pour le futur à venir et je leur ai dit que vous deviez être à mon côté.

Elle blêmit.

— Mais quand ?

— Immédiatement. Le travail a déjà commencé. Je suis juste revenu pour vous donner les nouvelles et rassembler quelques effets personnels. Nous partons demain. Hildebrand nous attend. N'est-ce pas excitant ?

Elle força un petit sourire.

— Oui. Mais, Karl, je ne peux pas partir à Paris comme ça. Et mon travail ?

Il se mit à rire.

— Il y a encore de l'art à Paris. Et beaucoup. En fait, en tant qu'artiste du Reich, nous avons un besoin cruel de votre bonne influence.

Submergée par un sentiment de terreur, elle déglutit.

— Mais nous devons montrer les dernières pièces à Himmler dans trois semaines. Je ne peux pas partir maintenant.

— Nous préviendrons sa secrétaire, et votre *Herr* Ostendorff pourra prendre le relais. Ce n'est pas digne de vous d'y consacrer autant de temps. Votre prochain grand chapitre vous attend à Paris.

Bettina avait l'impression d'être prise dans des sables mouvants.

— Que va-t-il advenir de notre maison ? Je me plais bien, à Munich. Toute ma vie est ici.

Jusque-là, il avait gardé son sourire optimiste. Mais elle voyait que cela lui coûtait un gros effort. Son enthousiasme disparu, il répondit :

— Liesl me dit qu'elle est heureuse de rester ici. Et puis, quand il fera trop chaud à Paris, vous pourrez passer l'été ensemble à la maison du lac. J'essaierai de vous y rejoindre chaque fois que je le pourrai. Les enfants adorent cet endroit. Et ils l'aimeront encore plus s'ils ont un petit cousin avec qui jouer.

— Et si je vous demandais de dire non à Gurlitt, que feriez-vous ?

Il finit par répliquer brusquement, comme s'il avait été piqué par une guêpe.

— Seigneur, femme ! Ce poste représente le plus grand honneur de ma carrière. Pourquoi diable le refuserais-je ?

— Eh bien, dans ce cas, si vous le devez, allez-y sans moi.

Il crispa la mâchoire d'un air courroucé, ses yeux déjà durs.

— Bettina, je vous ai donné énormément de liberté. Je ne suis pas sûr que d'autres maris auraient été si généreux. Liesl me répète assez combien je vous gâte.

— Je me fiche de ce que dit Liesl.

Il lança un regard vers la porte de la cuisine.

— Baissez d'un ton.

— Je n'irai pas, Karl. Je ne peux pas.

— Ce n'est pas à vous de choisir.

— Mais si. Je ne suis pas une potiche que l'on expédie en France comme si je ne pouvais pas décider de mon propre avenir.

— Vous êtes ma femme et je suis votre mari, un mari aimant, mais j'ai mes limites, et vous les mettez à rude épreuve. Vous irez où je vous dis d'aller.

Elle le regarda et se rendit compte qu'elle ne ressentait rien. Aucune trace de tendresse ni d'affection, pas même de culpabilité. Comment diable en était-elle arrivée là ? Comment avait-elle laissé sa vie se réduire à cela ?

— Mais je ne vous aime pas, Karl. Je ne vous ai jamais aimé.

Une phrase tranchante, cinglante, prononcée d'une voix uniforme, les mots suivants prêts à jaillir.

— Je suis amoureuse de quelqu'un d'autre.

Ils avaient atteint le vif du sujet. Pourtant, il ne répondait toujours pas. *L'ai-je dit à voix haute, ou ai-je juste imaginé l'effet que ces aveux produiraient ?* s'étonna-t-elle.

Il s'avança vers elle, la démarche rigide, comme s'il avait de la glace dans les veines. Elle vit sa bouche remuer comme s'il cherchait des injures à lui cracher à la figure sans pouvoir en trouver d'assez violentes, car il n'émit aucun bruit. Il fit mine de se pencher vers elle, comme pour la saisir à la gorge. Elle esquissa un geste de recul puis le regarda reprendre le contrôle de lui-même, ses jointures blanchies.

— Cela n'a pas d'importance, siffla-t-il entre ses dents.

Elle scruta son visage du regard et comprit qu'il avait l'intention de la menacer, de la faire taire, d'une manière ou d'une autre.

— Que voulez-vous dire ?

— Ce monsieur ne nous importunera plus, ni vous ni moi.

Elle eut une vision de Max, ses yeux plongés dans les siens alors qu'elle quittait l'atelier et montait l'escalier. Envahie par la panique, elle porta ses mains à son cou.

— Expliquez-vous !

— Je veux dire qu'à moins qu'ils décident de drainer le Rhin, votre ami disparu ne verra plus jamais la lumière du jour.

Visiblement triomphant de l'avoir blessée, il se fendit d'un sourire cruel.

— À quoi pensiez-vous en venant me voir avec votre triste histoire ? Je vous avais mise en garde contre lui, mais vous ne vouliez pas entendre raison.

Son ami disparu.

— Que lui avez-vous fait ?

Elle n'avait pas la force de se lever, mais elle lui hurla :

— Qu'avez-vous fait à Richard ?

Prise d'une furie incontrôlable, elle enfonça ses ongles dans la nappe damassée. L'air incrédule qu'elle puisse même lui poser la question, il répondit :

— J'ai géré un problème, comme je le fais à longueur de journée, tous les jours. Nous sommes en guerre, et il y a des accidents de tous les côtés. Vous feriez bien de vous en souvenir.

Prise de nausée, elle dut sortir de la pièce en courant. Elle était à peine arrivée au lavabo qu'elle vomit son dîner.

L'espace de quelques minutes, elle resta immobile, ayant perdu la notion du temps. Fébrile, elle s'essuya la bouche d'un revers de main et regarda son reflet dans le miroir : ses yeux agrandis, sa peau cireuse, la trace de rouge à lèvres ressemblant à du sang séché. C'était le visage d'un portrait expressionniste, pas d'une vraie femme. Chancelante, elle regagna la salle à manger où Karl fumait. Il avait apparemment retrouvé son flegme.

— Calmez-vous, j'ai appelé un médecin. Vous êtes à bout de nerfs, épuisée par le travail. Vous avez besoin de partir quelque temps et de vous reposer.

— Je vais avoir un bébé, Karl, répondit-elle, aussi surprise que désespérée. Vous croyez vraiment qu'ils vont m'enfermer comme ça ?

Impassible, il la toisait froidement.

— Je pense que vous êtes complètement hystérique et que, quand ils vous enfermeront, ce qu'ils vont sûrement faire, ce sera pour votre sécurité. Jusqu'à ce que vous retrouviez vos esprits.

Il se servit un nouveau verre de champagne. Mais elle remarqua que sa main tremblait.

— Vous êtes toujours mon épouse, Bettina. Si vous êtes dans la condition où vous affirmez être, dans ce cas, cet enfant est le mien et je ferai tout ce qui sera en mon pouvoir pour le protéger. Allez vous allonger, ils ne vont pas tarder.

Plus d'une semaine s'écoula avant que Holger ne rassemble le courage d'aller en personne à Munich pour voir Bettina. Les premiers jours de son absence passèrent rapidement, et il ne la remarqua pas tout de suite. L'usine était un tourbillon d'activités. Dans chaque service débordé, il manquait de personnel pour se préparer à la visite de Himmler.

Puis, pendant plusieurs jours, Holger avait remarqué que Max cherchait à lui parler. Mais il avait été si submergé de travail qu'il avait demandé à sa secrétaire de voir avec lui, à sa place. Max ayant eu raison de la patience de la jeune femme, elle avait fini par l'autoriser à suivre le directeur qui partait en rendez-vous. Il avait trottiné après lui, le cuir de ses bottes usées frappant les dalles de céramique, le suppliant de l'aider. Holger, qui était épuisé, s'était senti un peu harcelé par son ami. Néanmoins, plus tard, en se rappelant la deuxième partie de leur conversation, il s'en était voulu.

— Elle est probablement occupée, Max, c'est tout. Elle a fini presque toutes les pièces. Elle mérite bien une petite pause. Seigneur, j'aimerais bien en faire une aussi !

Quand, le soir, il avait repensé à la nonchalance de sa réponse, il avait eu mauvaise conscience.

Le jour suivant, il était descendu au sous-sol pour s'excuser. Il avait trouvé son ami pâle, distrait, anxieux. Ezra Adler l'avait pris à part.

— Il sait que vous êtes très occupé, *Herr* Ostendorff. Mais cela ne ressemble pas à la dame de laisser passer tant de temps entre deux visites. Et il y a du travail pas fini que nous avons besoin de terminer pour le montrer au Reichsführer. Ce n'est pas grand-chose, et je pourrais m'en charger. Mais je ne voudrais pas le faire sans son accord.

— Cela fait combien de temps qu'elle ne vient plus ?

— Neuf jours, avait répondu Max d'une voix rauque.

— Je suis vraiment désolé, Max. Je ne m'en étais pas rendu compte. Je vais me renseigner.

Il avait regagné son bureau et avait prié sa secrétaire d'appeler l'appartement de *Frau* Holz ; celle-ci l'avait mis en relation avec la gouvernante.

— Je cherche votre patronne. J'ai travaillé avec *Frau* Holz ces derniers mois, sur les collections de porcelaine. Nous attendions son retour il y a une semaine.

— *Frau* Holz est absente, avait déclaré la gouvernante d'un ton brusque, avant de raccrocher.

Le combiné à la main, il était resté stupéfait.

Le lendemain, il avait essayé ses contacts au bureau principal de Himmler dans l'espoir que le mari serait plus loquace que le personnel de maison. Mais son secrétaire n'avait pas été d'une grande aide. Il s'était contenté de lui répondre qu'il était en mission à Paris et qu'il ne pouvait être dérangé.

Le lendemain matin, Holger avait donc pris sa voiture pour se rendre en ville.

À présent garé dans la large rue devant l'appartement des Holz, il regardait les gens entrer et sortir de l'immeuble. Une gouvernante et deux enfants en sortirent, le garçon vêtu d'un uniforme des jeunesses hitlériennes, la fillette avec des nattes et une jupe plissée. Il les reconnut d'après les descriptions de Bettina. Friedrich et Julia. Ce qui voulait dire que leur mère, Liesl, était probablement seule.

Il traversa la rue et pénétra dans le vestibule, puis se dirigea droit vers l'ascenseur. L'air très assuré, il annonça sa destination. La résidence Holz. Était-il attendu ? Bien sûr. Le concierge n'eut d'autre option que de le conduire à l'étage. L'ascenseur s'ouvrit sur le silence feutré de l'appartement. Holger en descendit et héla la seule domestique en vue.

— Auriez-vous l'amabilité de dire à Madame que Holger Ostendorff souhaiterait lui parler ?

Il attendit, son chapeau à la main, debout dans la pièce opulente. Toutes les fenêtres donnaient sur les toits de la ville. Quel chemin parcouru pour Bettina depuis la ferme d'Allach ! Elle était retombée sur ses pieds, mais le sol était traître, qu'elle l'ait su ou non.

Peu après, la domestique revint. Derrière elle, une femme au visage pincé, vêtue d'une longue robe d'intérieur en soie dont elle serrait le col d'une main décharnée.

— Suis-je censée vous connaître ?

Elle avait le visage à la fois ennuyé et incrédule. Il sortit une carte de visite de sa poche et la lui présenta.

— Je suis Holger Ostendorff, le directeur artistique de la manufacture de porcelaine d'Allach.

Elle haussa les sourcils d'un air perplexe.

— Je suis un ami de votre belle-sœur, *Frau* Holz. Nous travaillons ensemble à sa collection de figurines.

Ses traits se crispèrent.

— Je ne savais pas qu'elle avait des amis. Je suis surprise d'en rencontrer enfin un.

— Je m'attendais à la voir la semaine dernière. Mais je n'ai eu aucune nouvelle d'elle. Je me suis inquiété. Comment va-t-elle ?

Elle consulta de nouveau sa carte et parut estimer qu'il méritait au moins une réponse.

— Porcelaine d'Allach, vous dites ? Je suis une grande admiratrice de vos créations. Mon frère et moi possédons plusieurs pièces.

Un nouveau silence pesant se fit. Holger finit par le briser.

— Bettina est-elle ici ?

— Je crains qu'elle soit souffrante. Surmenée, pensent les médecins.

Elle le regarda ostensiblement comme s'il était à blâmer personnellement.

Holger attendit de nouveau. Elle soupira, irritée que cet homme paraisse si résolu à obtenir une réponse plus précise.

— Elle a dû partir.

— Où ?

— Au sanatorium, où d'autre ? Mon pauvre frère n'a pas eu le choix. Elle souffrait visiblement d'une pathologie nerveuse latente. Elle a été envoyée en Suisse pour repos total et guérison.

— Et quand devrait-elle revenir ? Je vous pose la question en tant qu'ami proche, car je suis certain que le Reichsführer Himmler va s'enquérir de sa santé. Il devait la voir la semaine prochaine. Il vient à l'usine pour inspecter en personne les collections.

Il se tut et guetta sa réaction. Le nom eut l'effet désiré.

— Oh, mon Dieu ! Eh bien, pourrez-vous, s'il vous plaît, lui dire que ma belle-sœur est indisposée, mais que sa famille lui envoie toute sa considération ? Ainsi qu'à son secrétaire, bien sûr.

Elle jeta un coup d'œil alentour pour s'assurer qu'aucun membre du personnel ne pouvait l'entendre et se pencha vers lui.

— Franchement, *Herr* Ostendorff, ma belle-sœur n'est pas dans son état normal. Mon frère est déterminé à lui prodiguer le meilleur traitement possible. C'est pour son bien qu'elle doit rester dans un endroit… paisible et retiré, afin qu'elle ne soit pas dérangée.

Elle esquissa un sourire.

— Je crains que cela prenne un certain temps.

Lorsqu'il regagna l'usine, il jugea que le plus charitable serait de tout raconter à Max immédiatement. Ce dernier l'écouta, le visage grave. Holger attendit alors ses questions, ses récriminations, en vain.

— Je sais que cela semble sans espoir pour l'instant, mais peut-être est-elle vraiment malade. C'est peut-être ce qu'il y a de mieux pour elle. Elle sera sans doute de retour avec nous dans quelques semaines.

Max s'était contenté de le regarder, ses grands yeux bruns énigmatiques.

Les jours suivants, Holger avait persévéré, essayant de le raisonner, de le faire sortir de son mutisme. Mais chaque tentative se soldait par un simple hochement de tête d'acceptation. Aucun mot ne franchissait ses lèvres. Le directeur artistique finissait par avoir l'impression que ses efforts pour le consoler avaient l'effet inverse. Aussi opta-t-il pour le silence et le laissa-t-il en paix.

À son grand soulagement, au bout de quelques jours, Max parut enfin avoir retrouvé une sorte d'équilibre, de sérénité. Soucieux de son moral, Holger cherchait toujours des excuses fréquentes pour descendre au sous-sol. Mais Max ne semblait plus aussi affecté. Il se contentait de travailler à un rythme soutenu aux préparatifs de l'exposition pour la visite de Himmler. Souhaitant le garder occupé, Holger lui demanda de créer le nouvel ensemble décoratif du *Julfest*. Deux motifs différents à proposer à Himmler. L'un d'entre eux serait produit en masse. Avec autant de citoyens allemands déterminés à exhiber des preuves de leur loyauté chez eux, il fallait des mois à l'usine pour produire suffisamment de pièces pour le solstice d'hiver. Fidèle à sa parole, Himmler n'admettait pas que Max puisse faire des figurines humaines. Mais il lui commandait volontiers des assiettes décoratives. Il admirait au moins son talent.

Suivi par Marthe, son lévrier, Holger entra dans l'atelier et échangea des salutations avec Ezra et Stefan qui chargeaient une longue planche de prototypes d'assiettes, toutes deux des objets d'une grande beauté et simplicité. L'une représentait un relief de torche, l'autre une roue solaire.

Les deux étaient encadrées de « phrases inspirantes » qui, affirmait Himmler, devaient agir comme un baume pour le peuple.

Pour marquer le quatrième hiver de la nation en guerre, ils avaient besoin d'optimisme. Même si personne n'osait le dire en public, en privé, quelques-uns reconnaissaient que la bataille se faisait âpre. La montée du nationalisme avait peut-être stimulé certains un temps mais, à présent, ils se sentaient plutôt vulnérables. La guerre ne tenait pas ses promesses. Au lieu de la gloire attendue, ils étaient vilipendés, bombardés, rationnés, conscrits et tués par milliers. Asservir son peuple, dévorer ses voisins, avait un prix, et il augmentait constamment.

Holger trouva Max en train de dessiner et regarda ses doigts souples courir sur le papier. Il avait les ongles rongés presque jusqu'au sang. Quand il posa son crayon pour examiner le résultat, il se mit machinalement à mordiller son pouce. Remarquant son regard, il expliqua au directeur :

— C'est une habitude que j'ai prise d'elle. Elle disait que cela l'aidait à se concentrer.

— Elle reviendra, Max, j'en suis sûr.

Max poursuivit.

— C'est l'argile, vous comprenez. Elle a durci ma peau, qu'importent mes efforts pour m'en débarrasser.

— Ça ne vous fait pas mal ?

Il se sentait étrangement fasciné par cette vision. Max haussa les épaules pour répondre, parfaitement indifférent :

— Si. Il arrive que ce soit aussi dur que du cuir. Je suis peut-être en train de me transformer en golem.

— Vous savez qu'une épidémie de typhus sévit dans le camp ? Ça ne me paraît pas une bonne idée d'avoir une plaie ouverte.

Max détourna les yeux et glissa ses mains sous ses cuisses pour mettre un terme à la conversation.

En remontant l'escalier, Holger rencontra Ezra qui revenait du four.

— Comment va-t-il ?

— Il parle à peine. Il est tellement détaché, il est presque catatonique.

— Il souffre, *Herr* Ostendorff. Nous devons laisser son chagrin suivre son cours.

— Mais ne pouvons-nous rien faire ?

— Gardez-le occupé. Laissez-le préparer la visite de Himmler et faites-le travailler à toutes les heures de la journée. Il a besoin d'un dérivatif, de quelque chose pour lui occuper l'esprit. C'est pourquoi toutes les cultures ont des versions d'un *K'vurah*, ou de funérailles.

— Mais elle n'est pas morte.

— Nous les pleurons quand même, même s'ils sont vivants.

Holger demanda donc à sa secrétaire de prendre des dispositions avec le commandant du camp. Un petit nombre de prisonniers se verraient confier la mission très spéciale d'assurer que la manufacture serait impeccable pour l'inspection du Reichsführer.

La priorité fut donnée à la préparation de l'atelier d'artiste. Les pièces principales devaient y être exposées. Les plus importantes étaient les figurines et les bustes humains, dont un tambour, un escrimeur, jusqu'au Führer en personne, tous d'une perfection glaciale. Elles seraient placées au centre de la pièce, chacune sur son socle particulier. Il y avait aussi des urnes et des calices, décorés de signes et de symboles runiques, qui semblaient sortis tout droit d'un banquet viking. Ils seraient exhibés sur des colonnes carrées, alignées le long de la partie droite de la pièce. Sur la gauche, une longue table exposerait les travaux de Max : les prototypes d'assiettes pour le *Julfest* et la collection d'animaux, fruit de la collaboration avec *Frau* Holz. Les créatures seraient présentées dans des boîtes d'Allach frappées des deux éclairs de la SS et couchées dans du foin soyeux.

Des dizaines d'autres objets seraient installés sur des étagères spécialement construites le long du mur du fond de l'atelier. Holger avait l'intention de montrer des échantillons du travail de toute l'usine, dans le but de prouver l'ampleur de l'opération, à la fois artistique et fonctionnelle.

Comme pour une pièce de théâtre, tout cela demandait de la préparation, de la mise en place et de la chorégraphie. En tant que méthode pour distraire Max, tout cela exigerait son entière attention pour les deux jours à venir.

Le soir précédant la visite de Himmler, Holger vint inspecter l'atelier. Avec pour seule lumière la clarté de la lune à travers les vastes fenêtres, l'espace était désert. Holger se déplaça lentement autour des tables, des socles, des étagères, prêts à être inspectés. Il déplaça légèrement chaque pièce afin de la mettre le plus possible en valeur. Ces objets représentaient des mois de travail et seraient vendus lors des années à venir. Il y avait de nouveaux magasins Allach qui ouvraient non seulement en Allemagne, mais partout dans les pays occupés : en Pologne et en Ukraine soviétique.

Il éprouvait une légère appréhension à propos de certaines pièces. Non par rapport à leur qualité. Mais, par le passé, il s'était déjà querellé avec Himmler du fait que quelques-unes d'entre elles ne correspondaient pas à ses attentes exactes. Les bustes et les portraits des grands leaders du Reich avaient été sujets de discorde, notamment. Holger pensait avoir cette fois prévu une sélection qui lui semblait tout à fait honorable, mais le Reichsführer pourrait toutefois ne pas l'apprécier. De manière similaire, étant donné le sujet, un ensemble de ménestrels et de musiciens juifs gambadant pouvait déplaire. L'ordre dans lequel Himmler inspecterait les figurines pourrait réellement faire la différence, aussi Holger avait-il mis au point une stratégie qui assurerait que les pièces potentiellement controversées étaient bien entourées par celles qui étaient garanties de plaire.

Il s'approcha de la longue table présentant le travail de Max. Les assiettes prototypes étaient surélevées sur une petite estrade, la surface légèrement granuleuse absorbant la lumière. Himmler ne pourrait qu'en être satisfait, étant donné la simplicité et l'élégance de leurs proportions. À côté, en un alignement parfait, s'étalaient six boîtes.

Il souleva le couvercle de la première et vit le travail de Bettina, le lapin délicatement peint, sur un coussin de véritable foin. À la lumière tamisée, l'animal paraissait tellement réel que, pour un peu, il aurait pu imaginer son nez rose humide remuer.

— Je suis désolé qu'elle ne puisse pas être ici pour les voir, Max. Mais elle serait fière de vous.

Après quelques heures seulement de repos, Holger regagna l'usine. Il avait demandé à tout le personnel de venir tôt. La plupart évoluaient dans le bâtiment encore somnolents, essuyant leurs yeux ensommeillés en bâillant. Leurs mouvements étaient lents, comme s'ils pataugeaient dans l'eau. Mais ils restaient extrêmement méticuleux. Tous comprenaient ce qui était attendu d'eux. Le Reichsführer-SS était un maniaque, et malheur à celui qui se faisait surprendre à relâcher sa vigilance quand Himmler était dans les parages. Même les gardes, à leurs postes, semblaient un peu plus raides que d'habitude.

L'atelier bruissait des préparatifs de dernière minute. Holger avait demandé que, pour commencer, la pièce soit balayée afin que la poussière puisse disparaître, avant d'être balayée encore une fois. Des nuages de poudre blanche se formaient toujours comme des dunes contre les murs de l'atelier, remplissant les fentes entre les lames du parquet. Des nappes en lin blanc empesé furent repassées et claquées comme des fouets avant d'être posées. Après un ultime coup de brosse et de chiffon, des biscuits et des figurines qui brillaient comme du lait étaient reposés sur leurs colonnes de plâtre, baignés par un rayon de lumière printanière. Enfin, tout fut prêt.

Une fois toutes les pièces exposées, l'équipe se rassembla, Holger au centre. Les artistes modeleurs d'Allach prirent leur place à côté du fruit de leur long et dur labeur. Toutes les pièces ne seraient pas jugées valables. Mais celles qui se démarqueraient seraient bientôt reproduites par milliers et vendues dans le Reich entier. Pour l'occasion, chaque sculpteur était vêtu de la longue blouse d'un blanc immaculé.

Seuls Max et Ezra, l'étoile jaune à leur bras, les portaient sur l'uniforme rayé qui les grattait.

À 8 heures précises, *Herr* Himmler arriva. Sa suite de véhicules se gara le long du chemin de graviers. Holger avait demandé à sa secrétaire de les accueillir à la porte et de les conduire à travers le bâtiment. Elle devait les guider à travers les ateliers de travail et les salles remplies d'étagères du sol au plafond : une bibliothèque d'assiettes, de coupes, de plaques.

Instinctivement, Holger comprenait que, comme un seigneur féodal, Himmler aimait inspecter les lieux. Dans ce monde sale, dangereux, hostile, Allach était son fief et son réconfort. Par nécessité, presque toute sa vie professionnelle était accaparée par la guerre. La manufacture était sa récompense : l'endroit où il venait pour l'art et le plaisir, où il oubliait la douleur.

Himmler était accompagné d'un groupe de cinq autres officiers supérieurs, sanglés de noir, leurs uniformes couverts du langage codé des galons et boutons, des médailles et rubans, qui dictaient qui pouvait se tenir à son côté, qui devait garder ses distances. Qui pouvait formuler un commentaire, et qui n'était ici que pour acquiescer et écouter avec une extrême attention. Même si le Reichsführer était de loin le plus petit en taille, il dégageait une force qui surpassait sa stature. Malgré ses minces épaules voûtées sous le poids de son manteau de cuir rigide, il régnait en maître sur ses hommes qui se pressaient autour de lui comme des charognards, se bousculant.

Le bruit de leurs pas qui montaient résonnait dans la cage d'escalier, se répercutant sur les carreaux durs. En les entendant approcher, Holger ferma les yeux en une brève prière. Ils entrèrent dans l'atelier, Himmler en tête. Le Reichsführer commença à inspecter les pièces une à une avec des hochements de menton satisfaits. Tous les membres du personnel présents se redressèrent, bombant le torse, et levèrent le bras en un salut vigoureux.

Holger s'avança d'un pas.

— Bonjour, Reichsführer.

— Alors, mon cher Ostendorff, qu'avez-vous à me montrer, aujourd'hui ?

— Du très beau travail. Vraiment magnifique.

Il le précéda sans attendre jusqu'aux trois socles de marbre, chacun couronné d'une figurine humaine, l'apogée de l'art d'Allach. Un soldat décoré montant un cheval qui se cabrait, une délicate bergère berçant un agneau entre ses bras, et un tambour, les manches roulées et les cheveux plaqués en arrière. Les autres officiers étaient muets. De peur d'offenser le chef, il ne fallait ni se répandre en louanges ni se montrer avare en compliments. Himmler prit son temps. Il s'arrêta pour regarder chaque détail, fit courir un doigt précautionneux sur la finition, avant de donner son jugement. Tous les trois furent qualifiés de triomphe, et un murmure approbateur parcourut ses compagnons. Maintenant qu'ils avaient pris un peu la température, ils pouvaient se permettre plus d'enthousiasme.

Holger décida qu'un succès aussi précoce pouvait justifier de passer au buste de Hitler : les lèvres d'argile pincées, sa mâchoire crispée, volontaire, il était une image de pugnacité. C'était une excellente représentation du Führer qui avait néanmoins le potentiel de provoquer. Himmler s'agenouilla pour se mettre au niveau de son cher commandant en chef. Un instant, ses petits yeux se plissèrent.

— C'est bien, déclara-t-il.

Rassuré, Holger aspira une longue bouffée d'air.

— Mais je vous en prie, faites en sorte que cette pièce reste telle quelle. Il ne faut pas l'abîmer par un émaillage. C'est très important.

Il jeta un coup d'œil à la secrétaire.

— Eh bien, qu'attendez-vous pour le noter ? lui lança-t-il d'un ton brusque.

Une vague de soulagement submergea Holger, et ils passèrent à la table sur laquelle étaient exposées les assiettes de Max, dans toute la beauté de leur simplicité. Himmler les prit et les examina tour à tour, avant de les passer aux officiers qui s'extasièrent sur les différentes devises et les motifs. Holger jeta un coup d'œil en coin à son ami. Le visage offert à la chaleur du soleil, les yeux mi-clos, il semblait parfaitement indifférent à leurs réactions. Finalement, Himmler tendit au directeur artistique la deuxième assiette avec la roue au centre et une devise l'entourant : « *Meine Ehre heißt Treue* » (« La loyauté est mon honneur »).

— Prenons la roue solaire. Elle est plus adaptée à la saison, et j'aime son élégance. Néanmoins, la torche n'est pas inintéressante.

Il se tourna alors vers Max qui soutint son regard sans ciller.

— J'ai un renfoncement des deux côtés des portes de mon bureau. Je veux une paire de grandes urnes ornées de ce motif de torche. Vous vous en chargerez ?

Max se contenta de sourire et baissa les yeux sur ses longs doigts, croisés sur sa poitrine. À l'insu de Himmler, Holger fit un geste à Ezra, debout à côté de son collègue. Celui-ci s'empressa d'acquiescer d'un signe.

— Bien sûr, Reichsführer. Ce sera un honneur. Merci.

Holger s'avança de nouveau et attira l'attention des autres hommes sur la rangée des six boîtes.

— Les pièces suivantes sont le résultat d'une alliance entre Allach et l'artiste *Frau* Holz. Une collection d'animaux peints à la main, choisis parmi ses œuvres les plus acclamées. C'est l'aboutissement de plusieurs mois de travail. Je crains que l'artiste ne soit pas parmi nous, aujourd'hui, reprit-il à l'intention de Himmler. Vous aurez peut-être appris qu'elle est souffrante ?

Le Reichsführer hocha la tête, manifestement désintéressé. Les yeux de Holger se posèrent de nouveau sur Max, toujours impassible.

— Nous lui souhaitons tous un prompt rétablissement. Nous avons de grands espoirs qu'il ne s'agit là que du début de notre collaboration professionnelle.

Holger recula d'un pas et fit signe aux six officiers d'ouvrir chacun une boîte. Enchantés d'être mis à contribution, ils soulevèrent les couvercles, impatients d'en découvrir le contenu.

Sa vue bloquée par les larges épaules noires, il fallut à Holger quelques instants pour se rendre compte que, cette fois, il n'entendait pas de murmures appréciateurs. Au contraire, un silence de plomb semblait s'être abattu sur la pièce. Une ombre d'effroi passa sur le visage stoïque d'Ezra.

Himmler lui tournait le dos. Mais Holger sentit qu'il se redressait, droit comme un I, furieux.

— Qu'est-ce que cela signifie ?

Holger fit un pas hésitant. La première boîte dans laquelle il regarda contenait une figurine de lièvre couché sur une petite dalle de marbre. La créature était exquisément ciselée, chacun de ses détails parfaits. Son blanc d'albâtre était cependant souillé par la longue entaille d'un rouge presque noir qui courait de sa gorge à son entrejambe. Des entrailles sanglantes et des boyaux gris-bleu se déversaient de son estomac. Il remarqua les nuances des délicats coups de pinceau qui leur donnaient vie de façon glaçante.

Il n'en croyait pas ses yeux. Comment ces figurines avaient-elles pu se substituer à celles qu'il avait vues la veille ? Où étaient les créatures si vivantes, façonnées avec une telle tendresse qu'elles échappaient presque à toute mièvrerie ? Il examina les autres boîtes dans lesquelles il trouva la même combinaison discordante : partout, du rouge sanglant maculait le blanc laiteux.

La plaie rose de la grive musicienne qui, de désespoir, avait déchiré sa propre chair en essayant de se libérer de la colle transparente qui la paralysait.

La petite souris dans son piège, le cou rompu, une tache vermillon sur ses minuscules dents ivoire, des gouttes comme des rubis s'étalant dans ses oreilles en forme de coquille, un matricule à six chiffres tatoué en indigo sur son flanc.

Le corbeau albinos était perché sur un tas de vraies pierres, ses longues plumes sculptées avec le plus grand soin. Son crâne fendu par une pierre béait en une blessure dentelée couleur bordeaux.

Le lapin n'était pas le même animal de teinte sable qu'il avait admiré la veille. D'un blanc crayeux, il était criblé de balles, sa tête grossièrement déformée. Ses yeux vitreux étaient injectés de sang qui avait giclé et laissé deux traces rouille dans sa fourrure.

Et, enfin, la chair incolore de la gorge de la taupe, pendue par le cou sur un vrai barbelé, était percée d'une torsion de métal, un flot de gouttes grenat scintillant sur sa peau blanche.

Une phrase de son enfance remonta spontanément à la mémoire du directeur artistique : « Et n'était-ce pas le mets le plus délicat à offrir au roi ? »

Les autres hommes observaient les figurines, avec un mélange de répulsion et d'incompréhension. Mais Himmler comprit immédiatement la menace qu'elles représentaient. Le visage gris de fureur, il foudroyait Holger du regard.

— Je répète ma question : qu'est-ce que cela signifie ?

Avant qu'il ait pu répondre, Himmler avait comblé l'espace entre eux. Le petit homme aux lunettes à monture d'acier brandit son arme pour l'en frapper. Titubant, le directeur tomba à terre, un grondement lui bourdonnant aux oreilles. Ses propres lunettes pendaient sur son nez. Au bout de trois tentatives, il parvint à les retirer et, abasourdi, contempla les verres brisés.

Il leva les yeux vers le Reichsführer qui était maintenant debout au-dessus de lui. Ses jointures blanchies, il agrippait la crosse de son revolver. Ses cheveux, qu'il portait plaqués en arrière, lui balayaient les yeux en un rideau gras.

— Qui est responsable de ces monstruosités ?

Le sang battant à ses tempes douloureuses, Holger avait du mal à saisir la question. Il essaya de se redresser, mais ne trouva rien à agripper de la main. Il chercha alors Max des yeux, avant de se rendre compte que le regarder équivalait à le dénoncer à voix haute.

Ce dernier fit mine de s'avancer vers lui. Mais Ezra l'agrippa par l'épaule pour le retenir. Max lui pressa la main, la relâcha et fit un autre pas, plus déterminé.

Surprenant son mouvement du coin de l'œil, Himmler se tourna vers lui.

—Je vous connais.

Sa voix était menaçante. Il n'était pas bon de se faire remarquer.

—Je suis Max Ehrlich, le porcelainier de Dachau.

D'une main, il prit appui sur la table. Chacune des figurines étalées devant lui était une œuvre d'art, née de ses propres doigts et de ceux de la femme qu'il aimait: le travail de toute une vie.

—Ce sont mes cadeaux personnels, pour vous et pour le Führer.

La sévère riposte de la première balle brisa le silence. Elle transperça la poitrine de Max et laissa une petite tache rouge sur le blanc de sa blouse, comme un éclat de peinture ou un bouton de rose. Lentement, elle se propagea, quand une deuxième balle la rejoignit. Une troisième le toucha en plein cœur, et il se plia en deux. Une quatrième lui déchira la joue, juste sous son œil d'un noir si profond, si brillant. Celle-ci le fit tourner de côté et tomber sur le sol. Il ne tenta pas de se protéger d'une main. Il n'y avait plus rien à sauver. Il resta allongé, les membres flasques, les yeux ouverts, vides. Une cinquième balle, puis une sixième traversèrent alors son corps inerte.

Écumant d'une rage que même six balles ne pouvaient apaiser, l'homme à lunettes contourna la table et, de la crosse de son revolver, furibond, réduisit le contenu de chaque boîte en miettes. L'argile dure vola en éclats, les débris vitreux fusant en l'air. Avec des grognements, il levait le bras, encore et encore, incapable d'assouvir sa fureur, qui ne se calmerait pas avant qu'il ne reste absolument plus rien de ces figurines.

Dans le silence glaçant qui suivit, l'atmosphère se remplit de poudre, tandis que des grains de poussière dansaient dans un rayon de lumière. Lentement, ils se posèrent sur le corps de Max, comme une pluie de pollen par une journée d'été.

Chapitre 21

Munich
Octobre 1993

Quand Holger eut fini son histoire, la pluie avait cessé. L'appartement était sombre. Le soleil caressait de rose les toits et les bâtiments en stuc de la vieille ville. Incapable de prononcer une parole, Clara contemplait les braises mourantes du feu. Ils étaient assis côte à côte dans le crépuscule qui tombait, les minutes s'égrenant en silence.

Quelque part dans l'appartement, une pendule sonna 20 heures. Clara se secoua, la tête envahie d'images si vivides qu'elles lui faisaient l'effet de souvenirs.

— Je n'ai pas ressenti l'absence d'un père dans mon enfance. Comment l'aurais-je pu ? Ce que vous n'avez jamais eu ne peut pas vous manquer. C'était du moins ce que je croyais, jusqu'à ce que je me rende compte que je me trompais. J'aurais tout donné pour le connaître.

La voix empreinte d'émotion, Holger répondit :

— Je crois qu'il pensait qu'il n'aurait pas cette chance. S'il avait su, cela lui aurait peut-être donné la force de continuer. Vous auriez été son soleil, son étoile, son univers.

Clara sentit ses yeux se remplir de larmes. Elle se couvrit le visage et leur laissa libre cours. Elle sentait son cœur se gonfler d'amour, de fierté. De colère, aussi, en songeant à ce manque, à tout ce qui leur avait été volé. Finalement, ses hoquets se calmèrent, et elle essuya les traces de sel sur ses joues.

— Que vous est-il arrivé, après ?

Holger étant assis à contre-jour, elle ne parvenait pas à déchiffrer son expression.

— J'ai été arrêté et emprisonné à Dachau-Allach. Mais uniquement pour une courte période. Himmler m'a pardonné. Il a apparemment estimé que je lui serais plus utile en tant qu'homme libre.

— Je ne sais pas comment vous avez pu endurer tout cela. Ni les uns ni les autres.

Sa voix était à peine un chuchotement.

D'un geste mal assuré, Holger alluma la lampe sur la table. Son abat-jour en verre blanc s'éclaira d'une lumière chaude et illumina son visage marqué de rides de profond chagrin.

— C'est Ezra Adler qui a retrouvé leur collection de figurines subversives dissimulée dans les chevrons du sous-sol. Et Max avait laissé des croquis dans une autre de nos cachettes, les dessins originaux qu'ils avaient faits pour ces pièces. Dont il ne restait presque rien, bien sûr. Que des éclats et de la poussière.

Il se tourna de nouveau vers la vitrine, et Clara comprit enfin la signification des fragments blancs qui y étaient disséminés.

— J'ai sauvé ce que j'ai pu. Et, même si je ne les ai vues que rapidement, jamais je ne les oublierai.

Il se leva et s'approcha du foyer. Prenant appui sur sa canne, il se pencha et souleva une bûche neuve, avant de la jeter au feu.

— Pour moi, ce jour-là, tout a changé. Durant des années, j'ai éprouvé le besoin de revivre le choc de la perte de votre père, l'instant de sa mort. Pendant un temps, j'étais rongé par le désir désespéré, vain, de tout effacer et de tout recommencer.

Il regagna son siège, s'y installa.

— Mais si vous ne pensez à quelqu'un qu'à travers sa disparition, cela déteint sur tout. À force de regretter de ne pouvoir changer le passé, j'étais condamné à le revivre. Vous devez apprendre à tourner la page. Il ne vous sera jamais possible de réécrire l'histoire.

Clara frissonna en songeant à sa propre vie, à la douleur qu'elle continuait à s'infliger.

— La mémoire est un sédiment. Il s'accumule au fil du temps, et vous devez tout retirer pour découvrir la vérité. C'est quelque chose dont Ezra parlait beaucoup. Le bonheur comme un acte de volonté. Vous devez choisir un moment heureux de votre vie et vous en rappeler chaque détail, chaque nuance. Si je pense à Max aujourd'hui, ce qui m'arrive souvent, je m'efforce de me concentrer sur tout ce que nous avons vécu avant le drame.

Holger montra alors le tableau au-dessus de la cheminée.

— Sous ce tableau se cache un autre. Un portrait expressionniste que votre mère a réalisé de votre père. Je ne l'ai jamais vu, bien sûr, mais elle m'en a parlé. Je l'ai recherché et l'ai acheté après votre départ à Londres. Si votre mère n'a jamais vraiment pris conscience de son talent, cette peinture raconte toutefois son histoire. Bien entendu, il vous appartient désormais d'en faire ce que vous souhaitez.

Clara avait cru qu'elle ne cherchait qu'à connaître son père. Mais elle se rendait compte maintenant que cette question en cachait une autre.

— Je n'ai peut-être pas de père, mais elle aurait pu partager ses souvenirs de lui. Au lieu de cela, elle les a emportés dans sa tombe. Pourquoi a-t-elle décidé de me laisser dans l'ignorance ?

Elle se sentit soudain submergée de colère, de tristesse, en pensant à tout ce dont on l'avait privée. Holger posa sa main sur la sienne.

— Je suis parti à sa recherche, après la guerre. À cette époque, je ne savais rien de votre existence, bien sûr. J'ai retrouvé le sanatorium où ils l'avaient envoyée et je lui ai écrit des dizaines de lettres, auxquelles elle n'a jamais répondu. Puis, l'été qui a suivi la fin du conflit, j'ai reçu un télégramme pour m'inviter à séjourner à la maison du lac. Après le suicide de Karl, votre mère est rentrée de Suisse, et vous y avez vécu pendant une courte période, avant de partir pour Londres.

Un vague souvenir remonta à la surface : un arbre au soleil, penché, ses branches ployant dans l'eau claire d'un lac.

— Je me rappelle m'être assis sur une pelouse qui descendait vers la rive. Votre mère et moi vous regardions jouer avec votre gouvernante. Vous lui ressembliez déjà. Aujourd'hui… loin de moi l'idée de m'apitoyer sur mon sort, mais tous ceux que j'aimais sont morts. Voilà pourquoi, pour moi, votre visite est un merveilleux cadeau. J'ai l'impression de le retrouver.

Il tapota la main de Clara.

— Vous connaissez le kaddish pour les morts ? *Yehi Zichro Baruch.* « Que son souvenir soit une bénédiction. »

Chapitre 22

La maison du lac
Été 1946

Holger observait Bettina qui, à l'aide d'une cuillère, remuait des glaçons dans un verre de limonade. Elle le lui tendit et se rassit. Il sentit ses yeux sur lui. Il se tourna vers Clara qui jouait à arracher des poignées d'herbe, ses jambes potelées écartées. Finalement, Bettina brisa le silence.

— Vous voyez la ressemblance ? Elle ne m'apporte pas le réconfort espéré. Chaque fois que je la regarde, j'ai l'impression d'entendre Max me blâmer.

À l'ombre du parasol, il faisait lourd, dans la chaleur de l'après-midi. Une brise légère agitait la surface de l'eau. Seuls le gazouillis de Clara et le bruit des vagues troublaient le calme ambiant. Bettina s'éventait. Les yeux dissimulés derrière des lunettes de soleil, elle portait une robe de coton jaune sur un maillot de bain, un style qu'elle avait adopté en Suisse. Les yeux plissés, Holger regardait la lumière qui perçait à travers les branches des arbres danser sur l'eau.

— C'est très paisible ici, déclara-t-il.

— Vous trouvez ? Nous pouvons nous baigner dans un moment, si vous le souhaitez. Pour nous rafraîchir. Je dois avouer que j'ai toujours trouvé cet endroit un peu trop guindé et traditionnel, mais si vous cherchez à acheter, je le vends. Je n'ai pas l'intention de rester longtemps. Nous avons besoin d'un nouveau départ, loin d'ici. Pour nous deux.

— Où irez-vous ?

— Où nous mèneront nos pas. Londres, avec un peu de chance. Même si je suppose que nous ne serons pas vraiment les bienvenues. Cela m'est égal, du moment que c'est loin. Grâce à Karl, j'ai largement assez d'argent pour pouvoir partir, maintenant.

Elle lâcha un rire un peu amer.

— Il vous a tout laissé ?

— Oui. Imaginez ma surprise, vu tout ce qui s'était passé. Je ne m'y attendais pas. Liesl non plus, d'ailleurs.

— Je l'ai rencontrée, figurez-vous. Je suis allé la voir à Munich, quand vous avez disparu. C'est elle qui m'a dit que vous étiez en Suisse.

Bettina lui jeta un coup d'œil par-dessus ses lunettes.

— J'imagine qu'elle se délectait de mon malheur. Qu'avez-vous pensé d'elle ?

— Elle m'a paru assez venimeuse.

— Elle l'est. Et encore plus quand elle a découvert que Karl ne lui avait rien laissé. J'espère que vous n'aurez pas une mauvaise opinion de moi. Mais le fait de la déshériter m'a donné une immense satisfaction. Tout comme les nouvelles que j'ai eues de mon frère. Vous en ai-je parlé dans ma lettre ?

Holger secoua la tête.

— Après la libération, Albrecht a été arrêté et envoyé à Dachau. Qui a été converti en camp de confinement pour les criminels de guerre et les membres de la SS qui attendent leur procès.

Un imperceptible sourire flotta sur ses lèvres.

— Cette nouvelle m'a procuré le plus grand bonheur que j'ai ressenti depuis des années.

— Je me doute, ironisa-t-il.

Il sentait qu'elle continuait à l'observer. Même si ses lunettes étaient trop sombres pour qu'il en soit sûr. Essayant d'adopter le même ton désinvolte qu'elle, il demanda :

— Alors, comment ont-ils convaincu les médecins que vous étiez folle ?

La question l'obsédait depuis des années, mais il détourna les yeux, incapable d'affronter son expression.

— Ils n'ont pas eu à le faire. Dès que j'ai compris que je n'avais aucun moyen de prévenir Max, de lui expliquer ce qui s'était passé, j'ai sombré. D'imaginer ce qu'il allait traverser, ce qu'il penserait de moi…

Elle but une gorgée de limonade. Sa main tremblante faisait s'entrechoquer les glaçons contre la paroi du verre.

— Si j'avais pu me laisser mourir, je ne serais pas ici aujourd'hui.

Le regard de Holger se perdit sur le lac. En dépit de la chaleur, il avait froid. Il avait l'impression d'être à une veillée funèbre. Une pensée incongrue dans un endroit aussi plaisant que celui-ci. Bettina poursuivit :

— Il m'a fallu des mois pour commencer à retrouver mes esprits. Clara était presque à terme. Ils ont eu la bonté d'attendre sa naissance avant de démarrer ma thérapie. Des électrochocs. C'était atroce, mais cela m'a guérie. Tout comme la naissance de ma fille.

— Vous m'en voyez très heureux.

— Moi aussi, j'imagine.

Elle tendit une main élégante qui tremblait, comme traversée par un courant électrique.

— Depuis, je souffre de paralysie nerveuse, dit-elle. Je n'ai plus jamais peint.

Devant la douleur qu'exprima le visage de Holger, elle fronça les sourcils.

— Ne vous tourmentez pas. C'est ma punition. Le moins que je mérite.

— Vous n'avez rien à expier. Nous partageons tous notre part de culpabilité.

— Oui, mais j'ai le sang de trois hommes sur les mains.

Elle esquissa un nouveau sourire désabusé.

— À cause de moi, mon propre frère a détruit la vie de Max. Je me suis autorisée à utiliser Karl pour servir mes intérêts, et cela a conduit au meurtre du seul homme que j'aie jamais aimé. Max. Et à celui de mon meilleur ami. Richard. Sans parler du suicide de Karl, même si je ne peux pas dire que je le pleure.

Elle était très détachée de l'émotion qu'elle décrivait. D'une voix égale, elle reprit :

— Il y a toujours eu du mauvais sang dans ma famille. J'ai essayé de lui échapper, mais comment est-ce possible quand le poison est en vous ? Nous sommes tous le produit de ce qui coule dans nos veines.

— Si c'est le cas, Max est toujours ici, en Clara.

— C'est la seule chose qui me maintienne sur cette terre. Elle est tout ce qui me reste de lui et, tant qu'elle aura besoin de moi, elle m'aura, même si elle mériterait bien mieux. J'ai pitié de quiconque a la malchance d'être aimé par moi.

Bettina prit une profonde inspiration et expira lentement. Le rire de Clara s'envola dans le jardin, comme un papillon dans la brise.

— Que lui direz-vous au sujet de Max ?

— Que pourrais-je lui dire ? Que sa mère a tué son père ? Ce serait la vérité. Je suis responsable de sa mort.

Holger eut un mouvement de recul.

— C'est un sacré fardeau à porter. Sans compter que je ne suis pas d'accord du tout.

— Ce fardeau est le mien. Il n'est pas question qu'elle connaisse un jour la vérité. Je suis tout ce qui lui reste au monde. Il est préférable qu'elle ne sache rien, plutôt qu'elle en vienne à me haïr comme je me hais.

Rempli du bourdonnement des insectes, l'air était lourd d'une chaleur chatoyante. Bettina inspira de nouveau profondément et posa ses mains sur ses genoux.

— Ça suffit. Nous ne pouvons pas passer la journée en conversation vaine.

Elle se leva et fit signe à la gouvernante.

— Heida ! Nous allons nager. Pourriez-vous changer Clara ?

Elle se tourna alors vers Holger avec un sourire éclatant :

— Vous m'accompagnez ? Je ne suis pas sûre de me faire assez confiance pour revenir, à moins d'avoir de la compagnie. J'éprouve le besoin de m'immerger, de me débarrasser de la poussière.

Tout en parlant, elle retira sa robe de coton par le haut et la fit tomber dans l'herbe, puis regarda la surface frémissante du lac. La lumière s'y reflétait, l'aveuglant, illuminant son visage. Elle s'avança vers la berge et entra jusqu'à la taille. L'eau était glaciale. Tête baissée, elle plongea.

Épilogue

Pinakothek der Moderne München
(Musée d'art moderne, Munich)

Don de Mme Clara Holz-Ehrlich
Bettina Holz, *Le Viking* – Munich, 1939

Le tableau *Le Viking*, qui fut autrefois admiré par le parti nazi et considéré comme un symbole de la vigueur et de la force du peuple allemand, est exposé ici comme déguisant un portrait expressionniste de la phase avant-gardiste précédemment inconnue de l'artiste.

En surface, *Le Viking* représente l'idéal aryen. Sous cette interprétation se trouve un portrait de Max Ehrlich, un rendu chromatique viscéral d'un Juif avec qui l'artiste a vécu une relation qui a duré des années.

Les deux portraits sont ici révélés dans toute leur remarquable complexité, la fille de l'artiste et de son modèle, Mme Clara Holz-Ehrlich, ayant autorisé le service de restauration du musée à dissoudre une partie de la couche supérieure du *Viking* afin de redonner vie au portrait original.

Achevé d'imprimer en février 2024
par Aubin Imprimeur à Ligugé
N° d'impression 2401.0034
Dépôt légal, mars 2024
Imprimé en France
38122817-1